Çatı Kitapları-12
Dünya Siyaseti-2

Haziran - 2004

Siyonizm ve Türkiye

Doç. Dr. Yaşar Kutluay

Baskı: İstanbul Matbaası

Cilt: İstanbul Cilt

Kapak: Yunus Karaarslan

ISBN: 975-8845-09-8

İnternet Siparişi:
www.kitapalemi.com

ÇATI KİTAPLARI
Klodfarer Cd. Dostluk Yurdu Sk. 4/1
Çemberlitaş / İSTANBUL
Tel-Fax: (0-212) 458 97 72-73
mail: info@kitapalemi.com

SİYONİZM VE TÜRKİYE

DOÇ. DR. YAŞAR KUTLUAY

Yaşar Kutluay

YAŞAR KUTLUAY

1963 senesiydi. "Yeter. Artık söz milletindir" sloganıyla iktidar olmuş ve 10 yılda ülkemizde enerji, sanayi, tarım, ulaşım alanlarında çok büyük kalkınma hamleleri gerçekleştirmiş demokratik bir siyasi iktidar, ani bir gece baskınıyla devrilmiş ve trajikomik bir mahkeme safahatından sonra Başbakan ile 2 değerli Bakan asılarak öldürülmüş, Anayasa ile teminat altına alınmış yasama faaliyetlerinde kullandıkları oyun renginden dolayı milletvekilleri hapislere tıkılmış, halkın oyu ile kabul edilmiş yeni Anayasa uyarınca yapılan seçimlerle milletvekili seçilmiş olan Prof. Ali Fuat Başgil ölüm tehdidi ile cumhurbaşkanlığı adaylığından istifa ederek ülkeden kaçıp canını kurtarabilmişti. Velhasıl demokrasi, ülkemizde *yeni kurumlarıyla ve kazandığı yeni manâyla* işlemeye başlamıştı. İktidarın desteklediği, ilerici her fikrin ifadesi serbestti. İşte o günlerde kamuoyu, Isparta'nın Karakurt Nahiyesi'nde şeriatçi köylülerin, köy öğretmenini öğrencilerine top oynattığı için linç ettikleri haberiyle çalkalandı. Türk Basını bu olayı derhal Menemen'de öğretmen Kubilay'ın katledilmesi olayı ile birleştirdi. Müslümanların nasıl gerici ve İslâmiyetin ne kadar vahşete açık bir din olduğu temaları işlenmeye başlandı. O zamanlar yurdumuzda henüz umuma televizyon yayını olmadığından kamu oyunu etkileyen vasıtalardan önde geleni radyo idi. Radyoda yapılan açık oturumlar ile halk aydınlatılırdı. Bir gece böyle bir açık oturumda zamanın başbakanı, Karakurt köylülerinin tamamının mecburî iskâna tâbi tutulacağını söyledi. Oturuma katılan bir Tabii Senatör –bu da 1961 Anayasası'nı hazırlayanların icat ettiği enteresan bir parlamenterlik türü idi– civardaki bir barajın kapaklarının açılarak köyün sular altına alınmasını teklif etti. Oturuma katılanların tamamı olayı tel'in ederek köylüleri ağır biçimde suçluyor ve kabahati de İslâm Dini'nde buluyorlardı. İşte o sırada –nasılsa toplantıya çağırılmış olan– bir İlâhiyat Fakültesi öğretim üyesi söz aldı ve "hepinizi çok üzgün görüyor ve şaşırıyorum. Bense sevinçliyim çünkü *böyle bir vahşet ülkemizin kırkbinden fazla köyünden sadece birinde oldu. Oysa son otuz yıldır uygulan-*

mış olan din politikaları sebebiyle köylerimizin tamamında olmasından korkulurdu. Sadece bir köyde olmasının sebebi İslâm Dini'nin ulviliği, yüceliği ve Türk Milletinin bilgeliği, irfanıdır. Atatürk, siyasete alet edilmiş, müesseseleri çarpıtılmış, israiliyata bürünmüş, dünyevî menfaatlere feda edilmiş, hurafelere boğulmuş bir dinî hayat yaşayan, okumuşları yıllar süren savaşlarda vatan uğrunda şehit olarak toprağa karışmış, çoğunluğu cahil Osmanlı toplumundan bir Türk Milleti oluşturma gayreti içinde iken, yapacak çok işi olan her İnkılâpçı gibi radikal işler yaptı geçti. Arkadan gelen takipçilerinin akılcı düzenlemeler yapmaları beklenirken, onlar yapılanları tamamen yanlış anlayarak dini yasakladılar, namaz kılanları takibe aldırıp dinî eğitimi men ettiler. İnsanlar, yer altında yalan yanlış ezberlediği âyetlerin manâsını bile bilmeyen sözde hocaların esiri oldu böylece toplumun dinî hayatı adeta Osmanlı'nın bile gerisine düştü. Çare, eğitimin *Tevhid-i Tedrisat Kanunu'na uygun biçimde yapılması ve insanlara bu eğitimde dinlerinin de öğretilmesidir"* dedi. Enteresandır sözler etkili oldu, kopartılan vaveylâ sona erdi, köylülere zulüm yapılmadı. *Bu öğretim üyesi, ağabeyim Yaşar Kutluay idi.*

Yaşar Kutluay 1931 yılında Silifke'de doğdu. En az üçyüz yıldan beri orada yaşamış, tanınan ve bilinen bir Türkmen kökenli ailenin evlâdı idi. Müslüman, demokrat ve Türk Milliyetçisi babasının ve irfan sahibi Müslüman, milliyetçi anasının elinde şahsiyeti şekillendikten sonra, ilk ve orta tahsilini Silifke ile İçel'de ikmal etti. 1948 yılında Ankara'da açılan İlâhiyat Fakültesi'nin ilk öğrencilerinden oldu. Mezuniyeti takiben de *İslâm Mezhepleri Tarihî Kürsüsü'nde* doktora yaptı bilâhare doçent oldu. Arapça, İngilizce, İbranice, İtalyanca bilir Farsça'yı anlardı.

1961 yılında Dr. Hüseyin Atay ile birlikte tercüme ettikleri *"Kur'an-ı Kerim meali"* 1990'lı yılların sonlarına kadar Diyanet İşleri Başkanlığı tarafından defaetle basılarak yayınlandı. Bundan başka "Tarihte ve Günümüzde İslâm Mezhepleri", "İslâm ve Yahudi Mezhepleri", "İslâmiyette İtikadi Mezheplerin Doğuşu", "Siyonizm ve Türkiye" gibi telif ve "İslâm Felsefesi Tarihi" (T.J. Boer'den), "Sapıklarla Dinsizlerin Çeşitli Mezhepleri" gibi (Ebu Muhammed Osman bin Abdullah'tan) tercüme eserleri vardır.

1969 yılı onun için çok yoğun geçmişti. O sene profesör oluyordu yeni bir kitap yazıyordu, çok yorulmuştu. Ramazan Bayramını Silifke'de geçirmek istedi. En iyi orada dinlendiğini söylerdi. Bayramın ikinci günü olan 12 Aralık sabahı arkadaşlarından Av. Erhan Löker ve usta bir balıkçı hemşehri ile birlikte erkenden denize açılmışlar. Saat 15 sularında kısa süren bir fırtına çıkmış, fırtınadan sonra deniz yine çok sakinleşmiş ama onlar dönmemişler. Gece de dönmeyince, ertesi gün çok sevdiği eşi bizi arayıp durumu bildirdi. Sevgili öğrencileri, aziz dostları, sevenleri hep geldiler; günlerce, haftalarca sahilleri adım adım aradık. Denizin dibini Mersin'den gelen donanmamıza ait gemiler incelediler, balıkçı motorları ile koylarda ağlarla tarama yaptık, uçaklar Kıbrıs'a kadar denizi taradılar; yoktu, hiçbir şey bulamadık. Ne denizde motorun battığını gösteren bir yağ sızıntısı, ne sahilde batan tekneden kıyıya vuran gemi kalıntısı.

Bu arada aziz dostumuz merhum Dündar Taşer, akrabamızdan üst rütbeli bir askeri hâkim, istihbarat teşkilâtında görev yapan bir aile dostumuz, yekdiğerinden habersiz olarak bize aynı mahiyette haberler getiriyorlardı. Bu haberlere göre tekne batmamıştı. Resmî kuruluşlar adına Taşucundan Kıbrıs'a gizlice mücahit taşıyan bizim balıkçı dostumuz, Akdeniz'in birbirine paralel gelen ve kafadan alındığı takdirde ne kadar azgın olursa olsun gemileri batırmayan dalgalarını önden ala ala çok iyi bildiği Kıbrıs açıklarına gitmiş, orada Rumlara yakalanmıştı. Hatta saldırı esnasında balıkçı, kafasına kürekle bir darbe alarak ağır yaralanmıştı. Ağabeyim ve arkadaşı Av. Erhan Löker Rumların elinde idi. Devlet geri almaya çalışıyordu ama, Irak'da iken oradaki Türkmenlerin uğradıkları zulümleri önlemek ve bunları tevsik ederek yetkili Türk kurumlarına duyurma faaliyetleri sebebiyle, Iraklı görevlilerinin takip ve tarassutuna uğrayan, Londra'da iken orada yaşayan ve Türk kimliklerini adeta reddederek 2. sınıf İngiliz vatandaşı olmayı yeğleyen insanlara millî şuur aşılamak gayretiyle konferanslar veren ağabeyimi geri alamama endişesi ile resmen bu haberleri açıklamıyordu. Aylar böyle geçti. Fırtınadan tam altı ay sonra Haziran 1970'de, olaydan sonra mükerreren taradığımız Liman Kalesi koyunda karaya 60 metre mesafede denize açıldıkları tekne bulundu. Ama yaptığımız incelemede teknedeki bulgular batışın 6 ay bir yana 6 günden bile önce olmadığını gösteriyordu. Lâkin teknenin bulunduğu koyda karaya vuran ve balıkçıya ait olduğu, dinamit atarken kopan elinden tespit edilen iskelet ise adeta ilaçla etlerinden ayrılmış gibi işlem görmüş, tam anlamıyla müzelik bir iskeletti en azından 2 yıllık tahribata uğramıştı.

Ümidimizi hiç kesmedik, ama aradan yıllar, yıllar ve yıllar geçti. Bize haber getiren dostlardan bir kısmı Hakk'a yürüdü, bir kısmının istihbarat kontakları kesildi...

İlmi, karakteri, çalışkanlığı, dürüstlüğü, fazileti, yardımseverliği, cesareti, güler yüzlülüğü, insan ve vatan sevgisi ile büyük insan, benim idealim ve enis-i ruhum olan ağabeyimin sonradan bir irtihal olduğu anlaşılan gaybubeti merhum anneciğimi çok derinden sarstı. Onu rüyada görmediği bir tek gün geçmeden yaşadı, yüreğindeki büyük hasret ve acı ile Hakk'a yürüdü. Sevgili eşi, ona en çok muhtaç olduğu çağda 5 ve 8 yaşında iki küçük erkek çocukla kalakaldı. Allah ondan razı olsun, ağabeyimin hatıralarını hep canlı tuttu, sanki o sağmış gibi tertemiz, faziletle yaşadı. Hem annelik ve hem de babalık yaptığı sevgili yavrularının ikisi de bugün ODTÜ mezunu birer değerli yüksek mühendis oldular.

Yanlış yapılanan bir din eğitiminin ülkemizdeki sosyal barış ortamını nasıl menfi yönde etkilediğini; İslâm Dini'nin felsefî muhtevadan uzak yorumu sonunda genç kızlarımızın İslâmı yaşamak adına başörtülerinin üstüne frapan peruklar taktıklarını; kendilerini Allah yoluna adadıklarını ilan eden kimilerinin, bu sevgi dini adına, tekbir getirerek işkence ettikten sonra kıtır kıtır kestikleri masum insanları mahzenlere gömdüğünü; bir kısım mezhep mensuplarının içeride ve enternasyonal alanda, ülkemizin birliğini bozmaya matuf çalışmalarını gördükçe ve bu olaylar karşısında İslâm Alimlerinin, İslâm Felsefeci, Tarihçi ve Sosyologlarının pasifliklerine, bigâneliklerine ya da şahsî ikbal kovalayan tavırlarına şahit oldukça, ağabeyimin çok genç yaştaki irtihali ile Vatan ve Milletimin kaybının, şahsî ve ailevî kaybımızdan çok daha büyük olduğunu düşünüyorum.

Elbette "Her can ölümü tadacaktır." Ona olan hasretimizi aradan geçen uzun yıllar azaltmadı. Onca zamana rağmen hâlâ eserlerinin basılır ve okunur olması, hâlâ sevenlerinin bulunması, bize bu dünyadaki kısacık ömrünün faydalı amellerle dolu olarak geçtiğini düşündürüp sevince gark ediyor.

Tekrar mülâki oluruz bezm-i ezelde
Evvel giden ahbaba selâm olsun erenler

M. Kâmil Kutluay
Ankara, 2004

İÇİNDEKİLER

2. Abdülhamid 1842-1918

GİRİŞ

Siyonizm ve Siyonist kelimelerinin çok eski bir tarihi vardır. İkibin yıla yakın zamandır kullanılan ve görünüşe göre daha da kullanılacak olan bu kelimelere verilen anlamlar bilhassa Türkçe'de çok değişik ve ekseriya da yanlıştır.

Siyonizm ve Siyonist'in ne olduğunu bilmek için önce «Siyon» un ne olduğunu bilmek, bunun için de milattan 12 yüzyıl geriye giderek Mısır'da Hazretleri Musa (İbrani dilinde Moşe) ve Firavun arasında başlayan mücadeleden itibaren Yahudi tarihine kuşbakışı bir göz atmak lâzımdır.

Milattan önce 1200 yılları civarı, tamamen kesin olmamakla birlikte, Hazreti Musa'nın bi'setinin yani peygamberliğinin başladığı yıllardır. O devirlerde İsrailoğulları Mısır'da esir olarak bulunuyorlar, çok daha önceden Hazreti Yakub ve oğlu Hazreti Yusuf'tan tevarüs ettikleri tevhid dinine sarılarak, putpereset Mısırlılar arasında yaşıyorlardı. Gerek Ahd-i Atik'te ve gerek Kur'an-ı Kerim'de oradaki hayatları hakkında pek çok şeyler anlatılmaktadır. Firavun'un gördüğü bu rüya üzerine, doğan bütün Yahudi erkek çocuklarının öldürülmesini emretmesi, o sıralarda doğan Hazreti Musa'nın ise bizzat Firavun'un sarayında büyütülmesi meşhurdur. Gençlik yıllarında bir Mısırlıyı kazaen öldürünce korkarak Mısır'dan kaçan Hazreti Musa, Tûr-i Sina'da ilâhi vahye mazhar olur ve kardeşi Harun ile beraber tekrar Mısır'a, Firavun'un diyarına onu hak dine davet etmek vazifesiyle gider. Bu vazifenin mahiyeti hakkında Kur'ân-ı Kerim ile Ahd-i Atik'in elimizde bulunan mensuh nüshasının ifadeleri arasında farklar vardır. Gayemiz iki din arasındaki görüş farklarını tespit olmadığı için, burada tamamen Yahudi an'anesindeki silsileye sadık kalarak olayların gelişmesini göreceğiz.

Hazreti Musa çeşitli mucizeler göstererek İsrailoğulları'nı Firavun'un elinden kurtarmış ve yine mûcizevi bir şekilde Kızıldeniz'den geçirerek Mısır'dan çıkarmıştır. Bugün Sina Dağı'nın bulunduğu çölde kavmi ile kırk yıl kadar dolaşan ve Tevrat'ı tebliğ eden Hazreti Musa, bu süreyi yeniden bir millet yaratmak için kullanmıştır denebilir. Köle hayatına alışmış bir kavme millet hüviyeti vermenin imkânsız olduğunu görünce gözlerini yeni nesle çevirmiş, onları belirli prensipler dairesinde eğiterek âdeta yeniden yarattığı bir kavim ile kuzeye doğru hareket etmiştir. Hedef kendilerine «Vadedilmiş Toprak», Arz-ı Mev'ûd yani bugünkü Filistin'dir. Hazreti Musa daha Şeria Vadisi'nde iken, Filistin'e giremeden vefat edince, halefi Yoşu'na kavmin başına geçmiş ve bu toprakların asıl sahipleri «Filistinlileri» kovarak kendileri yerleşmişlerdir. Silo şehri yakınında Gerizim Dağı'nda kurbanlarını takdim edebilecekleri bir «Mezbah» inşa etmişlerdir. An'aneye göre dinî emir ve nehiylere hakkiyle riayet etmedikleri için Allah Filistileri bunların başına musallat etmiş ve M.Ö. 1100 yıllarında Yahudiler yenilmişler, memleketten kovulmuşlar ve mezbahları da yıkılmıştır. Ahdi Atîk'in çeşitli yerlerinde Yahudilerin dinden uzaklaşmaları ve Allah'tan başka ilâh edindikleri için cezalandırıldıkları anlatılır. O sıralarda gelen Samuel adlı nebileri bunları tekrar ıslah ile eski itikatlarına döndürür, birliği yeniden kurar. Saul'un riyasetinde bir krallık kurarlar. M.Ö. 1015 yılında tahta geçen Hazreti Davud (David) bugünkü Kudüs'ü başşehir yapar. Krallık en muhteşem devrini Hazreti Süleyman devrinde yaşar. Hârika kuvvetlerin sahibi olan Hazreti Süleyman başşehir Yeruşalaym'da (Kudüs) meşhur "Süleyman Mabedi"ni Siyon Dağı'nın üzerinde inşa ettirir. Bu mabede Yahudi an'anesinde «Beyt Hamikdaş» (Kutsal Ev) denilir.

Allah tarafından seçilmiş ve Hazreti Süleyman'a bildirilmiş olan yerde inşa edildiğine inanılan Mabed'in, Yahudi dinindeki yeri pek büyük ve önemlidir. Bina edildiği yer bugünkü Kudüs'te «Ömer Camii»nin bulunduğu sahadır ki, zamanımıza ancak bir tek «Batı Duvarı» intikal etmiş bulunmaktadır. Yahudilerce «Ağlama Duvarı» diye tanınan bu duvar halen durmakta ve ziyaret edilmektedir. Mukaddes kitapları olan Ahd-i Atik'de ve bunun ilk beş kitabını teşkil eden Tevrat'ta, yerine getirilmesi sadece Mabed'in varlığına dayanan yüzlerce emir bulunmaktadır. Mabed, buradaki Başkohen ve Kohenlerin yani din adamlarının gerek kurbanları, gerek diğer takdimeler ve bilhassa vergilerin toplanmasında görevli bulunmaktadır. Belirli ibadetler ancak Mabed ve Başkohen'in varlığı ile mümkün olabilmektedir. Dolayısiyle Mabed olmaksızın Yahudi dininin vecibelerinin ifasına imkân yoktur.

Bu Mabed M.Ö. 586 yılında Babil Kralı'nın Filistin'i işgali sırasında yıkıldı ve Yahudiler esir olarak Babilonya'ya yani bugünkü Irak'a götürüldüler. Tarihteki meşhur «Babil Esareti Devri» budur. Yetmiş yıl devam etmiştir. İran'ın Babil'in hakimiyetine son vermesi ve imparatorun Yahudilere lütufkâr davranması sonucu tekrar Filistin'e gelen Yahudiler 70 yıl sonra M.Ö, 516 yılında Mabed'i ikinci defa aynı yerde yeniden inşa ettiler. İlk Mabed'in o zamana kadar duran temelleri ve duvarları aynen muhafaza edildi.

Tarihte «İkinci Mabed Devri» diye tanınan bu devirde M.Ö. 332 yılında Büyük İskender'in Doğu Seferi sırasında bağımsızlıklarını yeniden kaybettiler. İskender sadece siyasî hakimiyetlerine son vermiş fakat din işlerinde tamamen serbest bırakmıştı. Fakat ani ölümü üzerine bu bölgeye hâkim olan Ptoleme Soter idaresinde Yahudiler rahat durmayıp isyan ettiler. Ptoleme Soter isyanı şiddetle bastırdı ve büyük bir kısmını esir olarak Mısır'a götürüp İskenderiye şehrine yerleştirdi. Sonra da din işlerinde yeniden serbestî tanıdı. İskenderiye Yahudi cemaatinin düşünce tarihinde önemli bir yeri vardır. Yeni-Eflatuncu görüşün vatanı, Philon'un yetiştiği muhit burasıdır.

Filistin bölgesinin yeni hâkimi İmparator Antiyokus Epifanes daha önceki müsaadeleri iptal edip, Yahudi dinini ortadan kaldırarak yerine Yunan dinini ibka faaliyetine girişti. Her şehre stadyumlar, tiyatrolar ve tapınaklar inşa ettirerek halkı Yunan tanrılarına ibadete zorladı. Yahudilerin bir kısmı bu sırada «Yunanlaş»makla beraber, dine sadakatle bağlı olanlar da vardı. Bunlar önceleri pasif mukavemete başladılar. Kâhin Matityahu ve oğullarının başa geçmesiyle isyan mahiyeti kazanan «Makabi Harekâtı» M.Ö. 157 yılında başarı kazandı ve Makabi Devleti kuruldu. Halen dünyanın çeşitli yerlerinde Yahudiler tarafından kurulan Makabi Cemiyetleri ismini buradan almaktadır. Bu hâkimiyet Roma İmparatorluğu'nun fetihleri sebebi ile pek uzun ömürlü olamadı ve M.Ö. 37 yılında sona erdi. Roma, Herod'u başlarına kral tayin edip din işlerinde de serbestî tanıdı. Fakat Yahudilerin her fırsatta isyan etmeleri üzerine, Titus kat'i harekete girişerek M.S. 70 yılında Mabed'i yerle bir etti, çoğunu kılıçtan geçirdi, kalanların çoğunu da dünyanın dört bucağına sevkederek esir pazarlarında sattırdı.

Mabed'in Babil Krallığı ve Romalılar tarafından tahripleri, calib-i dikkattir ki aynı gününde (9 Ab) vaki olmuştur. Bugün Yahudi dininde en büyük yas günüdür.

Mabed'in ortadan kalkması ve birkaç şehirdeki küçük cemaat hariç bütün Yahudilerin dağıtılmaları ile dinin de ortadan kalkmasından endişe eden din bilginleri, derhal Yohanan Ben Zekhay'ın başkanlığı altında Yavne şehrinde toplanarak bir okul açarlar ve öğretime başlarlar. Bu okul birkaç yüzyıl Yahudilerin dinî merkezi olarak hizmet görür. Bundan sonra dinî merkezlik Irak Yahudileri'nin kurdukları akademilere geçer.

Filistin'deki Talmud'dan sonra Babil Talmud'u burada tedvin edilir (499 yılı). Ahd-i Atik'ten sonra dinin kaynağını bu kitaplar teşkil etmektedir. Bu arada eski bir Yahudi mezhebi tarafından kurulmuş olan Sinagog (Havra) müessesesi dinde Mabed'in yerine ikame edilir. Yabancı diyarlarda «Sürgün»de bulunulduğuna nazaran dinî emirlerin nasıl yerine getirilecekleri hususunda kararlara varılır ve bugün yaşadığı şekliyle «Ortadoks Yahudilik» kurulur. İşte bu andan itibaren de Siyonizm ideali doğar.

1860-1904

Theodor Herzl 1897' de düzenlediği 1. Siyonist Kongresinde İsrail'in sınırlarını şöyle tanımlıyordu. "Kuzey sınırlarımız Kapadokya 'dan (Orta Anadolu) güneyde Süveyş Kanalı'na kadar dayanıyor. Sloganımız ise Davud ve Süleyman'ın Filistini olacaktır."

SİYONİZM

Siyonizm, en geniş anlamı ile, Arz-ı Mev'ûd yani Filistin dışındaki bütün Yahudileri yine orada toplamak ve sonra da Süleyman Mabedi'ni Siyon Dağı üzerinde yeniden inşa etmek idealidir, şeklinde tarif edilebilir.

Tevrat ve Ahd-i Atîk'in mahiyeti icabı, Yahudilikte din ile devleti kesinlikle birbirinden ayırmak imkânsız görünmektedir. Bu itibarla dinî bağımsızlıktan hemen sonra siyasî bağımsızlık da şart bulunmaktadır. Daha Mabed Romalılar tarafından tahrip edilip dinî serbestîye son verilmezden önceki yıllarda sahneye çıkan bazı kimseler «*Mesih*» olduklarını iddia ederek Yahudileri çevrelerinde birleşmeye çağırmış ve siyasî bağımsızlık için uğraşmışlardır.

Bu kimseler Ahd-i Atîk'in çeşitli yerlerindeki *Mesih* görüşüne istinat etmekte idiler. Kitap'ta anlatılan bu görüş çok mübhem ve dolayısıyla her türlü te'vile müsaittir.

Meselâ şöyle cümleler vardır: «İsrail üzerine hükümdar olacak adam bana senden çıkacaktır; onun çıkışı eski vakitten, ezelî günlerdendir».

«Ey Siyon Kızı! Büyük sevinçle coş, ey Yeruşalaym kızı bağır, işte kralın âdildir ve kurtarıcıdır, alçak gönüllü ve bir eşek üzerine, evet, eşek yavrusu üzerine binmiş sana geliyor». Burada geçen «Siyon Kızı» ve «Yereşulaym Kızı» deyimleri İbrani dilinde İsrailoğulları anlamındadır.

Diğer bir ibare de şöyledir:

«İşte rabbin büyük ve korkunç günü gelmeden önce ben size Peygamber Eliyahü'yu göndereceğim». Büyük ve korkunç gün kıyamet günüdür.

Hıristiyanlara göre Ahd-i Atîk'in Mika, Zekeriya ve Malaki kitaplarında bu şekilde anlatılan ve haber verilen Hazreti İsa'dan başkası değildir. O, an'anelerine göre, gerçekten bir beyaz eşek yavrusuna binerek zuhur etmiş, ama Yahudiler ona inanmamışlardır. İddialarına göre Mabed'in tahribinden sonra Hıristiyanlığı kabul eden bir kısım Yahudiler delilller göstererek İsa'nın *Mesih* olduğunu ispat etmişler ve Roma'nın zulmü ile Mabed'in tahribinin asıl sebebinin, *Mesih*'i kabul etmemelerinden dolayı ilahî cezayı hak etmiş olmaları olduğunu söylemişlerdir.

Tarihî gerçek şudur ki, münferit vak'alar dışında Yahudiler genellikle İsa'yı «Sahte *Mesih*» saymışlar ve hiçbir zaman kabul etmemişlerdir. Bununla da kalmamıştır, Hıristiyan inancına göre, onun aleyhinde çalışmışlar ve sonunda çarmıha gerilmesine sebep olmuşlardır. Onun için Yahudiler lânetlenmişlerdir. Bu lânetten, sonra gelen nesiller de kurtulamamışlardır. Günlük ibadetlerde Yahudiler için okuna gelen bu lânetleme beddualları, şu son yıllarda Papa'nın emriyle dua mecmualarından çıkarılmaya başlanmıştır.

İsa'nın mesih olduğu hususu Yahudilerce kabul edilmeyince «Mesih'in gelmesini bekleme»ye devam etmeleri tabii idi. Nitekim miladın 44. yılında Theudas'ın zuhur ettiğini görüyoruz. Roma valisinin gönderdiği süvariler tarafından kılıçtan geçirilen Theudas ve taraflarından sonra 55-60 kadar mesih iddiacısının bir yüzyıldan daha az zaman içinde zuhur ettiği eski kaynaklar tarafından bildirilmektedir.

Mebed'in tahribi ve Yahudilerin büyük çoğunluğunun sürülmesi üzerine mesihlerin de arası yarım yüzyıl kadar kesilmiştir. 132 yılında ortaya çıkan Bar Kohba Filistin'de Roma'ya karşı giriştiği mücadeleden galip çıktı ve bağımsız bir Yahudi

Devleti kurmayı başardı. Dinî lider Rabbi Akiba, Tevrat'ın Sayılar Kitabı ile Talmud'ta bulunan şu cümlelerin Bar Kohba'ya işaret ettiğini, onun beklenen Kral-Mesih olduğunu ilân etti: «Yakuboğulları'ndan (Yahudilerden) bir yıldız çıkacak ve İsrail'den bir âsa kalkacak, bir uçtan bir uca kadar Moab'ı (düşman) vurup kıracak, bütün mütecavizleri ezecek», «Ben gökleri ve yeri sarsacak, dünyadaki kralların taçlarını yıkacağım.»

Bar Kohba devleti kurduktan üç yıl sonra Romalılarla savaşırken öldürülünce herşey bir kere daha sona ermiştir.

Bar Kohba hareketinin doğurduğu hayal sukûtu tam üçyüz yıl devam etmiştir. Bütün gözler ufuklarda kendilerini yabancıların hakimiyetinden kurtaracak Mesih'i beklemektedir. Bu defa Filistin dışında, Girit Adası'ndaki Yahudi cemaati içerisinden Moşe zuhur etti.

Moşe, kendisinin vaktiyle İsrailoğulları'nı Mısırlıların esaretinden kurtaran Moşe (Hazreti Musa) ile aynı şahıs olduğunu, Allah'ın kendisini İsrailoğulları'nı yeniden kurtarmak üzere gökten yeryüzüne indirdiğini, kavmi tıpkı Kızıldeniz'den geçirdiği gibi bu defa da yürütüp Akdeniz'den geçirip Filistin'e götüreceğini iddia ve vadediyordu.

Girit Adası Yahudileri derhal işlerini tasfiyeye girişmişler ve Mesih'in hareket işaretini beklemeye başlamışlardı. «Mesih Çağı» başlamak üzere olduğuna göre para ve altının lüzum ve değeri kalmıyordu. Belirli gün gelince Moşe adanın ıssız bir burnunda kavmini toplamış ve oradan denize atlamalarını emretmişti. Ellerindeki altın ve paraları mesihe teslim eden büyük bir çoğunluk emre uyarak Akdeniz'in dalgaları arasında kaybolmuşlar, civardaki balıkçıların yardımı ile kurtulan bir kısmı ise aldatıldıklarını anlayınca Moşe'nin kendilerini aldatmaya memur şeytan olduğuna hükmetmişlerdi. Zira Moşe, bütün aramalara rağmen ele geçirilememiş, altınlarla beraber kaybolmuştu.

Moşe tecrübesinden üç yüzyıl sonra çıkmaya başlayan bir sıra mesihinin gayesi, Yahudileri müslüman hâkimiyetinden kurtararak Filistin'e götürüp orada devlet kurmak olarak görünmektedir.

Emevi Halifesi İkinci Ömer'in (717-720) zamanında Suriye Yahudileri'nden Serene faaliyete geçmiş, kavmini uçurarak götürüp devleti Filistin'de kuracağını vadetmişti. Yakalanıp Halife'nin huzuruna götürüldüğünde «Sırf Yahudilerle eğlenmek için böyle hareket ettim» deyince cezalandırılmak üzere kavmine teslim edilmişti.

Serene'den az sonra, Abbasî hâkimiyetinin ilk yıllarında devletin geçirdiği sarsıntı ve dahilî isyanları fırsat bilen İran Yahudilerinden Ebu İsa Isfahanî ve muakkibi Yudgân zuhur etmişler, aynı iddiaları ileri sürmüşler ve kılıçtan geçirilmişlerdir. Ebu İsa'nın çevresinde toplananların onbinleri aştığı bilinmektedir.

Bu mesihler arasında en enteresanı 1140-1160 yılları arasında ortaya çıkan David Alroy veya Arapça ismiyle İbn er-Ruhî'dir.

İkinci Haçlı Seferi ile doğu dünyasında meydana gelen kargaşalık, Filistin'in Hıristiyanlar tarafından zaptedilmiş olması, Abbasi hilâfetinin zayıflaması sırasında İbn er-Ruhî ortaya çıkınca Yahudiler de bu arada kurtulacaklarına inanmış ve ona dört elle sarılmışlardı.

İbn er-Ruhî Musul'da zuhur etmiş, fakat Irak'tan Azerbaycan'a kadar uzanan bölgedeki Yahudilere kendisini mesih olarak kabul ettirmişti. Plânına göre önce Musul ve çevresinde bir devlet kuracak, ileride hâkimiyetini Filistin'e kadar geliştirecek ve komşu ülkelerdeki Yahudileri uçurarak götürecekti. Fakat daha plânın ilk safhasında, Musul'un yanındaki Amadiye Kalesi'ni ele geçirme çabası sırasında yenilip öldürülmüştü. Ona büyük ümitlerle bağlanmış olan Yahudiler ölümünü kabul etmemişler ve bir gün dönüp tekrar başlarına geçeceğini beklemeye başlamışlardı.

Bu «bekleme» durumundan faydalanan iki açık gözün oynadıkları oyun, hâlâ hafızalarda yaşamaktadır:

İbn er-Ruhî'nin emriyle hareket ettiklerini bildirerek Bağdad Yahudileri ile temasa geçen iki kafadar, onları uçurarak Kudüs'e göndereceklerini, orada Mesih'in kendilerini karşılayacağını ve «Mesih Çağı»nın başlayacağını ilan etmişlerdi. Şehirdeki Yahudiler bütün varlıklarını altına çevirerek ikisine teslim ile hareket emrini beklemeye başlamışlardı. İki açıkgöz mehtapsız bir gecenin ilerlemiş saatinde vaktin geldiğini söyleyip, Yahudileri şehrin surları üzerinde toplamışlar ve yeşil elbiseler giydirerek aşağıya atlamalarını emretmişlerdi. Meleklerin kanatlarına binerek uçmak hayali ile kadın-erkek, büyük küçük hepsi sabahın ilk ışıkları görünene kadar atlamaya devam etmişler, ancak o zaman vaziyet anlaşılmıştı. Lâkin, altınları alan açıkgözleri ele geçirmek mümkün olmamıştı.

XI. ve XII. yüzyıllarda mesihler zuhur etmeye devam etmiş, bunlardan Yemenli olanı başı kesilse dahi ölmeyeceğini ileri sürmüş, San'a'nın müslüman valisi; «Eğer dediğin doğru çıkarsa ecdad yâdigârı dinimizi bırakıp peşinden geliriz» demiş, ama başı kesilince «yalancı» olduğu anlaşılmıştı.

XIII. Yüzyıldan itibaren «Kabalist Mesihler» in ortaya çıktığı görülmektedir.

Kabala hareketinin kökü hernekadar çok eski devirlere dayandırılmak istenirse de aslında İhvân-ı Safâ Risaleleri ve İslâmiyet'in tesiri altında meydana gelmiş bir Yahudi tasavvuf hareketidir. XIII-XVII. Yüzyıllar arasında Abraham Abulafia, Nisim ben Abraham, Aşer Lemlein, David Reubeni, İzak Luria ve Hayim Vital mesihlik iddiasında bulunmuşlardır. Bunların sonuncusu ve ismi üzerinde en çok alâka toplayanı İzmirli Yahudi mesih Sabatay Sevi'dir.

Sabatay Sevi (1626-1676) İzmir'de, gördüğü rüyaları ilan ile işe başlamış, Filistin ve Mısır'a yaptığı seyahatlerinde büyük başarı ve taraftar kazanmıştı. Tam Yahudiler mesihin savaşa başlayıp devleti kurmasını beklerlerken, kendisi İstanbul'da sorguya çekilmiş ve ihtida ederek müslüman olmuştur. Buna rağmen İzmir'e dönmesine müsaade edilmeyerek, Arnavutluk'ta ikamete memur edilmiş ve orada ölmüştü.

Onun ölümü üzerine taraftarları üç büyük gruba ayrılmışlardır:

1- İzmirliler: Bunlar Sabatay'ın ölümünün gerçek değil sadece görünüşte olduğunu, ölmediği cihetle de birgün gizlendiği yerden geriye döneceğini kabul ederler ve onu beklerler.

2- Yakubcular: Şabtay ölünce mesihlik onun üvey kardeşi Yakub'a geçmiştir. İleride rücu edip başa geçecek olan da Yakub'tur görüşünde olanlardır.

3- Dönmeler: Bunlara göre Şabtay Sivi müslümanlığı zahiren kabul etmiştir, aslında ise Yahudi dinine sadık kalmıştır. Mesih'in yolundan giderek bunlar da görünüşte müslüman gibi davranırlar, müslüman ismi alırlar, her türlü merasimi ifa ederler, fakat gizli gizli asıl dinlerine göre amel eder, emir ve nehiylere uyarlar. Meselâ cumartesi günleri çalışmak Yahudi dinine göre kesinlikle yasaktır, onlar da çalışmazlar. Bir yakınları öldüğünde gömleklerini yırtıp bir ay müddetle –Yahudi dini üzreyerde otururlar v.s.

Bildiğimiz son mesih 1868 yılında Yemen'de zuhur eden Şukr el-Kuheyl'dir. Yemen Yahudilerine mesihliğini kabul ettirmiş, rivayete göre onlara bazı mucizeler göstermiştir. Adamlarını silahlandırması üzerine San'a Valisi üzerine asker sevketmiş, o da dağlara çekilerek mücadeleye girişmiştir. Şukr el-Kuheyl de yediyüzyıl önceki hemşehrisi gibi, başı kesilse dahi ölmeyeceğini, daha doğrusu ölümünün «görünüşte» bir ölüm olacağını, bir süre sonra «geri döneceğini» iddia ediyordu. Yakalandığında başı kesilerek İstanbul'a gönderilmiş ve mesele kapanmıştı. Fakat Yahudi cemaati kısmen onun «ölmediğine» kısmen de «döneceğine» inanmaya devam etmişlerdi.

Sadece dinî yönden hareketle mesihliklerini iddia dışında bazı kimseler de Avrupa ve dünyadaki Yahudi Meselesi'ni halletmek için görüşler ortaya atmış, faaliyetlerde bulunmuşlardır.

Bu faaliyetlerin başlangıcı XVII. yüzyılın son çeyreği olarak görünmektedir. Bu faaliyetler genellikle münferit ve mevziî karakterdedir.

1695 yılında İngiltere'de Oliger Paulli, Kral William III'a bir ariza vererek, Filistin'de Yahudi devleti kurulması hususunda yardımını talep etmiştir.

1714 de Fransız Yahudisi Langallerie Marki'si, Hague şehrindeki Türkiye Sefiri ile aynı hususu müzakereye girişti. Sonraki faaliyetleri sırasında Viyana'da tevkif edilerek hapishanede ölümüne kadar kaldı.

Saksonyalı Hermann Moritz (1696-1750), Yahudileri çevresinde toplayarak Güney Amerika'da bir devlet kurmak kral olmak için çalıştı.

İtalya Yahudilerinin gidip toplu halde Filistin'e yerleşmek için Kudüs Valisi Ali Bey ile pazarlığa giriştikleri anlatılmaktadır. Malî hususta anlaşma olmadan valinin ölmesiyle iş sonuçlanmadan kapanmıştır.

1798 yılında Fransa Yahudileri hükümete müracaat ederek himaye altında Filistin'de bir devlet kurmalarına yardım edilmesini istediler. Bundan bir yıl sonra 1799 martında, Mısır Seferi sırasında Napolyon Bonapart Eski Kudüs'ü ihya etmek isteyen Yahudilerin bayrağı altında toplanmalarını ilân etti. Her iki teşebbüs de sonuç vermedi.

1820 yılında Rus Yahudisi Albay Pestel, *Pravda*'da yazdığı bir seri makalede Yahudilerin Küçük Asya'da (Anadolu) bir devlet kurmaları fikrini ortaya attı.

Amerika'da Mortahay Noah, 1825'de Yahudileri Niyagara çevresinde bir devlet kurmaya davet etti. Bundan yedi yıl sonra Alman B. Behrend, Kuzey Amerika'da satın alınacak bir kısım arazi üzerinde bir Yahudi kolonisi kurmak için faaliyete geçti.

1839'da İngiltere Yahudileri kendilerine Suriye ve Filistin'de yerleşme hakkının verilmesi için büyük bir kampanya açtılar. İngiliz devlet adamlarından Lord Palmerston ve Lord Shaftesbury de bu kampanyaya katıldılar. İkibin yıl önce işlenmiş bir haksızlığın ancak Yahudilerin anavatanlarına dönmeleri ile düzeltilebileceğini beyan ettiler. İş Kraliçe Viktorya'ya intikal etti ve orada kaldı.

Meşhur bibliyoğrafya bilgini Moritz Steinschneider 1840 da Viyana'da, Filistin'de Yahudi bağımsızlığının ihyasını gaye edinen bir dernek kurdu, birkaç şehirde arkadaşları vasıtası ile şube açtırdı. Aynı gaye ile İngiltere'de Albay Churchill, Amerika'da Emma Lazarush faaliyete geçtiler. Yahudi çevreler hiçbirine iltifat etmedi.

Kırım Savaşı'ndan sonra 1856 yılında Paris'te toplanan sulh konferansında Yahudi Meselesi'nin ele alınması için girişilen kampanya sonuç vermedi. Ancak George Elliot, «*Daniel Deronda*»; Lazar Levy ve III. Napolyon'un hususu kâtibi Ernest Laharanne «*Yahudi Milletinin Dirilişi*», «*Yahudi Milliyetinin Yeniden Kuruluşu*» gibi kitaplar yazdılar.

1891 yılında Amerika Cumhurbaşkanı Benjamin Harrison'a bir ariza verildi. Bunda Başkan'ın nüfuzunu kullanarak Rusya, İngiltere, Almanya, Avusturya-Macaristan, İtalya ve Türkiye nezdinde teşebbüse geçmesi ve bir milletlerarası konferansın toplanmasını temin etmesi isteniyordu. Bu konferans halen dünyadaki Yahudilerin içinde bulundukları şartları ve bilhassa Filistin'de yerleşme haklarının tesbitini hedef tutacaktı. Bu arizanın altında John Rockfeller, Russel Sage, Başhakim W. Fuller'in imzaları vardı.

Dünyadaki Yahudi cemaatinin büyük çoğunluğunca benimsenen ve Ortadoks Yahudilik dediğimiz büyük kitle bir Mesih'in gelip, onun liderliği altında Filistin'de yeniden bir Yahudi Devleti kurulmasını beklerken XIX. Yüzyılda doğup gelişen yeni bir dinî cereyan bu görüşe kesin cephe aldı. Bu cereyan Reformist Yahudilik'tir. Birçok dinî emir ve nehiylerde değişiklik yapan, bilhassa Cumartesi yasaklarının hududlarını çok darlaştıran Reformistler mesih görüşüne de cephe aldılar. «Gayemiz Filistin'de bir devlet kurmak ve bütün Yahudileri orada toplamak değil, dünyadaki Yahudilerin Allah'ın birliği akidesine sarılmalarını ve diğer milletler arasında erimemelerini temin etmektir» dediler. 1845 yılında Frankfurt'ta toplanan reformcu din adamlarının görüşleri 1869 da Filadelfiya ve 1885 de Pittsburg'da yapılan toplantılarda teyid edildi. Sonuncu kongrenin açıklanan tebliğinde açıkça şöyle denilmekteydi: «Biz kendimizi hiçbir zaman bir millet olarak telakki etmiyoruz, biz dinî bir cemaatten ibaretiz. Bu sebeple ne Filistin'e dönmeyi, ne orada devlet kurmayı ve ne de bir Yahudi Devleti kurulmasına yol açacak hukukî düzeni isteriz».

HOVEVEY SİYON
(Siyon Âşıkları)

Hemen hemen bütün Avrupa ve Amerika devletlerindeki Yahudilerin yukarıda bahsettiğimiz münferit faaliyetleri sonucunda çeşitli Yahudi cemaatleri, bilhassa Rusya Yahudileri arasında yeni bir fikir doğdu: Kolonizasyon. Önceleri reformist Yahudiliğin ilhamı ile dünyanın herhangi bir yerinde, başka devletlerin idaresine bağlı fakat, Yahudilerin birarada yaşayabileceği bir veya birkaç koloni tesisi fikri yavaş yavaş gelişti. Koloninin yeri olarak Filistin seçildi.

Rusya'da P. Rablnovitz, Pinsker, H. Schapira'nın liderliklerinde kurulan Hovevey Siyon Cemiyeti Almanya, Fransa, İngiltere ve Amerika Yahudileri arasında derhal yankı uyandırdı. Londra'da Hoveveysiyon, Amerika'da Şavesiyon, Paris'te Yişuv Eretz Yisrael cemiyetlerinin gayeleri hep aynı idi: Filistin'de bir Yahudi kolonisi meydana getirmek. 1879 yılına kadar gözle görülür bir başarı gösteremeyen bu cemiyetler zengin Yahudilerin para yardımına da kavuşunca bu yıldan itibaren gönüllü idealist Yahudileri Rusya ve diğer Avrupa ülkelerinden toplayıp Filistin'e sevketmeye başladılar. Wilna'da 1889 yılında yapılan bu cemiyetlerin federasyon toplantısında sayılarının otuzbeşe yükseldiği görülmektedir.

Hibbat Siyon veya Hovevey Siyon genel adı altında toplanan bu cemiyetlerin zuhur sebebinin başında XIX. yüzyılın ikinci yarısında Avrupa'da şiddetlenen Yahudi aleyhdarlığı gösterilebilir. Getto denilen ve Yahudilere mahsus, etrafı duvarlarla çevrili mahallelerde yaşayan Yahudilere karşı uyanan nefret ve aleyhte gösterilerin sonu geleceği yerde tedricen artmaya başlaması, Rusya ve Galiçya'daki Yahudilerin zaman zaman kitle halinde hudut dışına çıkarılmaları ile düştükleri sefalet, onları bir çıkar yol aramaya sevketti.

1878 Yılında Berlin'de toplanan sulh konferansına başvurarak Filistin'e dönme haklarının münakaşa edilmesini istedikleri zaman, konferans başkanı Prens Otto von Bismarck'ın bunu şiddetle reddedip gündeme bile almamasını unutmazlar.

İşte bu karışık ve bir sürü cemiyetin çeşitli gayeler peşinde koştukları günlerde sahneye Viyanalı bir Yahudinin çıktığını görmekteyiz. Bu, hukuk tahsil etmiş, doktora yapmış, Viyana'da (eue Ferie Press gazetesinin edebiyat ve siyaset konularındaki yazılarını tertip ve tanzim eden genç bir adamdır: Theodor Herzl.

POLİTİK SİYONİZM

Önce en çok takibata maruz kalan Galiçya ve Rusya, sonra da bütün dünya Yahudilerini Filistin'de toplayarak bir Yahudi Devleti kurma fikri diye tarif edebileceğimiz Politik Siyonizm hareketinin kurucusu Dr. Theodor Herzl'dir. Avrupa'da uyanan Yahudi aleyhdarlığı ile ortaya çıkan «Yahudi Meselesi»ne bir hal yolu bulmak için 1895 yılında, daha 35 yaşında iken harekete geçen Herzl, 1904 yılında ölümüne kadar bütün faaliyet ve düşüncelerini hatıra defterine geçirmiştir.

Halen Kudüs'ün İsrail kesiminde Merkez Siyonist Arşivi'nde muhafaza edilmekte olan bu hatıraların tamamı ikibin kitap sahifesi tutacak genişliktedir. Rusya, Almanya, Avusturya, İngiltere, Fransa, İtalya ve Türkiye devlet adamları ile giriştiği muhabereler, müzakereler, yaptığı teklifler ve aldığı sonuçlar günbegün bu deftere işlenmiş bulunmaktadır.

Bu hatıraların yayınlanması Avrupa'da bazı skandallara sebebiyet verecek nitelikte olduğu için, yayınlanırken bazı kısımları çıkarılmış ve ancak son on yıl içerisinde tamamı yayınlanmıştır.

Filistin'in sahibi olması hasebiyle, hatıraların bir kısım yerin de Türkiye, Sultan Abdülhamid ve o zamanki devlet adamları yer almaktadır. Biz diğer bölümleri ihtisar ve hulasa edip Türkiye'ye taalluk eden kısımları aynen vermeye çalıştık.

Hatıraların tamamının çevrilmesi ve yayınlanması bilhassa siyasî tarih bakımından son derece faydalı olacaktır kanaatindeyiz.

Bundan sonraki sahifelerde Dr. Theodor Herzl'in hatıralarını nakledecek, 1904 yılında onun ölümünden sonra meydana gelen gelişmeleri, Filistin'de Yahudi Devleti'nin kuruluşuna kadar olup bitenleri hatıraların sonunda anlatacağız.

THEODOR HERZL'İN HATIRALARI

Şavuot Bayramı, 1895 Paris

Son zamanlardaki vazifem gayet rahat ve tatminkâr, fakat şu anda bu vazifeye devam edip etmeyeceğimi bilmiyorum. Zihnimdekiler bana muazzam bir rüya gibi geliyor, ama günler ve haftalardır şuuruma hâkim; nereye gitsem, ne yapsam peşimde, günlük muhabirlik ve gazetecilik görevimi yaparken dahi onunla meşgul oluyorum.

Neler olup biteceğini tahmin için henüz vakit çok erken, lâkin tecrübelerimle biliyorum ki bir rüya olsa dahi calibi dikkattir ve bu sebeple yazılmalıdır. Beşeriyet için bir hatıra olmazsa da, hiç değilse sonraki yıllara benim görüş ve hislerimi aksettirir. Bu iki ihtimal arasında belki de ebedî bir eser olur. Düşündüklerim gerçekleşmezse bile faaliyetlerim bir roman meydana getirir.

Romanın başlığı: Arz-ı Mevûd (Vadedilmiş Vatan).

Gerçeği söylemek lâzımsa, bu benim aklıma sadece «edebî» bir roman konusu olarak gelmiş değildir. Bu bir maksada hizmet edecektir. Paris'e daha gelir gelmez edindiğim tecrübeleri ve bir gazeteye yazılması imkânsız müşahedeleri hatıra defterime yazmaya başladığıma çok hayıflandım, bu yüzden çok şey kaybettim. Fakat, bir gazete muhabirinin tecrübeleri ile benim şimdiki çalıştığım konuyu bir mukayese etmeli! Ne rüyalar, düşünceler, mektuplar, toplantılar ve faaliyetler olacak. Eğer herşey yolunda giderse ne korkunç mücahedeler yapılacak. Bütün bunlar not edilmeye değer.

Stanley, küçücük «*Livingstone'u Nasıl Buldum*» adlı seyahat kitabı ile bütün dünyanın ilgisini çekti. Ve o, Siyah Kıt'ayı baştan başa geçerken, bütün dünyayı, bütün bir medeni dünyayı teshir etti. Benimki ile mukayese edilince bütün bu kahramanlıklar ne kadar basit. Bugün yine söylüyorum: Benim rüyamla mukayese ediniz.

Ben «Yahudi Meselesi» ile bilfiil ne zaman meşgul olmaya başladım? Muhtemelen bu mesele ortaya çıktığından beri, daha doğrusu Dühring'in[1] kitabını okuduğum günden itibaren.

Şimdi Viyana'da bir köşeye atılmış eski not defterlerimden birinde Dühring'in kitabı ve «Mesele» hakkındaki müşahedelerim yazılıdır. O zamanlar, zannediyorum 1881 veya 1882 yılıydı, yazılarımı yayınlayabileceğim bir gazete yoktu. Fakat bugün bile o zaman yazdıklarımı tekrar tekrar söyleyebilirim. Yıllar geçtikçe bu «Yahudi Meselesi» içime işliyor, acı veriyor, beni perişan ediyor.

Gayet tabii, geçen her yıl düşüncelerimde değişiklik yapıyor, bazı görüşlerimden ayrılıyorum. Bu yüzden aynada eskisinden başka bir adam bana bakıyor. Ama değişen hususlar dışında şahıs aynı şahıstır. Yılların bıraktığı izlerle olgunlaştığını görüyorum.

Önceleri «Yahudi Meselesi» beni çok acı yaraladı. Hıristiyanlığa geçerek bundan kurtulmayı düşündüğüm zamanlar oldu. Fakat bu, gençlikteki bir zaaftan başka bir şey değildi, ama bu hatıralarda kendi kendime doğruyu söylemeliyim; zira kendime karşı riyakâr davranmam bu hatıraların kıymetini ortadan kaldırır. Hiçbir zaman ciddi şekilde Hıristiyan olmayı veya ismimi değiştirmeyi düşünmedim. Hele ikinci hususu teyid edecek bir de vesile oldu. Çok genç, müptedi bir yazar iken Viyana'da Deutsche Wochenschrift'e bir makale gönderdim. Dr. Friedjung bana, şimdiki Yahudi ismimden vazgeçip bir müstear ad kullanmamı tavsiye etti. Kat'iyetle reddettim, babamın adını taşımaya devam edeceğimi, gerekirse makalemi geri alabileceğimi söyledim. Maamafih Dr. Friedjung makalemi kabul etti.

«Yahudi Meselesi» benim için tabiatiyle, her köşe bucakta mevcuttu. Bazen üzülüyor, bazen de eğleniyordum. Huzursuzluk hissediyordum; her ne kadar buraya gelmezden önce Yahudiler hakkında bir roman yazmayı düşünmüşsem de bu beni tam sarmış değildi. Bunu 1891 yılında İspanya'ya gittiğim sırada düşünmüştüm. O zamanlar bu benim edebî bir projemdi. Romanın kahramanı, o yılın şubatında Berlin'de intihar eden aziz arkadaşım Heinrich Kana olacaktı. İlk müsvettede romanın adı «*Samuel Kohn*» idi. Buna ait notlarım da hep kaybolmuş olsa gerektir. Bundan bilhassa zavallı, fakir Yahudi kitlelerini zenginlere nazaran çektiklerini belirtmek istiyordum. Muhit, Kana'nın zengin akrabalarına karşı koyup, yaşadığı muhitti.

«*Neue Freie Presse*» gazetesi (Viyana) beni Paris'e muhabir olarak gönderdi. Bu vazifeyi kabul ettim, zira dünyayı oradan görmek istedim. Ama roman projemin bu sebeple akim kalmasına da hâlâ hayıflanırım.

Paris'te, hiç değilse müşahit olarak, politikanın tam ortasındaydım. Dünyanın nasıl yürütüldüğünü gördüm. Burada Yahudi aleyhdarlığı olmadığı için meseleyi daha iyi tahlil edecek seviyeye yükseldim Avusturya veya Almanya'da arkamdan birisinin «Hep, Hep»[2] diye bağıracağından devamlı olarak endişe duyardım. Ama burada kalabalıkta hiç tanınmadan dolaşabiliyordum.

Şimdiye kadar «Hep» diye bağırılmaya iki defa hedef oldum. Birincisi 1883'de Mainz'den geçerken oldu. Bir akşam ucuz gece kulüplerinden birine gittim, bira içtim. Kalkıp kapıya yöneldiğim sırada, kalabalığın içinde, sigara dumanları arasında birisi bana «Hep, Hep» diye bağırdı. At kişnemesine benzer kahkahalar koptu. İkinci Viyana yakınında Baden'de oldu. Tam arabaya bineceğim sırada birisi «Pis Yahudi» diye bağırdı.

* * *

Bir roman yazmak fikrinden nasıl olup da, bu romanı Yahudi meselesini halletmek, onları vatanlarına döndürmek faaliyetine çevirdiğim, her ne kadar son birkaç hafta içinde vaki oldu ise de, bu benim için tamamen bir sırdır, şuur dışı olmuş bir şeydir.

Belki bu fikirler pratik değildir, belki bunları ciddi ciddi anlatacağım kimselere alay mevzuu olacağım. Kendi romanımda kendim bir karakter olabilir miyim?

Bir gün aniden Yahudiler için milyonlar harcamış olan Baron Hirsch'e[3] bir mektup yazdım. Mektubu bitirdikten sonra tam ondört gün ondört gece bir kenara bıraktım. Bu kadar aradan sonra mektubu tekrar okudum. Bana manasız görünmedi ve postaladım, mektupta şöyle diyordum:

Muhterem Efendim,

Acaba sizi ziyaret şerefine ne zaman nail olabilirim? Yahudi Meselesini tartışmayı arzu ederdim. Sizinle ne gizli ne açık malî meseleler üzerinde röportaj veya münakaşa yapmak istemiyorum. Sadece sizinle Yahudi Siyaseti konularını konuşmayı arzu ediyorum. Öyle bir mesele münakaşası ki, zamanla doğuracağı sonuçları ne siz ne de bendeniz görebileceğiz. Bu sebeple bana meseleyi rahatlıkla konuşabileceğimiz bir veya iki saatinizi hasredebileceğiniz bir zamanda karşılaşmamızı dilerim. Benim için en uygunu Pazar günüdür. Bu, önümüzdeki Pazar değil, sizin lutfedeceğiniz herhangi bir zamandır.

Düşüncelerim sizi ilgilendirecektir. Öyle olduğu halde bu mektupta fazla bir şey söylemek istemiyorum. Lütfen bu mektubu dahi çevrenizdekilere –sekreterleriniz ve sair kimselere- göstermeyip gizli tutmanızı rica edeceğim.

Belki benim ismim sizin meçhulünüz değildir, herhalde burada muhabiri olarak bulunduğum gazeteyi olsun tanırsınız.

Hürmetkârınız Dr. Herzl
Neue Freie Presse Muhabiri

Bu mektubun müsveddesi hâlâ elimdedir. Temize çekerken üzerinde bazı değişiklikleri yaptım. Bu gibi şeyleri o tarihlerde vesika olarak saklamayı henüz düşünmüyordum.

Birkaç gün geçti, cevap Londra'dan geldi:

Dr. Theodor Herzl, Paris.

Mektubunuzu iki ay kalacağım bu şehirde aldım. İstediğiniz ve benim de dünyanın en büyük arzusu ile istediğim randevuyu yerine getiremeyeceğim için son derece müteessirim. Acaba zarfın üzerine «ŞAHSİDİR» diye işaret koyarak bana, karşı karşıya geldiğimizde söyleyeceklerinizi bildiremez misiniz?

Size cevabı sekreterimin el yazısı ile ve Fransızca yazdığım için özür dilerim. Fakat avda vuku bulan bir kaza sebebi ile sağ elimi kullanacak halde değilim.

Saygılarımla
M. de Hirsch

Bu mektuba şu cevabı yazdım:

Cambon Sokağı No. 37
24 Mayıs 1895

Muhterem Efendim,

Burada karşılaşamamamızdan ötürü son derece müteessirim.

Size anlatmak istediklerimi yazmak kolay değil, maamafih yazacağım. Yalnız, eski bir darbı meselin ifade ettiği gibi, şimdi kısa yazmak için vaktim müsait değil; tumturaklı söz ve ifadelerle başınızı ağrıtmayacağım. Vakit bulur bulmaz size yeni Yahudi siyaseti konusunda bir plân takdim edeceğim.

Bütün arzum sizin dikkatinizi tam olarak çekebilmektir. Karşılıklı konuşmuş olsak bunu temin ederdim, ama mektuplaşma ile yapmak çok daha güç; benim mektubum masanızdaki diğer mektuplar arasına karışıp kalacak; sizin her gün dilencilerden, merhamet istismarcılarından, asalaklardan, dolandırıcı ve sahtekârlardan pekçok mektup almakta olduğunuzu tahmin ederim. Bu sebeple benim mektubum size çift zarfla gelecektir, ikinci zarfın üzerinde şöyle yazılı olacaktır: «Dr. Herzl'den mektup».

Sizden ricam bu mektubu tam manası ile istirahat edip günlük meşgalinizden uzaklaşmadan açmamanızdır. Gerçekleşmeyen karşılıklı konuşma talebimin sebebi de esasen bu idi.

Hürmetkârınız
Dr. Herzl

Bu mektubu temize çekerken zannederim birkaç yerinde ifadesini değiştirdim. Hirsch'in veya onun omuz başından bakıp okuyacak üçüncü bir şahsın beni bir para avcısı ve istismarcı zannetmesini istemiyordum.

Müteakip günler bir memorandum tuttum. Bir sürü kâğıda notlar çıkardım. Yürürken, lokantada yemek yerken, tiyatroda ve parlamentoda iken yazı yazdım.

Tam bu hazırlıkların ortasında iken Hirsch başka bir mektupla bana sürpriz yaptı:

Londra, 26 Mayıs 1895

Mösyö Herzl, 37 rue Cambon, Paris.

Dün değil evvelsi günkü mektubunuzu aldım. Eğer henüz uzun bir rapor hazırlamadı iseniz bu sıkıntıdan kurtuldunuz demektir. Birkaç güne kadar kırksekiz saat için Paris'e geleceğim. Gelecek Pazar, 2 Haziranda saat 10.30 da Elysée sokağı 2 numarada beni emre âmade bulacaksınız.

Saygılarımla,
M. de Hirsch

Bu mektup beni çok rahatlattı. Hakkımda yanlış kanatalara saplanmamış olmasına memnun oldum.

Notlarımın üzerine daha ciddiyetle eğildim. Bunlar Şavuot'tan[4] önceki Cumartesi günü artık koca bir tomar olmuştu. Tasnif ettim ve muhtevalarına göre üç bölüme ayırdım:

Giriş,

Yahudi ırkının seçkinliği,

Hicret.

Böylece tanzim ettikten sonra temiz bir kopyasını çıkardım, tam 22 sahife tuttu.

Beklenen Pazar sabahı son derece itina ile giyindim. Bir gün önce yeni satın aldığım eldiveni henüz alındığı belli olmasın diye biraz hırpaladım. İnsan zengin kimselere karşı onlardan çok farklı görünmemeli.

Rue de L'Elysee'ye gittim. Bir saray. Geniş bahçesi ve muhteşem girişi bana son derece tesir etti. Her yerde gerçek güzellik vardı. Eski tablolar, mermerler, sessiz duvarlar... Harika.

Ben bilardo odasında yalnız beklerken Hirsch girdi, sanki daha önceden tanışıklığımız varmış gibi acele elimi sıktı ve biraz beklememi söyleyip gözden kayboldu. Oturup cam mahfaza içindeki Tanagra figürlerini inceleyip Baron'un zevk sahibi bir kimse olduğunu düşünürken bitişik odadan sesler işittim. Konuşanın, Baron'un hayır işleri ile uğraşan ve kendisiyle bir defa Viyana'da, bir iki fırsatta da burada konuştuğum birisi olduğunu anladım. Onun çıkarken beni görmesi hoşuma gitmeyecekti. Belki bunu bir maksatla Hirsch tanzim etmişti. Bu düşünce beni güldürdü, zira ben kendisine tamamen bağlı olmayı düşünmemiştim. Ona ya kendi arzumla meylederdim, yahut da vazifemi tam başaramadan terkederdim. Konuşmamız sırasında onun «Jewish Association» da[5] bir vazife almam hususundaki muhtemel teklifine bile cevabım hazırdı: «Sizin hizmetinize girmek mi? Hayır. Yahudilerin hizmetine mi? Evet.»

Az sonra iki adam dışarı çıktı. Önceden tanıdığımın elini sıktım. Baron'a, «Bana bir saatinizi ayırabilir misiniz? Eğer hiç değilse bir saat olmazsa konuşmaya başlamayayım daha iyi» dedim.

Gülümseyerek «Haydi bakalım, buyurun» dedi.

Notlarımı çektim, «Meseleyi vazıh olarak ortaya koyabilmek için birkaç şey hazırlamıştım», telefonunun çaldığı ana kadar ilk beş dakika güçlükle konuştum. Telefon ahizesini alarak, kim ve ne için ararsa arasın evde olmadığını söyledi. Plânımı ona şöyle anlattım:

«Size söyliyeceklerimin bir kısmını çok basit, bir kısmını da çok fantastik bulacaksınız. Fakat insanlar basit ve fantastik ile idare edilirler. Ben hiçbir zaman Yahudi Meselesi'ni bizzat halledebileceğimi düşünmedim. Siz de aslında Yahudilerin patronu olmayı plânlamış değilsiniz. Siz bir bankerdiniz ve bir yığın iş yaptınız, vaktinizi ve servetinizi Yahudiler için hasrettiniz. Aynı şekilde, başlangıçta ben, Yahudiler hakkında bir düşüncesi olmayan bir yazar ve gazeteci idim. Fakat tecrübelerim ve müşahedelerim, Yahudi aleyhdarlığının büyümesi beni bu Mesele ile ilgilenmeye sevketti.

Kendimi bu kadar takdim yeter.

Her ne kadar konuya tarihten başlayacaksam da Yahudi tarihine girmeyeceğim, nasıl olsa malumdur, yalnız üzerinde duracağım bir nokta var: Dağıtılmamızdan beri geçen ikibin yıldır bir siyasî liderden mahrum bulunuyoruz. Ben bunu bizim en büyük talihsizliğimiz olarak kabul ediyorum. Bu yoksunluk, bizim için, tarihte uğradığımız bütün takibat ve işkencelerden daha kötü olmuştur. Bizim içten içe dağılma ve yokluğa gidişimizin sebebi budur. Çünkü hiç kimse bizi gerçek insan olma yolunda eğitmemiştir, tam aksine hep aşağılık meşgalelere itilmiş, gettolara[6] kapatılmış ve oralarda birbirimizi dejenere etmeğe uğraşmışızdır. Ve onlar bizi dışarı salıverdikleri zaman bizden birdenbire, hürriyete alışkın insanların vasıflarını haiz olmamızı beklemişlerdir.

Şimdi, eğer çevresinde birleşilmiş bir siyasî liderliğimiz olsaydı, ki bunun için daha fazla delil göstermeyeceğim ve bu hiçbir zaman gizli bir cemiyet demek değildir, böyle bir liderliğe sahip olsaydık, Yahudi Meselesi'ni yukarıdan, aşağıdan, her cihetten halle girişebilirdik.

Hedef, önce bir merkez kurmak ve bir baş bulmaktır.

İki istikamet de mümkündür: Ya bulunduğumuz yerlerde kalırız, ya da herhangi bir yere hicret ederiz.

Her halükârda kavmimizi eğitmek, yetiştirmek için müşterek ölçülere muhtacız. Zira hicret etsek bile, Arz-ı Mev'ûd'a ulaşmamızdan önce uzun zaman geçecektir. Bu zaman Moşe'de kırk yıl tutmuştur.[7] Biz yirmi veya otuz yılda yapabiliriz. Her hâlükârda, gelecek yeni nesilleri kendi maksatlarımıza uygun şekilde yetiştirmeliyiz.

Şimdi eğitim için sizin kullandığınızdan oldukça farklı metodlar teklif ediyorum.

Herşeyden önce, hayırseverlik prensibi üzerinde duralım. Ben bunun tamamen hatalı olduğu mütaleasındayım. Siz bir sürü dilenci yetiştiriyorsunuz. Başka hiçbir kavim, Yahudilerde olduğu kadar hayır işlemeye ve bundan faydalanmaya meyil göstermemektedir. Bu iki fenomen arasında bir irtibat vardır, yani böyle sonunda dilenciliği tervic eden bir hayırseverlik bizim millî karakterimizi alçaltmaktadır.»

Hirsch burada sözümü keserek: «Çok haklısınız» dedi, ben devam ettim:

«Yıllar önce işittiğime göre, sizin, Yahudileri Arjantin'de yerleştirme gayretiniz çok cüz'i sonuçlar verdi, yahut hiç vermedi. Kulağıma çalınanların tartışmasını yapacak değilim, fakat şunu söylemek mümkün ki, herşey sizin düşündüğünüz şekilde olmadı. Olsa, olmuş olsa dahi yaptığınız nedir? Onbeş veya yirmi bin Yahudiyi denizaşırı bir ülkede çiftçiliğe başlatmış olmak değil mi? Bunlardan daha çok sayıda Yahudi Leopoldstadt'ın bir tek sokağında oturmaktadır».

Hirsch, «Tenkid yeter, ne yapmalı?»

«Yahudiler ister bulundukları yerlerde kalsınlar, ister hicret etsinler, ırk bir defa bir istikamete sevkedilmelidir. Savaş için kuvvetlendirilmeli, çalışmaya arzulu ve faziletli olmalıdır. Ondan sonra bırakın onları, zaruret varsa hicret etsinler, ne yaparlarsa yapsınlar.

Bu gelişmeyi temin için, bugüne kadar yaptığınızdan başka şekilde kaynaklarınızı kullanabilirsiniz.

Sizin yaptığınız gibi, Yahudileri teker teker satın almak yerine, belli başlı Yahudi aleyhdarı memleketlerde dikkati çekici, ahlâkî üstünlük konularında, san'at, ilim, salgın hastalıklarla mücadele, kahramanlık gösteren askerler v.s. v.s. büyük olan her konuda muazzam mükâfatlar tesis edersiniz. Bu mükâfatlar iki şey temin edecektir: Herkesin terakki etmesi ve reklâm. Anlıyorsunuz ya, mükâfat verilen olay sebebiyle her yerde konuşmalar olacaktır. Böylece insanlar iyi Yahudilerin de bulunduğunu öğreneceklerdir.

Fakat birinci sonuç daha önemlidir. Genel bir seviye yükselmesi, terakki. Münferit olarak, mükâfat kazanmış olanların önemi yok, beni alâkadar eden, mükâfat kazanmak için çalışacak olanlardır. Bu şekilde ahlâkî seviye yükselecektir».

Bu noktada sabırsızca sözümü kesti:

«Hayır, hayır, hayır! Ben genel seviyenin yükselmesini istemem. Bizim bütün talihsizliğimiz Yahudilerin çok yükseklere tırmanmak istemesi vakıasından gelmektedir. Bizim lüzumundan fazla aydınımız var. Bence, asıl Yahudilerin bu ileri fırlamalarını durdurmalıdır. Böyle büyük hamleler yapmamalıdırlar. Yahudilere olan bütün nefret bundan ileri gelmektedir. Benim Arjantin'deki plânlarıma gelince. Başlangıçta bazı aksaklıkların olduğu doğrudur, fakat şimdi orada çok iyi insanlar vardır. Eğer koloni başarı kazanırsa niyetim yüz kadar gazete muhabirini davet etmek –siz şimdiden davet edilmiş sayılırsınız- ve onları Arjantin'e götürmektir. Şüphesiz herşey mahsul durumuna bağlı, birkaç iyi yıldan sonra, dünyaya Yahudilerin iyi çiftçiler de olduklarını gösterebileceğim. Bundan sonra onların Rusya'da bile kalmalarına müsaade edilebilir».

Şöyle söyledim:

«Her ne kadar sözümü henüz bitirmediysem de, sizin sözünüzü kesmedim. Sizin kafanızdan geçenleri öğrenmek istedim. Fakat görüyorum ki fikirlerimi size anlatmanın faydası yok».

Bunun üzerine, sanki ben bankasında vazife isteyen bir adammışım gibi bir pozla ve yumuşak bir sesle:

«Sizin zeki bir insan olduğunuzu anlıyorum» dedi. Kendi kendime sadece tebessüm ettim. «Fakat çok fantastik fikirleriniz var».

«Evet, size ya çok basit, ya çok fantastik geleceğini başlangıçta söylemiştim, siz gerçekten fantastiğin ne olduğunu bilmiyorsunuz» diye cevap verdim.

«Hicret yegâne hal şeklidir, satın alınabilecek geniş ve yeterli arazi var» dedi. Ben, neredeyse bağırarak;

«Benim hicreti istemediğimi kim söyledi? Herşey bu notların içinde var. Alman Kayzer'ine gideceğim, o beni anlıyacaktır. Zira o büyük konularda hükmetmemek için gelmiş bir kimsedir» dedim.

Bu sözlerimi Hirsch gözlerini kırpıştırarak dinledi. Acaba saygısız davranışım mı, yoksa Kayzer'le konuşma fikrim mi ona tesir etmişti? Belki her ikisi de. Notlarımı cebime koydum ve sözlerimi bağladım:

«Kayzer'e şöyle diyeceğim: Bizim kavmimizi bırak, biz burada yabancıyız. Bizim diğer insanlara karışma, onlar arasında erime müsaademiz yok, zaten yapamayız da, gidelim! Bizim «Çıkış»ımızın[8] şekil ve manasını size anlatacağım. Öyle ki bizim ayrılmamızdan sonra arkamızdan ne boşluk kalacak ne de herhangi bir ekonomik kriz olacaktır».

Hirsch: «Parayı nereden bulacaksın? Rodschild ancak 500 frank bağışta bulunacaktır».

Küstah bir gülüşle, «Para mı?» dedim; «10 Milyar marklık bir "milli Yahudi İkraz Fonu" kuracağım».

Baron, «Bir fantezi» diye tebessüm etti; «Zengin Yahudiler on para vermezler, zengin kişiler fakirlerin ıztırabını anlamazlar».

— «Bir sosyalist gibi konuştunuz, Baron Hirsch!»

— «Evet, diğerlerine de aynı şeyi yaptırmak uğruna herşeyimden vazgeçmeye hazırım».

Ayrılırken son sözleri: «Bu bizim son konuşmamız değildir. Londra'dan döner dönmez size haber vereceğim» oldu. Aynı yollardan geçerek çıktım ve hemen yazı masamın başına koştum.

* * *

Burada Dr. Theodor Herzl hatıralarına sekiz ay kadar ara verir. Sadece tarih atarak kâğıtları üzerine notlar alır. Bunlar yürürken, otururken, uzanırken, kahvede veya gazinoda iken, uyurken kalkıp oturarak aklına geldikçe yazdığı «Yahudi DEVLETİ» konusundaki düşünceleridir.

Bu düşünceler bazen bir roman malzemesi niteliğinde, bazen devlet sanki gerçekmiş de onun meselelerinin teferruatını ele alış şeklindedir. 3 Haziran 1895 tarihinde Paris'ten Baron Hirsch'e yazdığı mektupta onun kendisini sabırla, sonuna kadar dinlemediğinden yakınır. Konuşmasının daha birinci bölümünü anlattığı sırada vaktin gecikmesi veya bilmem hangi iş ziyareti için kendisini başından savdığını söyler ve şöyle devam eder:

«Plânımı bütün ayrıntıları ile hazırlamış bulunuyorum, bütün plânı! Herşeyi etrafı ile biliyorum: Para, para ve yine para. Nakliye için para, büyük insan kitlelerinin nakli için para (ki şimdi Musa'nın zamanındaki gibi, sadece yemek ve su insanların ihtiyaçlarını karşılamıyor). Bölümlerin organizesi, bazı devlet başkanları ile muhaceret anlaşmaları, diğerleriyle Yahudilerin geçişlerine müsaade ve bunların garantisi meselesi, yeni ve mükemmel yerler hazırlanması için para lâzım. Bunlardan önce tesirli bir propaganda, fikrin gazeteler, kitaplar, risaleler, konferanslar, resimler ve şarkılarla halka maledilmesi. Herşey bir merkezden idare edilecek ve maksat tahakkuk ettirilecektir.

Nasıl bir bayrak çekeceğimi size söylerken, alay edercesine «Bayrak mı, o da nedir, bir direk ve üzerinde bir bez parçası değil mi?» dediniz.

Hayır efendim, bayrak bundan çok daha fazla birşeydir. Bir bayrakla insan diğerlerinin önüne geçip onları istediği yere, hatta Mev'ud Arz'a bile götürebilir. İnsan bayrak için yaşar ve ölür. Eğer birisi onları eğitip yetiştirmişse, kitleler sadece ve sadece bayrak için ölüme koşa koşa giderler. Siz Alman İmparatorluğu'nu neyin meydana getirdiğini bilir misiniz? Hayaller, şarkılar, fanteziler, siyah-kırmızı-sarı bir bez ve kısacık bir emir. Bismarck'ın yaptığı, daha önce idealistlerin diktiği ağacı sallayıp meyvesini toplamaktan ibarettir.

Ne! Siz gayrı makulu ve dini anlamaz mısınız? İsterseniz Yahudilerin ikibin senedir bu hayal uğruna çektiklerini düşünün. Evet, hayaller, yalnızca hayaller insanların ruhlarını kavrarlar. Ve bunlara istikamet vermeyen herhangi bir kimse, belki mükemmel bir insandır, zengindir, çok geniş ölçüde hayırseverdir, ama insanların lideri değildir ve ondan ileride hiçbirşey kalmayacaktır.

Görmüyor musunuz ki bir hamlede hem Yahudi sermayesini, hem işgücünü ve heyecanlarını maksadımız için bir araya getiriyorum.

Bunlar hiç şüphesiz kaba hatlardır. Fakat benim detayları hazırladığımı nereden biliyordunuz? Bana sözümü bitirme imkânını verdiniz mi?

Yahudiler için 10 milyar mark nedir? Onlar halen Fransa'nın 1871'deki durumundan daha zengindirler. Eğer mecburiyet varsa işe bir milyarla bile girişebiliriz. Zira bu bizim müstakbel demiryollarımız, muhacirlerimizi taşıyacak filolarımız ve donanmamız için çalışan bir sermaye olacaktır. Onunla evler, oteller, işçi meskenleri, okullar, tiyatrolar müzeler, devlet daireleri, hapishaneler, hastaneler, kısaca şehirler inşa edecek ve bir yeni vatan yaratacağız, öyle bir vatan ki bu Mev'ûd Arz'a dönecektir...

Bütün samimiyetimle temin ederim ki konuşmamız pek satıhta kalmış olsa bile enteresandı. «Gel beni gör» demenizi bekleyeceğim.

Selâm ve saygılarımla,

Dr. T. Herzl».

Bundan sonra Dr. Herzl, yazdığı siyasî risale olan «*Yahudi Devleti*»nde anlattığı görüşlerin ana fikirlerini sıralıyor. Devlette bulunacak ana müesseseleri ve bunların nasıl çalışacaklarını anlatıyor. Meselâ bir «Merkezî İş Bürosu» olacak ve memleketteki her türlü işçi ihtiyacını orası karşılayacak. Bütün çiftlikler telefon şebekesi içine alınacak, «Filan güne 1.000 tarla işçisi lâzım» diye bir çiftlikten talep geldiğinde, merkez askerlikte cepheye sevkiyat yapar gibi bu bin kişiyi ihtiyaç olan çiftliğe sevkedecek. Bunun yanında yardımcıya ihtiyacı olan bir terzinin veya kunduracının da istediğini bulup temin edecek.

Memleketin filan yerine bir şeker fabrikası kurulmalı, veya falanca yerdeki maden işletilmeli, yahut filan yerde petrol araştırmaları yapılmalı şeklindeki kararları verebilecek selahiyetli bir ekip bulunmalı.

Sermaye hareketleri ve kredi meseleleri tek merkezden ve âmmenin menfaatine en uygun şekilde tek merkezden ayarlanmalı, ayarlanacak.

Bütün Yahudileri müştereken ilgilendiren hususlarda sırf kendi zengin olmak için çalışanların, çalışacak olanların vay haline. Bu gibiler en sert şekilde cezalandırılacaktır.

Biz, bütün Siyonistler birleşeceğiz. Zorlu mücadeleler yapacağız: İnsafsız bir Firavunla, düşmanlarla ve bilhassa kendi kendimizle. Altın Buzağı!...[9]

* * *

Temmuz ayının ilk haftasına ait notlarında artık Baron Hirsch'e önem vermemeye başladığını görüyoruz. Dr. Herzl artık ondan çok daha zengin milyarder bir Yahudiye yaklaşmayı düşünmektedir. Bu, servetleri ve yaşayışları dillere destan, Rothscild ailesidir. Meşhur kumandan Moltke'nin yüz bulamadığı Danimarka'yı bırakıp Prusya'ya geçişine benzetmektedir.

«Eğer aynı zamanda Rotschild'i kazanırsam artık zavallı Baron Hirsch'i bir kenara atmak istemem. Ona bir yerde ikinci başkanlık veririm. Bu, benim plânımla ilgilenmesi ve geçmişte Yahudilere yaptığı hizmetlerin mükâfatı olur. Onu ve diğer büyük Yahudileri bir çatı altında toplamayı çok daha tercih ederim.

Önce «Cemiyet»in yüksek idare konseyi gelir, sonra buraya bağlı olarak Camondos ve Mendelsohn'un[10] başkanlıklarında alt komiteler kurulur.

Rotschild'leri ve diğer zengin Yahudileri tarihî vazifelerine çağıracağım, bütün iyi niyetli insanları bir araya toplayacağım.

* * *

Viyana'dan Paris'e gidip dönmem tarihî bir zaruretti. Bu şekilde hicret etmenin ne demek olduğunu öğrenmiş oldum. Güdemann:[11] Seni başşehrin başrahibi yapacağım. Eğer Rothscildler istemezlerse, meseleyi bütün Yahudi camiasının önüne getireceğim. Bunun Rothscildler için de dezavantajı var, herkesin vaziyeti bilmesi fırtınalar yaratacaktır. Bunu muhakkak başaracağım, zira kalemim bugüne kadar temiz kaldı ve bundan sonra da satılmayacaktır. Rothscildler'e asla bağlı değilim, ben onları sadece bir odak noktası olarak kullanmaya tercih ederim. Zira lâzım olan bütün parayı, sırf kalem kuvveti ile yarım günde toplayabilirim.

* * *

Hiçbir Yahudi dışarıda bırakılmaksızın, kabiliyet ve kapasitesine göre bir işte kullanılmalı.

Yirmi yıl içinde, erkekleri birer asker olarak yetiştirmeliyim, fakat profesyonel bir ordu. Kuvvetli. Erkek nüfusun onda biri. Bundan daha aşağısı olmaz. Onlara hür olmayı, kuvvetli olmayı, ve ihtiyaç vukuunda öncü olarak hizmete hazır olmayı öğreteceğim. Eğitim faaliyetleri sırasında onlara vatan şarkıları, Makabiler, din, kahramanlık öyküleri v.s. öğretilecektir. Goldmark, Brüll ve diğer Yahudi kompozitörleri tarafından popüler şarkılar hazırlanacaktır.

Biz muhtemelen Venedik'in gittiği yoldan giderek devlet tesis edeceğiz, fakat onların tecrübelerinden faydalanıp aynı akıbete uğramıyacağız. Eğer Rotschild'ler bize iltihak ederlerse birinci «Doj» onlardan biri olacaktır. Ben asla ve kat'a doj olmayacağım, ben devleti kendi şahsî hayatımdan tamamen ayrı tutacağım, vazife almayacağım.

Birinci nokta: Mesele'yi Rotschildler olsa da olmasa da halledeceğim.

İkinci nokta: Eğer onlarla birlikte yapamazsam, onlara rağmen yine halledeceğim.

* * *

Tulieries'de büyük hukukçu ve devlet adamı Leon Gacmbetta'nın heykelinin önü. Yahudilerin benim için bundan daha güzelini yapacaklarını ümit ederim.

Bir toprak parçası için karar verip, onun şimdiki malik ve hâkimi ile anlaşma yapar yapmaz, bütün büyük kuvvetlerle tarafsızlık konusunda diplomatik faaliyete başlarız.

Alman Kayzeri bana şöyle söylese: Eğer bu bize karışmamış olan kavminin başına geçip onları buradan çıkarırsan sana müteşekkir olurum.

Bu bana otorite kazandırır ve Yahudiler üzerinde büyük tesir bırakır.

İlk senatörümüz babam olacaktır. Senatoya bizimle birlikte gelen bütün ileri gelen Yahudiler gireceklerdir.

* * *

Birinci adım: Rotschildler.

İkinci adım: Orta derecedeki milyonerler.

Üçüncü adım: Halk. Eğer bu mertebeye gelebilirsem, ilk ikidekiler bir günde iltihak ederler.

8 Haziran

Şehirlerimizi yaparken önce kanalizasyon, su, gaz v.s.yi halletmeliyiz. Sadece Paris, Floransa veya başka birini kopya etmemeliyiz, huzur ve hürriyet ifade eden bir Yahudi stili de ortaya koymalıyız. Kasabalar arasında boşluklar bırakılmalı, her kasaba büyük ve bakımlı bir bahçe içinde büyük bir ev gibi görünmelidir.

Rotschild aile meclisine:

Siz bir fakire 100 frank verirsiniz. Benim hiçbir şeyim olmasa bile ben ona bir iş veririm. En kötü ihtimal benim o yüz frangı kaybetmemdir, ama ben böylece faydalı bir varlık meydana getiririm, siz ise bu usulünüzle ancak bir dilenci yaratmış olursunuz. Oysa ben bir iş vermekle aynı zamanda bir de Pazar edinmiş olurum.

9 Haziran

Salo ve Güdemann[12] bana birer rapor hazırlayacaklar. Güdemann moral ve politik bakımından Yahudi aleyhdarlığı konusunda bildirdiklerini bir araya getirecek. Salo ise Yahudilerin içinde bulundukları şartları, mülklerin ve servetlerin dağılışını, Yahudilerin bulundukları deletlerdeki durumlarını; iş, muhit ve merkezlerini tespit edecek.

10 Haziran

Rotschild aile meclisine:

Kavmimizin ananevi iç ağrısını dindirmek için bir hamle de ben yapıyorum. Onların başına geçip Mev'ûd Arz'a götüreceğim. Bunu bir fantezi zannetmeyiniz. Ben havada kale inşa eden bir mimar değilim. Ben gerçek bir ev inşa ediyorum. Bunun malzemesini gözlerinizle görebilir, ellerinizle dokunabilirsiniz.

* * *

İstikbaldeki bir Avrupa savaşı bizim teşebbüsümüze bir zarar vermez, bilakis faydalı olur. Zira bütün Yahudiler bütün varlıkları ile karşı tarafa, emin olan tarafa geçiverirler.

11 Haziran

Güney Amerika'ya gidebiliriz. Orasının birçok avantajları var, üstelik silahlı ve mendebur Avrupa'dan da uzaktır. İlk devletimizin anlaşmaları da Güney Amerika cumhuriyetleri ile yapılır. Onlara bölgede bize verecekleri haklar ve garantilere karşılık borç verebiliriz.

Başlangıçta onların müsaadelerine muhtacız. Tedricen kuvvetlenir ve ihtiyacımız olan herşeyi kendimiz temin eder ve kendi kendimizi de savunabiliriz.

Bir Güney Amerika ve bir de Avrupa politikamız olur.

Eğer Güney Amerika'da olursak, orada kuracağımız devlet hayli uzun bir müddet Avrupa tarafından mütalea dahi edilmez.

* * *

Eğer Rotschildler'i ve orta dereceli milyonerleri cezbedemezsem, bütün plânımı bir kitap halinde neşrederim; «*Yahudi Meselesinin Halli*» *(The Solution of the Jevwish Question)*. Giriş kısmında da Hirsch'ten itibaren bütün olup bitenleri Yahudi efkârına naklederim.

* * *

Hicret etmek? Ama nereye? İsviçre'ye mi? Yahudilere karşı dünyada ilk kanunu çıkaran memlekete mi?

Nereye? Bu soru beni içten içe perişan ediyor.

* * *

Tanınmış romancı A. Daudet, bu Yahudi kampanyamı bir roman haline koyup koymayacağımı sordu. Bana «*Uncle Tom's Cabin*» ("Tom Amca'nın Kulübesi") adlı romanı misal gösterdi.

11 Haziran, Güdemann'a mektup

Aziz Doktor Güdemann,

Bu mektup sizi söylenenler ve söylenmeyenler bakımından iki cihetle şaşırtacaktır.

Ben, bütün Yahudilerin lideri olmaya karar verdim ve şimdi senden soruyorum, benim yardımcım olur musun olmaz mısın?

Birinci işiniz yalnız Viyana'daki değil Avusturya-Macaristan, Almanya, Rusya, Romanya v.s. memleketlerdeki Yahudilerin halihazır moral ve politik durumları hakkında bir rapor hazırlamak olacaktır. Bu raporun çok dakik istatistiklere dayanarak hazırlanması şart değil, bu şekil çok uzun vaktinizi alır. Bana birkaç gün içerisinde ana hatları ile bildirin, eksikliklerini sonra telâfi edersiniz. Siz bu mevzularla ötedenberi ilgilendiğiniz için hemen hazırlayabilirsiniz. Yalnız eğer bunu birisine dikte ederek yazdıracaksanız, aman o kimse bunun ne için yazıldığını bilmesin.

Size muhaberemizi son derece gizli tutmanızı rica edeceğim. konu son derece önemli ve ciddidir. Ciddiyeti şuradan anlayın ki, ben ne ana babama ve ne de en yakın akrabama bu hususta tek kelime söylemiş değilim.

Yukarıda bahsettiğim raporu bana 18 Haziran Salı günü, Geneva (Cenevre) Gölü yanındaki kahvede, tabii bana yardıma karar vermişseniz, verirsiniz. Caux kahvesinde göreceksiniz ki benim bir dünya işleri ile bir de ahiret işleri ile meşgul iki yardımcıya ihtiyacım var. Dünyevî işler için Bay Salo'yu seçtim, zannederim kendisini çok iyi tanırsınız. Ona geçen Perşembe, ayın altısında yazdım. Cevabının dün veya bugün gelmesi lâzımdı. Maamafih daha fazla bekleyecek değilim.

Kararınızı verir vermez lütfen bana telgraf çekiniz. Eğer cevabınız müsbet ise «Kabul», değilse «Müteessirim, imkânsız» şeklinde bildiriniz. Eğer Salo'dan ses çıkmazsa onun yerine birini seçmeyi size bırakacağım. Eğer siz de katılmıyorsanız, o zaman babama danışacağım.

Caux'ta sizi bir vazife bekliyor. Bizim zavallı talihsiz kardeşlerimiz için büyük bir plânım var. Lütfen gelin.

Derin saygılarımın kabulü ricasiyle,

Hürmetkarınız, Theodor Herzl
37, rue Cambon
11 Haziran

* * *

Hirsch'e yazdığım mektupta, «Benim yaşım olan 35 içerisinde iken Fransa'da Napolyon imparator olmuştu ve aynı yaşta kimseler başvekillik ediyorlardı» demiştim. Kullandığım ifadenin kötü olduğunu ve bundan benim bir megaloman olduğum sonucuna varılabileceğini düşünüyorum. Oysa ben sadece, benim de politikaya atılmaya ve böyle şeyleri düşünmeye hakkım olduğunu ifade etmek istemiştim.

* * *

Fahişelik konusu:

Bu konunun derhal halledilmesi için bir yol görünmüyor. Pederşahi aile tipine gidilerek, erken evlenme teşvik ve bu gibilere tatminkâr ücretli iş temin edilirse, bunlara birer ev temin edilirse... böylece ortadan kaldırılabilirler. Kadın pazarlarına paydos demeliyiz.

14 Haziran

Mev'ûd Arz! Orada bizim bütün haklarımız olarak, hür insanlar olarak yaşayacak, kendi vatanımızda huzur içinde öleceğiz. «Yahudi!» hitabı bugünkü hakaret anlamını kaybedecek, «Alman» veya «İngiliz» yahut «Fransız» denildiği, kullanıldığı gibi kullanılacak.

Bayrağımız olacak. Belki şöyle bir bayrak, beyaz zemin üstünde yedi altın yıldız... Beyaz zemin bizim yeni, temiz hayatımızı, yedi yıldız da, günde yedi saat çalışma prensibini temsil edecek. Çalışma, içtihad etme sancağının altında Mev'ûd Arz'a gireceğiz.

* * *

Bugün Güdemann'dan telgraf aldım:

«Seyahat yapamam. Salo da Kuzey Cape'de, mektup postada, Pazar günü Baden'e gidiyorum – Güdemann».

Evet, Yahudilerin alâkalarını çekmek güç olacak, fakat olacak. Kendimde devlerin gücünü hissediyorum.

15 Haziran

Bugün terkedilmiş bir münzevi adamım, fakat belki yarın yüzbinlerin fikrî lideri olacağım.

Orta sınıf milyonerlere temsilcilerimi göndereceğim: Schiff, Goldmann, Wolf Schulmann.

Kalplerinde birazcık Yahudilik kalmış olan milyonerlerin bir rabbi[13] ile temas etmesini isteyeceğim. Rabbi onlara benim vaazımı okuyacaktır. Bizimle beraber olmak istemeyen rabbiler terkedilecektir, fakat program yürütülecektir.

Rabbiler benim düşündüğüm teşkilatın direkleri olacaklardır. Halkı onlar harekete geçirecek ve bilgiyi onlar vereceklerdir. Bu hizmetlerinin karşılığı olarak da ileride devlete bağlı ve daima himaye altında bulunan bir teşkilat haline getirileceklerdir.

16 Haziran, 1895

Bugünler birkaç defa aklımı kaçırıyorum zannettim ve bundan korktum. İnsanın düşündüklerini yapmasına bir ömür yetmez ki. Fakat arkamda manevi bir miras bırakacağım. Kime? Bütün insanlara. İnsanlığın en büyük hayırhahları arasında sayılacağıma inanıyorum. Yoksa bu bile bir megalomani mi?

* * *

Paris'te *Neue Freire Presse*'in muhabiri bulunduğu sıralarda Dr. Herzl daha pek çok faaliyet gösterir. Mektupla, ziyaretle, karşılıklı konuşma ile, araya başkalarını koyarak birçok kimseyi kendi fikrine meylettirir. Bunlar arasında rabbiler (haham), bankerler, banka müdürleri, kömür madenleri sahipleri, gazete sahipleri, diplomatlar, askerler vardır. Meselâ

İngiliz Yahudilerinden Albay Goldsmith (ki kendisi İngiltere'deki Hovevey Siyon cemiyetinin de kurucusudur) hemen gemi tedarik edilerek Filistin'in yeniden ele geçirilmesine girişilmesini tavsiye eder.

Rotschildler'in davaya celbedilmesi için, kendisi reddedilmek ihtimali olduğundan doğrudan doğruya harekete geçmez, fakat uzun bir rapor hazırlar ve bir din adamı tarafından ailenin reisi olan Albert Rotschild'e okunmasını temine uğraşır.

Viyana'da belediye reisi seçimini çetin bir Yahudi düşmanı kazanır. Buna üzülür.

Öte taraftan Avusturya Başvekili Kont Badeni ile gizli temas kurar ve onu el altından desteklemeye söz verir. Doğrudan doğruya Prens Bismarck'a mektup yazarak Yahudilerin hicret etmeleri konusundaki fikirlerini anlatır. Günlerce, heyecan içinde mektubuna cevap bekler, fakat bir türlü gelmez.

Kasım ayında Viyana'da, gazetesinde bu faaliyetlerine devam ederken ilk defa Türkiye hakkında bir görüşünü not eder.

Viyana, 10 Kasım 1895

Türkiye'de telaş. Acaba Şark Meselesi Türkiye'nin bölünmesi suretiyle bir hal şekline bağlanamaz mı? Avrupa kongresinde mümkündür ki (Belçika veya İsviçre gibi) tarafsız fakat bize ait olacak bir toprak parçası da biz alalım.

Paris, 16 Kasım

Başhaham Zadoc Kahn ile konuştum. Ona plânım hakkında hazırladığım risaleyi okudum. Sonuna kadar dinledi veya öyle göründü. Sonra kendisinin de bir Siyonist olduğunu itiraf etti, ama Fransa'ya da bağlı olduğunu söyledi.

Evet, bir insan Siyon ile Fransa'dan birini seçmek zorundadır.

Başhaham «küçük» bir Yahudi. Eğer ciddi bir yardımını görürsem doğrusu şaşarım.

17 Kasım

Bugün Nordau[14] ile konuştum. Bizim gazetenin naşiri Benedikt'ten sonra, beni en iyi olarak anlayanların ikincisidir. Her zaman benimle beraber olacağına emin olduğum bir kimse. İleride devletimiz kurulduğu zaman iyi bir akademi başkanı ve Maarif vekili olabilir. Londra'ya gitmeyi düşündüğüm zaman bana Yahudi yazarların, artistlerin devam ettikleri Maccabean Kulübü'ne gitmemi tavsiye etti.

Londra, 23 Kasım

Tanınmış İngiliz Yahudisi, banker Sir Samuel Montagu'nun evindeyim. Evde herşey kitabın yazdığı şekilde yenilip içiliyor. Bana, kendisini bir İngiliz'den ziyade İsrailli hissettiğini ifade ile bütün ailesiyle Filistin'e yerleşeceğini söyledi. Eski devirlerde olduğundan çok daha geniş bir Filistin.

Kardif, 25 Kasım

Albay Goldsmith'le beraberim. İstasyona vardığımda beni üniforma giymiş olarak karşıladı. Orta boylu, küçük siyah sakallı, kara gözlü, zeki, sempatik bir İngiliz Yahudisi.

İstasyonun arkasına bıraktığı tek atlı arabasına bindiğimiz zaman bana neş'eli bir ifadeyle: «İsrail'in bağımsızlığı için uğraşacağız» dedi. Sonra bana Kardif ve civar bölgenin kumandanı olduğunu söyleyip şehir hakkında izahat verdi.

Evde karısı ve Rahel ve Karmel adlı iki kızı ile tanıştım. Yemekten sonra Albay'a plânımı okudum. Almancası mükemmel olmadığı için bütün teferruatını anlamadı ama; «Bu benim hayatımın fikridir» dedi.

Bulunduğu mevki itibariyle harekette herhangi bir liderlik almasına imkân olmadığını, fakat hareket başladıktan sonra Britanya'yı terkederek Yahudi hizmetine girebileceğini belirtti. Konuşurken «Yahudi» yerine «İsrailli» demeye bilhassa dikkat ediyordu. Çünkü «İsrail» kelimesi bütün kabileleri içine alıyordu. Bana «Hovevey Siyon»un[15] onikni kabileyi temsil eden oniki işaretli bayrağını gösterdi. Ben de ona yedi yıldızlı bayrak fikrim hakkında izahat verdim.

Tam anlaştık, ben onu, o da beni anladı. Harikulade bir insan. Başka albayların da bulunduğu akşam yemeğinden sonra ikimiz bir odaya çekildik. Bana orada hayat hikâyesini anlattı:

«Benim adım Daniel Deronda'dır. Hıristiyan olarak doğdum. Annem ve babam Hristiyanlığa Yahudilikten dönmedir. Bunu Hindistan'da iken öğrendim ve ecdadımın itikadına dönmeye karar verdim. O sırada teğmendim, tekrar Yahudi dinine intisap ettim. Şimdiki karım da Yahudi asıllı Hıristiyandı. Onunla İskoçya'da medeni nikâhla evlenmiştik. Sonra o da dinini değiştirmeye karar verdi ve bir sinagogta tekrar evlendik. Ben ortadoks Yahudiyim. Bu bana İngiltere'de hiçbir zorluk çıkarmadı. Kızlarım da tam bir dinî terbiye görüyor ve daha şimdiden ibranice öğreniyorlar.»

Onun Hirsch adına Güney Amerika'ya gidişi de bir roman kadar renkli. Oraları ve şartlarını gördükten sonra vardığı sonuç şu: Sadece Filistin bizim vatanımız olabilir. Kanaatine göre dindar İngilizler de biz Filistin'e gitmek istersek yardım edeceklerdir. Çünkü onlara göre Mesih, ancak Yahudilerin Filistin'e gitmelerinden sonra rücu edecektir.

Goldsmith ile kendimi birdenbire başka bir dünyada buldum. Tıpkı Montagu gibi o da eskisinden daha büyük bir Filistin düşünüyor.

26 Kasım, Kardif

Albay Goldsmith'e elveda. Onu bir kardeş gibi tutacağım.

Aynı gün akşam Londra

«*Jewish Chronicle*» gazetesinden Asher Myers, Hovevey Siyon sekreteri Dr. Hirsch ve ressam Solomon ile buluştum.

A. Myers bana; «Ahd-i Atik'le münasebetimiz ne durumda?» diye sordu. Ben: «Ben hür düşünceliyim ve kavmimiz de öyle olmalıdır. Bırakalım bu yolda herkes kendi kurtuluş yolunu bulsun» dedim.

Sonra konuşmalar dağıldı. Rotschild, Mocatta, Montefiore gibi büyük zenginlerin mutlaka elde edilmesi ileri sürüldü. Myers: «Sen bu uğurda şehid olabilirsin. Dindar Yahudiler senin peşinden gelirler, ama sen o derecede kötü bir dindarsın. Bunu düşünmen lazım. Sonra Yahudiler hiçbir zaman için Arjantin'e gitmek istemezler, onların istedikleri yer Filistin'dir» dedi.

Gazetesinde neşredilmek üzere fikirlerimin bir özetini yazmamı istedi. Bunlar iyi güzel şeyler ama, Londra'da istediğim gibi bir merkez kuramadım. Maamafih Rev. Singer benim Londra temsilcim olarak kalacak.

Viyana, 18 Ocak 1896

Bugün Londra'da Schidrowitz'den aldığım telgrafta *Jewish Chronicle*'de «Yahudi Meselesinin Halli» konusundaki yazımın çıktığı bildiriliyor. Halk efkârı arenasına ilk adım.

19 Ocak

Bugün naşir Breitenstein ile kontrat imzaladım. Nihayet bitirebildiğim metinden birkaç sahifeyi okuduğum zaman çok heyecanlandı. Kitabın başlığını değiştirdim: *Der Judenstaat (Yahudi Devleti)* yaptım.

Bugün vazifesini tamamlamış bir kimsenin huzurunu duyuyorum. Büyük bir muvaffakıyet beklemiyorum. Şimdi rahatça edebî projelerime bakabilirim. Herşeyden önce «Ghetto» piyesim üzerinde yeniden çalışacağım.

22 Ocak

Makalenin akisleri gelmeye başladı. Prag'dan rabbi A. Kaminka beni Avusturya'da bir millî Yahudi partisi kurmaya teşvik ediyor. Ona, şahsen politikanın dışında kalmak kararında olduğum cevabını gönderdim.

25 Ocak

Mahalli Yahudi Cemaati sekreteri Dr. Lieben bugün daireme geldi. *Jewish Chronicle*'da intişar eden ütopyanın sahibinin ben olup olmadığım hususunda suale maruz kalmış. Karşılıklı konuştuk. Milliyetçi bir Yahudi olduğumu söylediğim zaman; «Bu kendini inandırdığın bir şey» dedi.

2 Şubat

Prater'de Güdemann ile karşılaştım. «Şimdi seni düşünüyordum» dedi. «Ne kadar büyük bir iş yaptığının sen farkında değilsin».

Bundan sonraki iki hafta, çalıştığı *Neue Freie Presse* gazetesi sahibi ile mücadele içinde geçer. Gazetenin sahipleri Yahudi olmakla beraber, Avusturya'da liberallerin organı ve en çok satan bir gazete durumunda bulunduklarından Dr. Herzl'in «*Yahudi Devleti*» adlı kitabının tefrika edilmesi teklifine karşı koydukları gibi, onun bu kitabı neşretmekten de alıkoymak isterler. Böyle bir kitabın üstünde imzası bulunduğu için doğması muhtemel mahzurlar ve reaksiyonlar sebe-

biyle gazetenin zarar göreceğini söylerler. Vazgeçmesi için para verebileceklerini ima ederler. O, asla vazgeçemeyeceğini söyler.

Müsveddeleri verdiği nâşir de kendisine müstakbel tehlike ve risklerden bahseder fakat yolundan döndüremez.

Bu arada Viyana'da bir bankanın müdürü olan Dessauer, kitabın yayınlanmasında zarar değil fayda gördüğünü ifade ederek ona cesaret verir. Şehir parkında karlar üzerinde müstakbel Yahudi Devleti'ni hayal ederler. Bu devletin elli yıl içinde[16] kurulabileceğini, bunun büyük bir devlet olacağını, kuvvetinin, İngiltere misalinde olduğu gibi, nüfus fazlalığından değil zekâdan ileri geleceğini düşünürler. Yahudilerin istikbalde insanlık için neler yapabileceğini tahayyül ederler.

Bir salonda toplanan Yahudi öğrenciler Dr. Herzl'i davet ederler. Orada heyecanla karşılanır. Onlara bir saatten fazla zaman hitabeder, fikirlerini anlatır. Tam beklediği gibi büyük bir başarı kazanır. Öğrenciler kendisiyle beraber ve peşinde olduklarını ifade ederler.

Nihayet eser basılır ve ilk 500 nüsha paketlenmiş olarak eline geçer. Artık ok yaydan çıkmıştır. Hayatının bir dönüm noktasındadır. Eskiden tanıdığı bir balıkçının söylediği bir sözü hatırlar: «Calibi dikkattir, insan asla ümitsiz olmaz»...

Babası, kitabın vitrinlerde teşhir edildiği haberini getirir. Bütün dostlarının hemen ortadan kaybolduklarını farkeder. Herkes kitabın uyandıracağı yankıyı görüp ona göre davranmak üzere bir kenara çekilmiştir. Yanında yalnız babası, bir kaya gibi sağlam ve dimdik durmakta ve ona destek olmaktadır.

Neşri takibeden birkaç gün içinde yankılar gelmeye başlar. Üniversite profesörlerden Siegmund Feilbogen bu kitabın Siyonist edebiyatının o zamana kadar görülen en dikkate değer eseri olduğunu ifade eder.

Talebe ve esnaf teşekküllerinden konuşma yapmak üzere davetler başlar. Yankıların büyük çoğunluğu müsbettir. Her Yahudi kitapta ortaya atılan fikrin azameti karşısında şaşırmaktadır. Dr. Landau[17] hareketinin fikriyatını yaymak ve Dr. Herzl'in organı olmak üzere haftalık bir mecmua çıkarılması teklifini ortaya atar.

Dr. Landau'nun «güzel» bir fikri vardır:

***Correspondance de L'est* gazetesi naşiri Newlinsky[18] ile temas sağlamak. Bu zat Türklerin sultanı Abdülhamid ile dost olduğuna göre, rüşvet karşılığı onlara üzerinde hükümran olacakları bir toprak parçası temin edebilir.**

23 Şubat

Halk tiyatrosunda birçok gazeteci ile konuştum. Şehir hep benim kitaptan bahsediyor. Bazıları tebessüm ediyor ve hatta gülüyorlar, ama kitap genellikle bir tesir bırakmış görünüyor. Hermann Bahr bana karşıt olarak yazı yazacağını söyledi, zira insanlar Yahudisiz edemezlermiş!

Dr. Landau burada idi. Yahudi Devleti'nde ziraat bölümünü ihmal ettiğim kanaatinde. Cevap basit: Elbette ziraat kooperatiflerimiz ve küçük ziraî endüstrimiz olacak.

Sonra «dil» konusunu görüştük. Landau birçok siyonistler gibi müstakbel konuşma dilimizin «İbranice» olması fikrinde. Bence ana dil hiçbir zorlama olmadan kendisini kabul ettiren dil olmalıdır. Eğer biz bir Yeni-İbrani devleti kurarsak tıpkı Yunanlılara benzeriz. Kendimizi Linguistik bir ghetto içine hapsetmemeliyiz, bütün dünya bizim olmalıdır.

Viyana'da bana takılıyorlar. Julius Bauer şöyle diyor: «Pekâlâ Filistin'e gidelim, ama ben başımda Büyük Herzl'in bulunacağı bir cumhuriyet istiyorum».

27 Şubat

Daily Chronicle gazetesinde benim «*Yahudi Devleti*» dolayısiyle ressam Holman Hunt ve milyoner Sir Samuel Montagu ile yapılmış bir röportaj yayınlandı.

Montagu'ye göre birisi Filistin'i Türklerin Sultanı'ndan iki milyon altına alabilir.

28 Şubat

Viyana Şehir Meclisi için dün yapılan seçimlerin sonuçları beni haklı çıkardı. Eylülden beri Yahudi aleyhdarı reyler tedricen artıyor. Her yerde, hatta, liberallerin «kale»lerinde, İçşehir ve Leopoldstadt'da bile vaziyet aynı.

* * *

Viyana Yahudilerinden Dr. J. Gans-Dudassy, filozof Theodor Gomperz, «Yahudi Devleti» ile «Siyonizm» aleyhine belli başlı gazetelerde yayınlarda bulunurlarken, siyonist olarak tanınmış Birnbaum, J. Kohn, Landau gibi yakınları da biribirlerine düşerler. «Kadîma» cemiyeti, aynı gaye için kurulmuş «Gamala» aleyhine çalışır. Meselâ Birnbaum kendi sosyalist görüşleri etrafında birleşilmesi kanaatindedir. Filistin'de sosyalist lider olmayı tahayyül eder. Dr. Herzl, «Daha memleketi ele geçirmeden onu parçalamaya başlıyoruz» diye hayıflanır. Oysa adı geçen Birnbaum «Siyonizm» tabirini ilk defa ortaya atan, «Siyonizm»den önce «Hovevey Siyon» teşkilâtını kuran, Berlin'deki meşhur «Siyon» (Zion) dergisini çıkaran kimsedir.

Mahalli siyonistler, Berlin'deki «Genç İsrail» derneği kendisini tartışmaya, görüşlerini savunmağa çağırırlar, reddeder. Öte yandan Sofya Baş Haham'ı Dr. Herzl'i Mesih olarak tanıdığını beyan eder. Büyük Yahudi topluluklarına Bulgar ve

İspanyol dillerinde onun yazıları ve fikirleri konusunda açıklamalar yayınlar.

Bu sıralarda Viyana'daki İngiltere Sefarethanesi papazı William Hechler ile tanışır. Bu papaz eski metinlerden çıkardığı cümlelere ebced hesabı ile anlamlar verip sonuçlar çıkarması ile tanınmıştır.

Ona göre, Dr. Herzl, beklenen adam'dır. İkinci İslâm halifesi Hazreti Ömer'in hilâfet yıllarından (637-638) 42 nübüvvet ayı (yani 1260) yıl geçince Filistin Yahudiler tarafından ele geçirilecektir ki, bu tarih 1897 veya 1898 yılına tekabül etmektedir. Bu sebeple Herzl'in kitabına ve onun Filistin'i kurtaracağına iman etmektedir. Onun Filistin'i ele geçirmesinin akabinde de Hıristiyanların beklediği Mesih (yani Hz. İsa) rücu edecektir. Ona elinden gelen yardımı yapmaya âmadedir. Alman Kayzeri'nden veya Baden Dükü'nden hemen randevu alıp kendisini konuşturabilecek durumdadır.

Yahudiler arasında Dr. Herzl için bir kaynaşma vardır. Bulgar Yahudileri kendisini mesih olarak selamlarken, Viyana Üniversitesi profesörlerinden bir «ırkdaşı» ona «Sahte Mesih Sabatay Sevi»den bahseder. Onun Yahudileri nasıl dolandırdığını, istismar ettiğini anlatır. Gerçekten Sabatay Sevi 17. asırda İzmir'de zuhur edip «mesihliğini» ilân ile Yahudilerin başına geçmiş, paralar toplamış, sonra Osmanlı İmparatoru'nun idam edeceği korkusu ile müslüman olmuş, Türkiye ve Balkanlarda ona bel bağlamış onbinlerce Yahudiyi yüz üstü bırakmıştı. Halen Türkiye'deki «Dönmeler» onun –tabir caizse- yadigârıdır. Bir defa ağızları yanmış olan Yahudiler, kendilerini Filistin'e götüreceğini vaadeden Herzl'i haklı olarak şüphe ile karşılamaktadırlar.

Viyana Siyon cemiyetinden Dr. Schnirer ve Dr. Kokesch ziyaretine gelirler ve faaliyetlerine gizli olarak ve cemiyet adına devam etmesi teklifini getirirler. Bütün dünyadaki Yahudi aydınları arasında irtibat kurulması ve bununu merkezi ola-

rak da 15-20 kişilik bir ekip çıkarılması görüşündedirler. Bunların her biri diğer memleketlerdeki arkadaşları ile temas kuracak ve böylece binlerce «imza» biraraya getirilecekti. Bunu Dr. Herzl olumlu karşılar.

İngiliz sefarethanesi papazı W. Hechler nihayet Baden Grandükası ile konuşmuş ve Dr. Herzl için bir randevu almıştır. Grandük Alman İmparatorluğu'nun kuruluşunda söz sahibi olmuş ve Kayzer'in müşavirlerinden başlıcası olmakla tanınmıştır. Herzl'i makamında kabul eder, saatlerce konuşurlar. Yahudilerin ayrılması ile hasıl olacak krizlerden, halkın göstereceği reaksiyondan v.s. bahsederler. Herzl bu hususta Kayzer'in alâkasını çekmesini ister. Eğer büyükleri bu konu üzerinde meşgul ederse Yahudiler de kendi etrafında toplanacaklar ve çalışması çok daha kolay ve verimli olacaktır. Böylece bir yandan kendisini bütün Yahudilere kabul ettirmeye uğraşırken bir yandan da Filistin'i elde etme çarelerini aramaktadır. Akla ilk gelen hal çaresi dış borçlar ve malî imkânsızlıklar içerisinde çırpınan Türkiye'ye birkaç milyon altın sarfederek Filistin'i almaktır. Grandükle konuşma şöyle devam eder:

Karlsruhe, 23 Nisan 1896

Grandük – Her halükârda bu proje muvaffak olur, fakat bunu halka maletmek lâzımdır.

Bundan sonra bana Türk sultanı ile bu hususta temasa geçip geçmediğimi sordu. Ben Newlinsky'yi düşünerek; «Birisinin sultanla konuşacağını» söyledim. Bu noktada benim projemin "Şark"a getireceği avantajları sayıp dökmeğe başladım. Eğer Türkiye eninde sonunda parçalanırsa Filistin'de bir tampon devlet meydana getirebilir. Maamafih Türkiye'nin korunması için çok şeyler yapabiliriz. Sultan'ın (yani İkinci Abdülhamid) malî işlerini düzeltebilir ve bunun karşılığı olarak, onun için pek de mühim değeri olmayan bu bölgeye dönüp yerleşebiliriz.

Grandük önce Filistin'e birkaç yüzbin Yahudi gönderip, meseleyi sonra ortaya atmanın daha iyi olup olmayacağını sordu. Ben, bunun aleyhinde olduğumu ifade ettim. O takdirde bu Yahudiler Sultan tarafından âsi veya ihtilalci kabul edileceklerdir. «Oysa ben herşeyi apaçık ve tamamen hukuk kaideleri içinde yapmak, halletmek istiyorum» dedim.

Sonra Yahudi Devleti'nin Avrupa'ya sağlayacağı faydaları saymaya başladım. Biz şarkın fesat ocağını ıslah edebiliriz. Asya'da doğru demiryolları, karayolları inşa edebiliriz. Bu yollar hiçbir «Büyük Kuvvet» in elinde olmaz.

Grandük: «Bu Mısır problemini de halleder. İngiltere Hind yolu üzerinde olması sebebiyle Mısır üzerinde durmaktadır. Bu sebeple de Mısır ettiğinden daha pahalıya gelmektedir».

Burada Hechler söze karıştı: «Rusya'nın Filistin üzerinde emelleri olabilir mi?»

Grandük: «Zannetmem. Daha uzun müddet Uzakdoğu Rusya'ya yetecektir.»

Ben sordum: «Majesteleri, bendenizin Çar tarafından kabul edilmekliğimi mümkün görürler mi?»

- «Aldığım son raporlara göre Çar sadece zaruret olduğu zamanlarda temas ettiği nazırlarından başka kimse ile görüşmemektedir. Maamafih birisi senin kitabını çarın görmesini temin edebilir. Zannederim Çar'ın Yahudilere karşı bir düşmanlığı yoktur, ama tabii herşeyden önce kendi milletinin çıkarlarını düşünecektir. Bir imparator daima mutlak hareket etmez.»

Grandükle konuşmamız ikibuçuk saatten fazla sürdü. Onu tamamen kazandığım kanaatindeyim. Ayrılırken, «Hedefime ulaşmamı ve başarı kazanmamı» temenni etti.

Viyana, 26 Nisan 1896

Orient Ekspresle Hechlerle birlikte döndük. Trende hemen haritasını çıkardı ve müstakbel devlet üzerinde konuşmaya başladık. Kuzey hududu Kapadokya'ya bakan (Kayseri civarının eski adı) dağlar, güneyi Süveyş Kanalı. Slogan da şu olacak: Davud ve Süleyman'ın Filistin'i.[19]

Budapeşte, 3 Mayıs 1896

İstanbul'da yayınlanan *Osmanische Post»* gazetesinin editörü Dionys Rosenfeld beni buraya çağırdı.[20]

Kendisinin aracı olduğunu bildirdi. Sultan Abdülhamid'in yakınlarından İzzet Bey ile arasının iyi olduğunu söyledi.[21] Ona birkaç cümle ile vaziyeti anlattım. Eğer Filistin'e sahip olursak Türkiye'ye ve bu işte aracılık edenlere muazzam iyiliklerimiz olacaktır. Asgarî şartımız burasının müstakil bir memleket olmasıdır. Bunun karşılığında Türkiye'nin malî meselelerini tesviye ederiz.

O memlekette Sultan'a ait olan toprakları kanunun himayesi altına alacağız.

Rosenfeld, zamanın son derece müsait olduğunu, zira Türkiye'nin ciddî malî sıkıntılar içinde bulunduğunu söyledi. Mamafih kendisinin hükümranlıktan vazgeçebileceğine kani olmadığını, en iyisi Bulgaristan gibi bir statüye gidilmesi olacağını ileri sürdü (Yani bir nevi muhtariyet). Ben bunu reddettim.

Rosenfeld İstanbul'a dönmekte acele ediyor. Benim için Sultan Abdülhamid'den bu Mayıs'ın sonuna doğru bir randevu temin edebileceğini söylüyor. Göreceğiz.

Her halükârda İstanbul'a geleceğimi, fakat İzzet Bey'in benim Sultanla görüşmem hususunda garanti vermesini bildirdim.

Viyana, 7 Mayıs 1896

Bugün telefonum üzerine Newlinsky beni görmeye geldi.

İstanbul'a son seyahatinden önce benim «*Yahudi Devleti*»ni okumuş, bu konuda Sultan Abdülhamid ile de konuştuğunu söyledi. Sultan Yeruşalaym'dan (Kudüs) asla ayrılmayacağını, Ömer Camii'nin daima müslümanlar elinde kalması gerektiğini ifade etmiş.

«Bu güçlüğü hallederiz. Orasını müşterek bölge haline getiririz, bir kimsenin değil herkesin olur; bütün müminlerin malı ve bir kültür ve ahlâk merkezi olur» dedim.

Newlinsky'ye göre Sultan Abdülhamid bize Anadolu'da bir yeri çok geçmeden verir. Onun için paranın önemi yoktur, paraya mutlak olarak hiç değer vermemektedir. Fakat Sultan'ı kazanacak başka bir yol vardır: Onu Ermeni Meselesi'nde desteklemek.

Newlinsky şu anda bile Sultan adına Brüksel, Paris ve Londra'daki Ermeni komiteleri ile temas için gizlice vazifelendirilmiş bulunmaktadır. Onları sultanın hâkimiyetini kabule ikna edecektir, öyle ki Sultan, «Büyük Kuvvetler»in tazyiki altında müsaade etmediği değişikliklere «rızası ile» muvafakat edecektir.

Newlinsky bana, Ermeni meselesinde Yahudilerin yardım etmesi karşılığında, dönüşünde işlerinin hallinde Yahudilerden gördüğü yardımı Sultan'a anlatacağını ve bu konuda Sultan'ın lütufkâr davranacağını söyledi.

Bu fikir bana birdenbire mükemmel göründü. Fakat yardımı boşuna yapmayacağımızı, karşılığında Yahudi meselesinde müsbet icraat görmek isteyeceğimizi bildirdim.

Bu konuda Newlinsky, Ermeniler'den bir mütareke temininden fazlasını teklif etmiyor. Ermeni komiteleri temmuz içinde bir darbeye hazırlanmaktadırlar. Bir ay daha beklemeye ikna edilebilirler. Biz bu müddeti Sultan Abdülhamid ile müzakere hususunda kullanabiliriz. Newlinsky Yahudi meselesinde enteresan bir bölümü teşkil ediyor. Ermeni meselesini öyle ileri sürüyor ki, hem kendisi kazançlı çıkacak hem de bir mesele bir diğerini halledecek.

Şöyle dedim: «Yahudi meselesi size Ermenilerinkinden çok daha fazla menfaat sağlar. Para konusunda, emin olunuz, ben bir şey yapacak durumda değilim, fakat sizi bizim zenginlere tavsiye edebilirim».

Sultan'a yakınlığı ile maruf olan Newlinsky bu davranışla bizim başarı kazanacağımız kanaatinde. Fakat resmî diplomatik çevreler hiçbir şekilde araya girmemelidirler, hatta bu çevreler bizim yolumuza engeller çıkarırlarsa daha iyi olur. O zaman Sultan bizim arzularımızı nazarı dikkate alır.

* * *

Akşam karımın kuzeni bizde idi. Bana, Türkiye'nin malî durumu hakkında geniş açıklamalarda bulundu.

Görüşüme göre malî plân şöyle olmalı: Biz (Yahudiler) Avrupa Kontrol Komisyonu'ndan[22] çekilmeli ve ödemeyi Yahudi çıkarları açısından ele almalıyız. Öyle ki Sultan bu küçük düşürücü kontrolün sıkıntısından kurtulsun ve bizden yeni ikazlarda bulunsun.

* * *

Bugün Roma'daki heykeltraş ve bana söylendiğine göre Siyonist olan Moise Ezekiel'e mektup yazdım. Kendisi Kardinal Hohenlohe ile iyi tanışıyormuş.

10 Mayıs

Newlinsky Brüksel'e gitmeden önce bugün gelip veda etti. Sultan Abdülhamid'in yanında her halükârda bizim tarafımızdan çalışacak. Biz Ermeni meselesinde herhangi bir hal çaresi bulmazsak bile, Sultan'a bizim kendisine yardım ettiğimizi ifade edecek.

Bize herhangi bir menfaat sağladığı zaman Yahudilerin cömert davranacaklarına inanıyor.

11 Mayıs

Nordau'dan mektup aldım. Araya Zadoc Kahn'ı koyarak milyarder Edmond Rotschild ile temas çaresi aradığını bildiriyor.

Ona hemen Ermeniler konusunu anlattım ve yardımını rica ettim.

* * *

İngiltere sefareti papazı Hechler ile konuşup, Sultan'ın yarı resmî bir temsilcisinin Brüksel ve Londra'ya gittiğini, vazifesinin Ermeniler'i yatıştırmak olduğunu Büyükelçi Monson'a haber vermesini söyledim. Monson bunu derhal Salisbury'ye[23] bildirecektir. Bu da Salisbury için büyük bir diplomatik başarı olacaktır.

12 Mayıs

Hechler burada idi. İngilizler Ermeniler konusunda sulh arzuladıklarından verdiğim haber Büyükelçi Monson'un çok hoşuna gitmiş.

Büyük şeylerin sağlam temele ihtiyacı yoktur. Elma masanın üzerine öyle yerleştirilmeli ki düşmemelidir. Unutmamalı ki dünya boşlukta dönmektedir.

Buna benzer olarak ben de Yahudi Devleti'ni kurmalıyım.

13 Mayıs

Londra'da Newlinsky'ye mektup:

Muhterem efendim,

Sizin için bazı işler yaptım, bunların sonuçlarını göreceğinizi ümit ederim. Bilhassa Lord Salisbury'ye yakınlaşmayı temin ettim, bana öyle geliyor ki o cihetten maslahata uygun davranışlar gelecektir. Dindaşlarıma gelince, onların da Paris ve Londra'da işe girişmelerini temin ettim. Fakat arkadaşlarım arasında oldukça ciddi şekilde muhalefet edenler var. Prusya İmparatoru'nun işini yapmakla kendimizi büyük bir riske atıyoruz, bir defa anlaşma vuku bulacak olursa biz süratle unutuluruz fikrindeler. Bizim son derece müessir ve kudretli arkadaşlarımızdan birisi bu hal şekline mutlak muhalif durumda. Ona göre bu büyük kuvvetin infisahı bizim için daha avantajlı olacaktır.

Maamafih size önce de ifade ettiğim gibi, ben sizin işaret ettiğiniz yolun doğru olduğuna kaniim. Ben halihazır kuvvetleri muhafaza etmek ve daha da kuvvetlendirmek isterim, zira çok geçmeden biz bunlarla işbirliği yapacağız.

Eğer önemli bilgiler varsa bana yazınız, size muvaffakıyetler dilerim. Saygılarımla.

Dr. Th. Herzl

* * *

13 Mayıs

Nordau'dan tek kelimelik bir telgraf geldi:

«Hayır».

Bunun anlamı Ermeni meselesinde hiçbirşey yapamıyoruz demektir.

Tafsilat veren mektubunu sabırsızlıkla bekleyeceğim.

Benim «*Yahudi Devleti*» ni Rusça'ya çevirecek olan Yahudi gazeteci S. Klatschko burada idi.

Konuşurken bana kendisinin bir nihilist olduğunu ifade ederken ben ona Ermeni komiteleri hakkında bir bilgisi olup olmadığını sordum.

Biliyor. Tiflis'teki lider Alawerdof, Klatschko'nun evinde oturan bir hanımın nişanlısı imiş. Ayrıca Rus asıllı Zaikowski vasıtası ile Londra'daki lider Nikoladze ile de teması varmış.

Zaikowski'ye şöyle yazmasını söyledim:

Öğrendiğime göre Sultan Abdülhamid Ermeni meselesinde bir mütarekeye taraftardır ve bunun için de müzakere istemektedir. Ermeniler gizlice bunu kabul etmelidirler. Benim mütaleama göre bu sulh gerçek olabilir, fakat tabiatiyle müzakere için gelene benim öğrendiğimin mahiyeti sorulabilir. Ermeniler hiçbir şekilde riske girecek değillerdir. Eğer Sultan Abdülhamid verdiği söze rağmen bahis konusu değişiklikleri yapmazsa aldatıldıklarını ve orada yapılan müzakereleri halk efkârına açıklarlar.

Klatscko bu konuyu derhal Londra'ya yazacağına dair söz verdi.

15 Mayıs

Newlinsky'ye mektup:

Muhterem Efendim,

Telgrafınızı şimdi aldım. Dün değil evvelsi gün size Berkeley Oteli adresine bir mektup yazmıştım. Lütfen mektubumu oradan alınız.

Kısaca yazdıklarımı arzedeyim. Sizin için Lord Salisbury nezdinde imkân hazırladım ve arkadaşlarıma Ermeni hareketi temsilcileri ile temasa geçmelerini bildirdim. Zannederim Londra'da bu konuda konuşulacak kimse Nikoladze'dir. Bir arkadaşım da Tiflis'teki rus komiteleri başkanı ile temasa geçecektir.

Ermeniler'in endişelerini izale etmelisiniz. Ermeniler'in liderleri semeresiz bir inkıyadın bütün hareketi felce uğratacağı hususuna inanacaklardır. Dün gece aldığım haberlere göre herhangi zararlı bir sonuç meydana getirmeyecek bir mütareke müzakeresine girişebiliriz.

Tiflis lideri Viyana'ya gelebilir, onu göreceğim.

Saygılarımı sunarım.

Herzl

15 Mayıs

Newlinsky'ye ikinci mektup:

Muhterem Efendim,

Bir hata yaptım, hemen tashih etmeliyim. Londra'daki hareketin lideri Avetis Nazarbek'tir ve «*Hutschak*» gazetesini idare etmektedir. Birisi onunla temas kuracaktır.

Herzl

.6 Mayıs

Nordau'dan bugün mektup aldım. «Hayır» diye çektiği telgrafın bende meydana getirdiği şoku izale ediyor. Bana yazdıktan biraz sonra Zadoc Kahn'ın aracılığı ile Edmond Rotschild ile görüşmüş. Anlattığına göre aralarındaki mülakat 63 dakika sürmüş, bunun 53 ünde Rotschild konuşmuş, ancak 10 dakikası da Nordau'ya düşmüş.

Rotschild meseleyi dinlemek bile istemiyor. Sultan Abdülhamid'din bir şey elde edilebileceğine katiyen inanmıyor ve hiçbir şekilde de işbirliğine girişmiyor. Onun görüşüne göre ben çok tehlikeli bir oyun oynuyorum ve böylece de Filistin'de kurmakta olduğu Yahudi kolonisini de tehlikeye düşünüyorum.[24]

Paris'ten gelen haberler sokaklarda Yahudiler ve bilhassa Rotschildler aleyhine gösteriler yapıldığını bildiriyorlar. Tesadüfe bakınız ki E. Rotschild'in cuma günü arkadaşım Nordau'yu reddettiği Rue Laffitte'deki evin önünde, Pazar günü toplanmış bir kalabalık gösteri yapıyor ve «Kahrolsun Yahudiler» diye bağırıyordu.

19 Mayıs

Agliardi de Nuncio bugün saat 10 da kabul edeceğine dair haber gönderdi. Kendisi Papalık temsilcisidir.

Hemen konuya geldik. Ona gelen hatları ile yapmayı düşündüklerimi anlattım. Kuracağımız «Yeni Krallığın durumu ve bilhassa Büyük Devletler'e karşı tutumunun ne olacağını» ileri gelen Yahudilerin –Rothshildler gibi- bu konuda ne düşündüklerini v.s. sordu.

Krallık değil aristokratik bir cumhuriyet düşündüğümüzü, Büyük Devletler'in ve bilhassa Papalığın sadece rızasını talep ettiğimizi, bunları temin edersek Jerusalem (Kudüs)'i beynelmilel kılıp bir devlet kuracağımızı, Sultan Abdülhamid'in maliyesini de ıslah edeceğimizi söyledim. Gülümseyerek: «Buna pek memnun olacaktır. Kudüs'ün yanısıra (Hıristiyanlarca mukaddes) Beytlehem ve Nasıra'yı da beynelmilel saymalısınız ve başşehri kuzeyde bir yere almalısınız» dedi. «Evet» diye cevap verdim. Fakat o Büyük Devletlerin buna muvafakat edeceklerinden şüphesi olduğunu, bilhassa Rusya'nın buna yanaşmıyacağını ifade etti. Sonra, bütün Yahudileri de alıp Filistin'e götürmenin imkânsızlığından bahsetti. Meselâ Viyana'yı ele alalım. Buradaki 130.000 Yahudinin diyelim ki 100.000'ini götürdünüz, geri kalan 30 bin kişi Yahudi aleyhdarlığı için yeter. Bu sırada Fransız Büyükelçisi'nin ziyaret için beklemekte olduğu haberi geldi ve ben «tekrar görüşmek üzere» huzurdan ayrıldım.

Mülakattan çıkan sonuç:

Bana göre Roma bizim aleyhimizde. Zira Yahudi Meselesi'nin Yahudi Devleti şeklinde bir sonuca varmasını istemiyor, hatta bundan korkuyor.

21 Mayıs

Londra'dan Sylvia d'Avigdor'un bildirdiğine göre Samuel Montagu benim «*Yahudi Devleti*»nin İngilizce tercümesini sabık başvekil William Gladstone'a takdim etmiş ve mültefit bir mektup almış.

Pazar Günü

Yarın, önce Hirsch'i ziyaretle giriştiğim faaliyetin birinci yıldönümü. Eğer bu seneki kadar gelecek yıl da ilerleyebilirsem, «Seneye Yeruşalaym'da» oluruz.[25]

Aynı Pazar

Newlinsky Londra'dan önce telgraf çekti arkasından da mektubu geldi, hiçbirşey yapamadığını söylüyor. *Daily Telegram* gazetesinden Lowson'a tavsiye edilmesini istiyor. Başvekilin hiçbir şey yapmak istemediğini bildiriyor.

Telgrafla Daily Graphic gazetesinden Lucien Wolf ile görüşmesini söyledim. Hechler'i tekrar Monson'a yollayacağım.

Newlinsky'ye gönderdiğim mektupta şunları yazdım: «Herşey çok kötü başladı ve hepsinin üstünde çok geç oldu». Hemen geri gelmesini, işi elime bizzat alacağımı ifade ettim.

26 Mayıs

Newlinsky telgraf çekiyor:

«Salisbury kabul etmeyi reddetti, elinden geleni yap».

Cevap verdim:

«Tavsiyem mümkün olduğu kadar çabuk memlekete dönmendir. Salisbury ile Haziran sonunda bizzat görüşeceğim. Önce senin patrona (Sultan Abdülhamid) gidelim».

* * *

Rev. Singer'e mektup (cevap):

Aziz Arkadaşım,

Ben Sir Samuel Montagu'ye doğrudan doğruya mektup yazmayacağım. Zira İngilizce istediğimi tam anlamı ile ifade edemem. Bu sebeple sen gidip konuş, meseleyi enine boyuna anlat. Onun daha ne kadar yaşayacağını bilmeyiz. Ben bunu Baron Hirsch ile konuşurken düşünmüş fakat söyleyememiştim. Bugün, Yahudiler için bu kadar iyilik yapmış olan bu insan ölmüş buluyor. Hayırseverlik sadece dilenci yaratıyor. Milletimiz için ne yapabileceğini sor kendisine. Çok ciddi konuş. Ben kendisini hatırlı bir kudret sayıyorum. Mesele para sahibi olmasında veya bunu sarfetmesinde değil. Bir penny bile vermeyebilir. Eğer bize iştirak etmezse yolumuza onsuz devam edeceğiz.

Temmuz başları benim için uygun değil. Buradan Haziranın ortalarından önce ayrılamam ve önce İstanbul'a gitmek istiyorum. Maamafih bu seyahatim herhangi bir sebeple geri kalırsa hemen Londra'ya gelirim...

* * *

Rosenfeld İstanbul'dan yazdığı mektupta, temaslara girişmeden önce, benim arkamda ne gibi malî kudretlerin bulunduğunu bilmesi gerektiğini, zira ermeniler konusu suya düşecek olursa başının tehlikeye gireceğini söylüyor. Rosenfeld ile daha Budapeşte'de ilk tanışmamızda benden para istemesinden beri fazla temasım olmamıştı.

Bu sırada Londra'dan Newlinsky'den iyi haberler geldi. Kısa mektuplarından anladığıma göre ona itimat edilir. Haziran ortasında onunla birlikte İstanbul'a giderim.

Londra Ermenileri arasındaki faaliyeti hakkında Klatscko'dan enteresan bir mektup aldım. Adamı Nazarbek ile konuşmuş, o Sultan'a itimad etmiyor fakat «Yahudi hareketi liderine samimi alâkasından dolayı teşekkür ediyor»muş.

6 Haziran

Newlinsky üç gündür burada ama henüz yüzünü göstermedi. «15 Haziranda hareket etmeyi düşünüyorum. Benimle birlik misin?» şeklinde bir mektup gönderdim.

7 Haziran

Bugün Baden'de iken Newlinsky geldi. Mesele şu, hâlâ benimle birlik mi, yoksa emniyetini kayıp mı etti?

8 Haziran

Bana biraz soğukluk intibaı vermiş olan Newlinsky'yi davet ettim. Halihazır durumun İstanbul'a seyahat için elverişli olmadığını, Sultan'ın Girit İsyanı'ndan başka şeyle meşgul olmadığını v.s. ifade etti.

Belki Londra'ya hareket etmezden önce bana söylediklerini sırf benim kendisini orada desteklemem için söylemişti. Şimdi dönüşünde İstanbul'a davetsiz olarak gidemiyeceğini söylüyor.

9 Haziran

Bu sabah birbuçuk saat Newlinsky ile beraberdim. Onu davamıza tekrar kazanmak için uğraştım. Cesaretini açıkça Londra'da ve burada yitirmişti. Son derece kuvvetle konuştum, kaynaklarımızı önüne serdim ve bize hizmet etmesini söyledim. Daha ilk günden büyük menfaatler sağlayacağını anlattım.

Gazete mahfillerinde, bunun sonucu olarak da diplomatik ve malî mahfillerde benim projemin bir ütopia olarak kabul edildiğini anlattı. Landerbank direktörü bunu bir fantazi, bizim gazetenin editörü Benedikt aptallık diye vasıflandırmışlardı, gazeteciler de gülüşüyorlardı.

Şöyle cevap verdim: «Bütün bu ayak takımı bir sene sonra benim pabuçlarımı yalayacaklardır».

Fikrine göre bu sırada İstanbul'a gitmem doğru değildir. Şimdi orada herkes sadece ve sadece Girit İsyanı'nı düşünmektedir.

Eğer bana katılmazsa oraya yalnız gideceğimi, orada Rosenfeld'in aracılığı ile İzzet Bey'in bana bir mülâkatı nasıl olsa temin edeceğini söyledim.

Newlinsky Londra intibalarını nakletti. Oradaki halk Türkiye'nin yıkılmasının yakın olduğu kanaatindedir. Halk oyunun karşı koyduğunu bile bile hiçbir başvekil Sultan'a yakınlık gösteremez. Bulgar Prensi Ferdinand'ı imparatorluğun varismi yapma düşüncesinde olanlar dahi mevcut. Newlinsky'ye göre Sultan için tek çıkar yol Makedonyalılar, Giritliler ve Ermeniler v.s. ile araları gayet iyi olan Jöntürklerle anlaşıp onların yardımı ile reformları gerçekleştirmektir. Bu tavsiyelerini bir rapor halinde Sultan Abdülhamid'e de vermiş.

Şimdi bu programa Yahudi yardımı hususunu da ekleyip yeniden vermesini teklif ettim. Sultan bize o toprak parçasını versin, bunun karşılığı olarak saltanatını kuvvetlendirelim, maliyesini ıslah edelim ve dünya efkârı umumiyesini tamamen onun lehine çevirelim.

Newlinsky Viyana gazetelerinin bana karşıt olan tutumlarını düşünerek bu sözlerimi şüphe ile karşıladı. Bana mukabil, eğer istersem onların hepsini lahzada çevirebileceğimi söyledim.

Üçbin kişi tarafından imzalanan Siyonist deklarasyonu ile benim kastedildiğimi bu Pazar öğrendiğimi ona naklettim.

Biraz çarpılmış ve yarı yarıya yeniden kazanılmış olarak benden ayrıldı. Sultan'a derhal yazması hususunda ısrar ettim, o da söz verdi.

* * *

Avusturya-Macaristan Dışişleri Bakanı Kont Goluchowsky bugün Türkiye'ye ihtarlarla dolu bir konuşma yaptı. Bunun üzerine Newlinsky'ye derhal şunları yazdım:

Muhterem Efendim,

Budapeşte konuşması size İstanbul'a hemen tavsiyelerinizi yenilemek için müstesna bir fırsat yaratmış bulunuyor. Kullanabileceğimiz bütün fırsatlarda enerjik davranınız.

Eğer benimle seyahata karar verdiyseniz, yolda benim misafirim olmak şerefini bahşetmenizi rica edeceğim.

Derin saygılarımla.

Th. Herzl

15 Haziran

Gece trendeyim. Viyana'dan Orient Ekspres'e yalnız başıma bindim.

Newlinsky sabah saat 2 de Budapeşte'den binecek.

Şimdi alelacele geçen haftanın olaylarını defterime geçirmeyelim. İntibalar daha zihnimde taze iken meşguliyetimden fırsat bulup maalesef yazamadım.

Londra dönüşü Newlinsky hiçbir şekilde benimle İstanbul'a gitmek niyetinde değildi. Birkaç uzun konuşma seansı bana mukavemet gösterdi. Belliydi ki benim hakkımda yaptığı tahkikatta kendisine benim taraftarım olanlar bazı şeyler söylemişlerdi. Bu gibi birkaç kişiden kendisinin benim hakkımda soruşturma yaptığını öğrendim.

İstanbul'a gitmeye kararlı olduğumu göstererek onu nihayet kazandım. Beni takip ederse göreceği menfaatler sebebiyle böyle yaptı.

Cuma günü uzun bir müzakereden sonra 15 Haziranda İstanbul'a hareket konusunda düşünmek üzere mutabık kaldı: Ben İstanbul'a meseleyi onsuz götürüp götürmeyeceğimi yahut İstanbul'daki diğer adamlarım aracılığı ile gitmeyi, o ise bana iltihak edip etmemeyi düşünecekti.

Cumartesi günü tekrar onu görmeye gittim. «Eh, gidiyor musun?» diye sordu «Evet, gidiyorum» cevabını verdim. Benim kararlı olduğumu görünce o da benimle gelmeye hazır olduğunu söyledi.

Dün tekrar buluşarak ayrılmazdan önceki son hazırlıkları yaptık. Bugün öğleden sonra Peşte'ye gideceğini ve Ekspres'e oradan bineceğini söyledi.

Sorularının cevaplarını henüz tam hazırlamış değilim. Malî plânı ele alalım, en küçük teferruata kadar inmek gerekiyor ki ben henüz bunu yapmış değilim. Ne kadar hazırlıksız olsam da Filistin için 20 Milyon altın verebileceğimizi tahayyül ettiğimi söyledim. (Maamafih Montagu *Daily Chronicle'*de sadece 2 milyon teklif ediyordu).

Daha sonra Baden'e gittim, orada karımın kuzeni Reichenfeld'e telefon ederek akşam gelip bana bazı hususlarda bilgi vermesini söyledim.

O, Baden'e saat 9 da geldi. Beni Osmanlı Devlet borçları konusunda aydınlatmasını söyledim. O bana bu borçların statülerini anlatırken ben de malî portresini çıkardım.

Biz Türkiye maliyesini düzeltmek için 20 Milyon Osmanlı lirası harcarız. Bu mikdara 2 milyon da Filistin için ilave ederiz ki bu da halen 80 milyon lira olan borçların yıllık faizini karşılar. 18 Milyon sarfı ile de Türkiye'yi Avrupa Kontrol Komisyonundan kurtarırız.

Reichenfeld, detayları ile ileri sürdüğüm bu plana şaşıp kaldı ve bana bunu hangi maliyecilerin hazırladıklarını sordu. Ona esrarlı bir sükûtla cevap verdim.

Bugün Newlinsky için İstanbul'a kadar bir bilet getirttim. Tutarı oldukça fazla. Bunun dışında Türk heyeti için meyve de aldırtmamı söylemişti. Hotel Sacher'den çilek, şeftali v.s. ki hepsi Fransa'dan ithal edilmişti, hazırlattım...

17 Haziran

Sabahın saat 6 sı, Orient Ekspres, Eski Baba istasyonu.

Seyahatin dünkü kısmı son derece enteresan geçti. Newlinsky trene gece saat 2 de Budapeşte'de bindi, trende birkaç Türk paşanın da bulunduğunu haber verdi, bilhassa Ziya Paşa'nın[26] bulunduğunu söyledi, Moskova'daki taç giyme merasimine giden heyetin başkanı bulunuyormuş.

Dün sabah Newlinsky beni Ziya, Karatodori ve Tevfik Paşalara takdim etti.

Tevfik Paşa halen Belgrad Sefiri imiş.[27] Daha sonra bana bu ekselansların en önemlisinin Ziya Paşa olduğunu ve benim İstanbul'a ne maksadla gitmekte olduğumu ona anlattığını söyleyerek başbaşa bıraktı. Ziya Paşa mesele ile hemen ilgilendi ve konuşmamızın gizli olması için yalnız kalmamızı temin etti.

Ziya Paşa ufak tefek, zarif efendi, parisiyen tipli bir zat, insana hürmet telkin eden bir havası var. Ciddi bakışlı siyah gözleri, kısa siyah sakalı var. Burnu biraz kemerli.

Karatodori aksakallı, şişman, boyuna nükte yapan, çok güzel Fransızca konuşan, Moskova'daki taç giyme merasiminin ihtişamını anlata anlata bitiremiyen, her istasyonda oraya has meyveleri hemen oracıkta yıkayıp yiyen bir paşa.

Tevfik Paşa daha genç bir paşa. *Neue Freie Presse* gazetesinden sitayişle bahseden, eski sayılarında çıkmış yazılardan dahi söz edebilen bir kimse.

Öğleden sonra Karatodori Paşa lokantalı vagonun sigara içilen kısmına geçtiği sırada, vagonda yalnızca Ziya, Newlinsky ve ben kaldığımız zaman plânımı açıkladım. Ziya ciddiyet ve dikkatle dinledi.

Şöyle dedi: «Görüyorum ki herşeyi açık açık konuşuyorsunuz» (Zira konuşmam sırasında Filistin'de tamamen bağımsız bir devlet istediğimizi, eğer bunu elde edemezsek bu plandan tamamen vazgeçip Arjantin'e gideceğimizi söylemiştim). «Fikrinizi açıkça anlattınız» dedi; «Fakat size hemen şunu söylemeliyim ki eğer siz bağımsız bir Filistin'den söz açarsanız hiç kimse sizinle müzakereye girişmez. Para ve basın yoluyla destek şeklinde sağlayacağınız menfaatler gerçekten büyük ve önemli, ve teklifiniz gerçekten ilgi çekici; fakat bütün bunlar, bizim vatanın her hangi bir köşesini satmama prensibimizle uyuşmuyor».

Şöyle cevap verdim:

«Bu, tarihte sayısız defalar olmuş birşeydir».

Newlinsky müdahale ederek, «Buna misal olarak sadece İngilizlerin Heligoland Adası'nı Almanlara vermeleri gösterilebilir» dedi.

Ziya Paşa tekid etti:

«Hiçbir şartla Filistin'i bağımsız bir devlet kurmak üzere ele geçiremezsiniz; belki Osmanlı hâkimiyetini kabul eden bir devlet olabilir».

Bu daha başlangıçta mürâiliğe girişmek demek olur. Tâbi olarak kurulmuş olan bütün devletler, daha başlangıçtan itibaren ne yapıp da tam bağımsızlığa kavuşmalı konusunu ele alacaklardır. Bunu mümkün olduğu kadar kısa zamanda elde edeceklerdir.

Bu konuşma, Zaribrod'a kadar sürdü. Orada Bulgar nazırı Natchowitch, Newlinsky'yi karşılamak üzere beklemekteydi.

Beni de Sofya Siyonistleri adına bir heyet karşıladı. Onlara hareketimi önceden telgrafla bildirmiştim.

Heyetten iki üye Siyonizm konusundaki çalışmalarının nasıl gittiğini sordu. Newlinsky ve Bulgar nazır ile vagonda buluşabilmek için, onlara son derece kısa izahat verdim ve ayrılmak zorunda bulunduğumu anlattım.

Sofya'da dokunaklı bir manzara beni beklemekteydi. Trenimizin durduğu yerde beni karşılamaya gelmiş kadınlı erkekli, çocuklu büyük bir kalabalık vardı. Safaradîm, Eşkinazîm,[28] ak sakallı ihtiyarlar, başlarında da Dr. Ruben Bierer. Bir çocuk gül ve karanfillerden mürekkep bir buket verdi. Bierer Almanca bir konuşma yaptı, sonra Caleb Fransızca bir hitabede bulundu ve mümanaatıma rağmen elimi öptü. Konuşmalarda "Önder, İsrailoğulları'nın kalbi" gibi büyük vasıflarla tavsif edildim. Herkes bu manzarayı alâka ile seyretti.

Veda makamında Bierer'i öptüm, elimi sıkmak için adeta yarışa girdiler. Halk, «Leşana habaa biyeruşalaym»[29] diye bağırdılar. Tren yavaş yavaş hareket etti...

Newlinsky ve Ziya, gösterilerin tesirinde benim tahminimden az kalmışlardı. Yahut da ihtisaslarını gizliyorlardı. Newlinsky Bulgaristan kilisesi temsilcilerinden Gregory tarafından karşılanmıştı. Allah bilir geleceğini ona telle bildirmiş ve bana Bulgaristan'daki nüfuzunu göstermek istemişti.

* * *

Akşam Newlinsky ile lokanta vagonunda başbaşa oturduğumuzda ona 20 milyonluk projemi açtım. Türk Hükümeti'nin Avrupa Kontrol Komisyonu'ndan 18 milyon karşılığında kurtarılabileceğini, 2 milyonun da Filistin için ayrıldığını anlattım.

Newlinsky buna şiddetle muhalefet etti. Kendisinin Ziya Paşa'ya, benim aşağıdaki şekilde, Avrupa Kontrol Komisyonu'ndan kurtarmayı düşündüğümü anlatmış imiş:

Birinci üçte biri para olarak öderiz. İkinci üçte bir için kefil oluruz (veya eğer tâbi bir devlet olursak bu üçte biri haraç olarak veririz), üçüncü üçte biri de mevcut Komisyondan devralarak itfa ederiz.

Newlinsky'ye göre biz Sultan Abdülhamid'e Filistin mukabili 20 milyonu açıkça teklif edemeyiz. Bu sadece ticarî bir iş olur. Önceden de biraz prim vermek gerekir. Maamafih bazı şartlar ileri sürerek ek menfaatler gösterebiliriz, mesela bütün Türkiye'ye raci bir «Elektrik enerjisi tekeli» v.s. den bahsedebiliriz. Fakat, onun ifadesine göre, üçlü taksime gidiş nazarı itibara dahi alınmaz.

* * *

Bu konu üzerinde düşündüm taşındım ve Newlinsky'nin haklı olduğu sonucuna vardım. İşteki bu dönümden yeni avantajlar dahi çıkartabilirim. İstanbul'da şartların mutlak olarak gizli tutulmasını söyleyebilirim ve söyleyeceğim, zira herşeyi önce Komiteme anlatmak, onlara kabul ettirmek zorundayım. Bu şekilde Edmonrd Rotschild veya S. Montagu tarafından girişilebilecek herhangi bir karşı hareketi de önlemiş olurum.

Fakat Londra'ya Sultan tarafından teyid edilmiş olarak bir gelirsem işte o zaman her istediğimi yapabilirim.

Eğer zaruret olursa Barnato ile de temas kuracağım.[30]

Bierer Sofya'da iken bana, Edmond Rotschild'in bir temsilcisini İstanbul'a gönderdiğini, Filistin'deki koloni faaliyetine mani olmaması için Sultan'a para teklif edeceğini öğrendiğini söyledi.

Bu bana karşı düşünülmüş bir hamle olabilir mi?

18 Haziran, İstanbul

Newlinsky, bizim dava için son derece kıymetli bir koz. Onun maharet ve samimiyeti her türlü övgünün üzerinde doğrusu. Kendisine fevkalâde bir mükâfat verilecektir.

İstanbul'a dün öğleden sonra vardık. İstasyonda Viyanalı Baron B. Popper[31] ve Newlinsky'nin tanıdığı iki gazeteci tarafından karşılandık. Aynı trende bulunan paşalar daha şehre varmadan merasim elbiselerini giymişler ve fazla gecikmeden Sultan'a gidebilmek için hazır olmuşlardı. İstasyonda onları kalabalık bir halk kitlesi karşıladı.

Bu şaşılacak şekilde güzel ve pis şehirde yürüdük. Parlak güneş, rengârenk sefalet, bakımsız binalar. Royal Oteli'ndeki penceremizden Haliç'e kadar olan manzara uzanıyor.

* * *

Newlinsky'nin burada iyi bir şöhreti ve büyük tesiri var. Yol arkadaşlarımız Ziya ve Karatodori paşalar gibi birçok ileri gelen Türkle gayet iyi münasebeti var.

Elbiselerini değiştirir değiştirmez Yıldız Sarayı'na gitti. Arabada ona refakat ettim. Sokaktaki hayat acaip şekilde sefalet ve neşe aksettiriyor. Kafesli haremler cazip bir esrarlı manzara teşkil ediyor. Arkasında, herhalde gireni hayal sukutu beklemektedir.

Beyaz Dolmabahçe Sarayı'nın penceresinden Boğaz'ın harikulade güzel bir görünüşü var.

* * *

Newlinsky Yıldız'da inince ben arabayı yamru yumru yollardan sürerek Beyoğlu'na çıktım, oradan aşağıya köprüye kadar geldim.

* * *

Newlinsky geç vakit, bozulmuş olarak döndü. Sultan Abdülhamid'in başkâtibi İzzet Bey bizim projemize karşı açık açık menfi davranmıştı. «Bu mevzuda bir sürü komisyoncu söz üstüne söz veriyor» demişti. Newlinsky'nin düşüncesine göre burada birisi düşüncesiz bazı adamlar atmış bulunuyor. Önce bunu halletmeniz lâzım ki, hiç de kolay olacağa benzemiyor.

Diğer bir güçlük: Görünüşe göre Sultan hastadır. Newlinsky huzura kabul edilmemiştir. Sultanın hastalığının ne olduğu öğrenilmemiştir. Baron Popper'in kız kardeşinden duyduğuna göre Viyanalı doktor Nothnagel'e buraya gelip gelemiyeceği sorulmuştur. Eğer bunlar benim mülâkatıma mani olursa çok büyük talihsizlik demektir.

Akşam yemeğinden sonra, bir İtalya opera kumpanyasının açık hava konseri verdiği Beyoğlu'nda bir bahçeye gittik. Konserin birinci kısmından sonra verilen arada Sadrazam Halil Rifat Paşa'nın oğlu Cavid Bey'in yanına gittik. Tanıştırılmış ve hemen derhal mevzuun ortasına daldırılmıştım.[32] Bir bahçe kanapesine oturup karşılıklı konuşmaya başladığımız zaman, sanatkârların şarkı sesleri artık bize uzaklardan geliyordu.

Onun muhalif kaldığı noktalar şunlardı:

Mukaddes makamlar, Kudüs; mutlak surette Türk hâkimiyeti altında kalmalıdır. Buralarının terkedilmesi halkın mukaddes duyguları ile oynamak demektir. Ona geniş ölçüde bir ekstra territorialite söz verdim. Medeni dünyanın kabul ettiği mukaddes makamlar hiç kimseye değil herkese ait olacaktır. Sonunda zannederim Kudüs'ün hali hazır statü içinde kalması hususunda mutabakata vardık. Cavid Bey, müstakbel Yahudi Devleti ile Türkiye'nin münasebetlerinin nasıl olacağı konusu üzerinde durdu. Tâbi bir devlet olması hususundaki fikirleri Ziya Paşa'nın fikirlerine çok benziyor.

Ben, tam başarıyı bağımsızlıkta gördüğümü, fakat her halükârda Mısır veya Bulgaristan'ın durumu gibi, yıllık vergiye bağlanma şeklini de müzakere edebileceğimizi söyledim.

Sonunda Cavid Bey müstakbel hükümet şeklimizin ne olacağını sordu.

«Aristokratik bir cumhuriyet» cevabını verdim.

Cavid Bey şiddetle reddederek; «Sakın "Cumhuriyet" kelimesini Sultan'ın önünde telâffuz etme. Halk burada bunun öldüreceğinden korkar. Bu ihtilalci devlet şeklinin bir vilayetten diğerine sâri hastalık gibi bulaşacağından endişe ederler.»

Ona, zihnimde mesela Venedik'te olduğu gibi bir hükümet şekli düşünüp tasarladığımı anlattım.

Babası Sadrazam Halil Rifat Paşa'dan beni huzuruna kabul etmesi hususunda yardımını rica ettim.

Bu hususta bana söz verdi. Diğer hususlarda da tavsiye ve faaliyet şeklinde yardım etmeyi arzuladığını söyledi. Tekliflerim hakkındaki sorusuna cevaben de, teferruat üzerinde ancak Sultan ile konuşabileceğimi söyledim.

18 Haziran

Bugün Newlinsky bana, Rusya'nın Yıldız Sarayı'nda en muteber yeri almış olduğunu bildirdi. Rusya ile dosdoğru müddetçe Türkiye hiçbir tehlikeye maruz kalmaz. İzzet'in de Rusya'ya meyilli olduğunu söyledi. Sadrazam'a ne söylesen o da Rusya'ya yönelecektir. Bu sebeple Sadrazam'a gitmeden önce Rus Sefareti'nin nüfuzlu tercümanı Yakovlev ile konuşmak hususunda mutabık kaldık.

Yakovlev'e derhal bir tezkere yazarak randevu istedim. Saat bir için derhal muvafakat etti. Diplomatik çevrelerde benim gelişimle çıkan dedikodulardan haberi olduğu meydanda idi.

19 Haziran

Dün, sonu başarısız gelen hararetli bir gündü.

İlk durağım Rus tercümanı Yakovlev idi. Beyoğlu'ndaki konsoloshanede kalıyor. Türk stilinde yapılmış bir bina bahçede kavaslar, hizmetçiler dolaşıyorlar. Kartımı gönderdim. On dakika sonra kabul edildim.

Ona ziyaret maksadımı kısaca anlattım. Yapacağı şoka hazırlamak için önce Filistin'deki kolonizasyon faaliyetinden bahsettim. Türk hükümeti ile temastan önce Rus Sefareti'nden çağırıldığım hususunu not etmesini istedim. Ailesinden birisinin aracılığı ile Çar Hazretleri tarafından kabul edilmek ümid ve dileğinde olduğumu söyledim. (Valler Prensini kastediyordum, ama adını zikretmedim).

Yakovlev bana cevap verirken, Kudüs'te Konsolos olarak bulunduğu sırada edindiği tecrübelerden bahsedeceğini söyleyerek, Filistin'e gelen Yahudileri, kendileri Rus vatandaşı oldukları halde sempati ile karşılayamadığını, konsolosluğa karşı hilekâr davrandıklarını, konsolosluğa vermeleri gereken vergileri vermekten kaçındıklarını, menfaatlerinden başkasını düşünmediklerini anlattı.

Irkdaşlarımın asırlardan beri uğradıkları takibat sonucu böyle davranmaya alıştıklarını, ahlâklarının sukutunda bir fevkalâdelik aramamak lâzım geldiğini söyledim, hak verdi.

Sonra planımdan biraz daha derin şekilde bahsetmeye girişerek, bunun sadece basit bir kolonizasyon olmayıp, bölgede kendimizin olan bir yeri isteğimizi anlattım.

Gittikçe artan bir dikkat ve sempati ile beni dinliyordu. «Bu fikrin bütün iyi insanlar tarafından paylaşılacağına inanıyorum» dedim.

Sonuç olarak, planın gerçekleşmesinin birçok on yıllar alacağına işaret etti. Ben belki bunun meyvelerini göremeyecektim, bununla beraber bana başarılar, kuvvet, sıhhat temennisinde bulundu ve ayrıldım.

Vedalaşırken bana mahalli Rus Maslahatgüzarı ile temas etmemi tavsiye ve merdivenlere kadar teşyi etti. Sonra başlangıçtaki sözlerini tamir etmek istercesine şöyle dedi: «Kavmin arasında çok iyi ahlâklı olmayan belki yüzde yirmi bulacaksın, fakat bu diğer kavimler arasında da böyledir». «Evet» dedim; «Bizim durumumuzda bu iki mislidir, öyle ki birisi yüzde kırk olduğuna inanabilir».

* * *

Yakovlev'den sonra Bâb-ı Âli'ye gittim. Önceden çağırılmış bulunuyordum. Tercümanın kırmızı fesli arabacının yanına oturdu.

İstanbul'un dolambaçlı ve pis sokakları. Bâb-ı Âli eski, kirli bir bina fakat son derece hareketli bir yer. Nizamiye nöbetçileri giriş holünün yanındaki küçük yerlerde dikiliyorlardı. Sayısız vazifeli ve subay yukarı aşağı inip çıkıyorlardı.

İlk ziyaretim Sadrazam'ın Umumi Kâtibi Hayreddin Beyefendi'ye. İsimleri benim kulağıma geldiği gibi hıfzedip yazıyorum, doğru olup olmadıklarını bilmiyorum tabii. Mesela bugün öğrendiğime göre Sadrazam'ın oğlunun adı Cavid değil galiba Cevad Bey imiş.

Hayreddin otuz yaşlarında, iyi görünüşlü, düz, soluk benizli, güzel siyah sakallı, iri kulaklı bir adam. Her sözünden sonra tebessüm ediyor, arkadaşça davranıyor. Birkaç dakika sonra Sadrazam tarafından çağırıldık. Bir antre ve iç içe birkaç odadan geçtik. Büyük bir salonda, sırtını duvara dönmüş olarak devletli Sadrazam Halil Rifat Paşa duruyordu. Girdiğim zaman ayağa kalkıp bana elini uzattı. Uzun boylu, ak sakallı, buruşuk ve kuru yüzlü bir zat. Masada, tam önünde iki takım tesbih duruyordu.

Kendisi oturdu ve bana yanındaki bir koltuğa oturmam için işaret etti. Hayreddin Bey de tercüman olarak kaldı ve bir iskemle de o çekti.

Bir sigara verdi, seyahatimin nasıl geçtiğini, ne zaman geldiğimi ve ne kadar kalacağımı sordu. Sonra *Neue Freie Presse* hakkında iltifatkâr birkaç cümle söyledi. Hayreddin bunları ciddiyetle tercüme etti. *Neue Freie Presse*'in Türkiye'ye teveccühü olduğunu, İmparatorluk hakkında iyi bir haber aldığı zaman daima memnun kaldığını anlattım. Verdiğimiz haberlerde belki bazan yanıldığımız olmuştur, ama daima doğru haber vermeye çalıştığımızı da ekledim.

Sadrazam, bizim muhabirimizin kendisini her zaman arayabileceğini ve kendisine herşeyi söyleyebileceğini bildirdi.

Bundan dolayı teşekkürlerimi arzettim. Sonra tercümana Sadrazam hazretlerinin benim seyahatimin maksadından haberdar olup olmadığını sormasını söyledim.

Tesbihlerle oynayarak cevap verdi. «Hayır». hazırladığım teklifleri sadrazama nakletmek üzere Hayreddin Bey'e verdim. Sadrazam gayet soğukkanlılıkla dinledi. Şuna benzer sualler sordu: «Filistin büyüktür. Hangi kısmını düşünüyorsunuz?»

Tercümana cevap verdim: «Bu bizim temin edeceğimiz menfaatin cesametine bağlı bir husus. Daha çok arazi için, daha büyük kurbanlar takdim edebiliriz».

Devletlileri bazı terimler üzerinde açıklamalar istediler. Ben fazla teferruata girmediğim için itizar beyan ettim. Tekliflerimi teferruatlı olarak sadece Haşmetmeâb'a arzedebileceğimi söyledim. Bunlar acaba prensip olarak kabul edilebilir hususlar mıdır? Sir Samual Montagu bizim malî programımızı teklif olarak getirecektir.

Halil Rifat Paşa, konuşma arasında uzun zaman susup duraklıyor, tesbihi parmaklarının arasına alıyor, onu ağır ağır çekerken kelimeler de ağzından aynı zaman aralıkları ile çıkıyor.

Ayrılırkenki intibaına göre o proje karşısında yalnız müstenkif değil aynı zamanda itimatsızdır.

Konuşma devamınca orada devamlı bir memur ve hizmetli akımı vardı. yerlere kadar eğilerek bazı evrak getiriyorlar, bırakıp geri geri giderek çıkıyorlardı.

Başka bir yaşlı adamın görünmesi üzerine Halil Rifat Paşa tercümana müzakerenin sona erdiğini bildirdi, yarım ayağa kalkıp elini uzattı.

Aradaki odada, dudaklarında arkadaşça bir tebessüm olan Hayreddin'e Sadrazam'ın huzurunda yanlış bir hareket veya söz sarfedip etmeğimi sordum. Gülümseyerek, «Hayır» dedi; «O filozof adamdır, onun görüşlerine karşı senin kendi görüşlerini ileri sürmenden memnun olur. Eğer Efendimiz ile direkt temas kurabilirseniz iyi olur».

Hayreddin de bana Boğaziçi'nin muhteşem manzarasını, uzakta Dolmabahçe ile birlikte seyrettirdi ve elimi neşe ile uzun uzun sıktı.

Aşağıda bir sürü koridorların, muhafızların, hademelerin ve memurların arasından geçip Hariciye Nezareti'ne Nuri Bey'e götürüldüm.[33]

Koyu kızıl saçlı, zarif, zeki, kültürlü, Paris'te uzun seneler kalmış olmasından ötürü Parislileşmiş bir ermeni. Birkaç yabancı diplomat gelip gittiler. Bir yerde haydutların eline düşmüş iki kadın için istenen fidye-i necat konusunda konuşmalar geçti. Bir sefaretten gelen ateşe de Nuri Bey'den bütün mühim olmayan evrakı göndermeyi tecil etmesini, tatile gideceği için bunları başına sarmamasını rica etti. İnsan onun için mutlak olarak hiçbir önemli evrakın bulunmayacağını rahatlıkla söyleyebilir.

Yalnız kaldığımız zaman Nuri Bey'e ne istediğimi söyledim. Gözlerini kırpıştırdı, meseleyi tam anladı.

Daha önce Sadrazam'a da söylediğim gibi, Türkiye'yi Düyun-u Umumiye'den kurtarmayı istediğimizi söylediğim zaman; «Bu muhteşem bir şey» dedi. Bu tekliften çok hoşlandı. Fakat Mukaddes makamlar hususunda büyük şüpheler içindeydi. «Onları kim yönetecek?» «Bu düzenlenebilir» dedim, «Sadece bizim herkes için kıymetsiz olan bir maddenin alacaklısı olduğumuzu düşünün, hem de en yüksek fiyatla alıcı».

Bunun üzerine Nuri Bey beni Davud Efendi'ye götürdü. Davud Efendi bir Yahudi idi ama aynı zamanda Hariciye Nezareti'nin baş tercümanı olduğu için Hariciye Nazırı'nın sağ kolu ve bu nezarette sözü geçen bir kimse idi.

İçeri girenlerin eğilme nisbetlerinden onun durumunun üstünlüğünü müşahade ettim. Memurlar evrakı onun ayaklarının yanına bırakıyorlardı, öyle ki boyuna eğilmiş duruyordu. Bir koltuğa oturarak çalışıyor, önünde masa olmadığı için de yazıyı, kâğıdı elinin üzerine alarak yazıyordu.

Uzun boylu, şişman, kısa sakallı bir adam. Patlak gözlerinin önünde kemerli burnunda gözlük taşıyor.

Önce beni anlayıp dinledi, fakat gözle görülür şekilde korktu. Türkiye için muazzam menfaati gördü, fakat bir Yahudi olarak son derece ihtiyatlı olmak durumunda.

«Bunda ciddi güçlükler ortaya çıkacaktır» dedi. Gerçekten, meselenin gayr-ı kabil-i tatbik olduğu kanaatinde. Çok geçmeden benimle kardeş gibi konuşmaya başladı. Hariciye Nazırı'na beni bir başkasının takdim etmesinin çok daha uygun olacağını, kendisini bundan affetmemi rica etti ve İstanbul'dan ayrılmazdan önce tekrar görüşmemizi diledi.

Yahudilerin Türkiye'de iyi çalıştıklarını ve iyi şartlar içinde yaşadıklarını söyledi.

Basın bürosu şefi Nişan Efendi'yi de gördüm. Birkaç gazeteciye Türkiye'nin görüşlerini anlatmaya çalışıyordu.

* * *

Akşam Newlinsky kötü haberler ve asık bir suratla Yıldız Sarayı'ndan döndü.

Garsona –yas alâmeti olarak- yarım şişe şampanya getirmesini emrettikten sonra iki kelime ile bana vaziyeti anlattı: «Hiçbirşey yapamadım. Zat-ı Şahane bu konuda hiçbir şey işitmek istemiyor».

«Sultan dedi ki: «Eğer Mr. Herzl senin benim arkadaşım olduğun gibi arkadaşın ise, ona söyle, bu meselede ikinci bir adım atmasın. Ben bir karış dahi olsa toprak satamam, zira bu vatan bana değil milletime aittir. Milletim bu imparatorluğu kanlarını dökerek kazanmışlar ve yine kanlarıyla mahsuldar kılmışlardır. O bizden ayrılıp uzaklaşmadan tekrar kanlarımızla örteriz. Benim Suriye ve Filistin alaylarımın efradı birer birer Plevne'de şehid düşmüşlerdir, bir tanesi dahi geri dönmemek üzere hepsi muharebe meydanında kalmışlardır. Türk İmparatorluğu bana ait değildir, Türk Milletinindir, ben onun hiçbir parçasını veremem. Bırakalım Yahudiler milyarlarını saklasınlar. Benim imparatorluğum parçalandığı zaman, onlar Filistin'i hiç karşılıksız ele geçirebilirler. Fakat yalnız bizim cesetlerimiz taksim edilebilir. Ben canlı bir beden üzerinde ameliyat yapılmasına müsaade edemem!»

Bundan sonra başka şeyler konuşmuşlar. Newlinsky ona, Jön-Türkleri devlet hizmetine almasını tavsiye etmiş.

Sultan istihza ile: «Bir Anayasa, sonra? Benim bildiğime göre Polonya Anayasası sizin baba yurdunuzu parçalanmaktan kurtaramamıştır».

* * *

Sultan Abdülhamid'in doğru ve büyük sözleri beni sarstı, bir zaman bütün ümitlerimi kırdı. Bu sonu ölüm ve parçalanmaya giden fatalizmde trajik bir güzellik var. Maamafih son nefese kadar, pasif mukavemet şeklinde de olsa mücadele edeceğiz.

19 Haziran

Cuma Selamlığı.

Bu pırıl pırıl güneşli günde Yıldız Sarayı'na doğru arabamızı sürdük. Yol merasim üniformalılarla dolu. Boğaz muhteşem bir görünüş içinde.

Yıldız'da, misafirlere ayrılan kısmın önünde Sultan'ın iki hizmetkârı tarafından karşılandık. Bir saatten az zaman içinde önümüzde en ihtişamlı manzaralar geçit resmi yaptı. Güneş ışığı altında beyaz Yıldız Sarayı, onun karşısında masmavi Boğaziçi, uzaklarda sisler içerisinde Adalar. İyi giyimli, talimli, enerji dolu askerî birlikler. Sağ tarafta dağ tarafından inen kırmızı serpuşlu süvariler, tam önümüzde yeşil ve kırmızı türbanlı hafif piyadeler. Borozanlar boruları ağızlarında çalmaya hazır bekliyorlar.

Paşalar merasim üniformaları içinde ya araba ya at ile bize doğru geliyorlar.

Din adamları ve müslüman halk son derece renkli elbiseleri ile camiyi dolduruyorlar.

Paşa çocukları da resmî elbiseler giyerek alaya katılmışlar.

Nihayet Sultan'ın maiyeti göründü. Önde Sultan'ın oğlu ve diğer prensler. Yıldız tepesinin eteklerinde atlarından indiler, Halife'nin görünmesini bekliyorlar. Prenslerin arasında iki tane kır sakallı subay duruyor, bunlar prenslerin askerlik hocaları.

Haremağası, iri yarı, şişman bir hadım mağrur tavırlarla geçti. Orada kapalı kupalar içerisinde iyice örtünmüş saray kadınları yer aldılar.

Sonra iki sıralı saray muhafızlarının peşisıra tepeye bir merasim havası çöktü. Arkasından yarı yarıya açık bir saray arabası, Sultan'ın landosu göründü.

Arabada Sultan oturuyor, karşısında Plevne kahramanı Müşir Gazi Osman Paşa var.

Minarede müezzin güzel bir sesle salat-u selâm ve arkasından ezan okudu. İkisi arasında askerî marşlar çalındı.

Birlikler yüksek sesle halîfeyi selâmladılar.

Sultan ince yapılı, hasta görünüşlü, iri kemerli burunlu, orta uzunlukta sakallı, sakalı kahverengine boyanmış hissini veriyor. Selâmlara selâmla mukabele etti.

Önünde bulunduğumuz kısımdan geçerken Newlinsky ve bana gayet keskin bir nazar atfetti.

Arabası camiin yanında durdu, sol taraftan hafif bir hareketle indi. Çevresindekileri yeniden selâmladı, bu defa yüzlerini kendisinden tarafa çevirmiş muhafızların arasından camiye girdi.

Namaz takriben yirmi dakika kadar sürdü. Camiin avlusunda yere seccade sererek birçok kişi namaza iştirak ettiler.

Yakıcı güneş altında bekleyen askerlere su dağıtıldı.

Namazdan sonra Sultan camiden çıktı ve iki atlı bir arabaya bindi ve kendisi sürerek gitti. Avluda paşalar ve kumandanlar eğilerek kendisini selâmladılar. Prensler tekrar kendi atlarına bindiler.

Sultan ikinci defa önümüzden geçerken, çelik gibi sert bir bakışla beni süzdü.

Bir gurup muhafız acele peşinden gittiler. Ve bu peri masallarındakine benzeyen muhteşem merasim sona erdi.

* * *

Öğleden sonra, Sadrazam'ın yakın dostu Margueritte ile beraberim. Take Margueritte bana yardım etmeyi teklif etti. İddiasına göre Sadrazam'a her istediğini yaptırabilirmiş. Çok yakın zamanda İskenderun petrol kuyularının imtiyazını alacağını söyledi. Baron Popper'in başarısız ikraz hikâyesini anlattı.

Adı geçen Osmanlı Bankası'ndan üç milyon Osmanlı lirası borç almak istemişti. Herşeyi hazırlamış, İzzet ve Tahsin beylerle diğer birkaç kişiyi ayarlamıştı. Sadrazam hediye kabul etmezdi, fakat Popper onun karısına bir bilezik veya ona benzer şeyler takdim ediyordu...

Margueritte'in söylediğine göre Popper şimdi İskenderiye-Şam demiryolunun imtiyazını almaya uğraşmaktadır. Bu öyle bir hattır ki, Asya'dan Süveyş Kanalı yolu ile gelen trafiğin bir kısmını çekecektir.

Margueritte, dün gece Newlinsky'nin ona benim adıma –bana haber dahi vermeden- ricada bulunmuş olduğunu, meseleyi bildiğini ifade etti. Sadrazam'ın oğlu Cavid Bey'i bu işle ilgilendireceğine söz verdi. Ona göre Cavid Bey'le her şey «açıkça konuşabilir».

20 Haziran

Newlinsky'ye Sultan'ın beni kabul etmesi için ne lâzımsa yapmasını rica ettim. Eğer Sultan Abdülhamid'le görüşemeden memlekete dönüp de «Olmadı» diyecek olursam, onların bütün rüyalarını yıkmış olurum...

Maamafih Münir Paşa, İzzet Bey ve daha başkalarının önünde beni kabul etmeği reddettiğine göre, şüphesiz hiç kimse beni açıktan açığa Sultan'a takdim edemez.

Bununla beraber İzzet Bey şunları tavsiye ediyor: Yahudiler başka bir yeri tespit ve orasını daha ilâve şartlarla teklif etmelidirler.

Benim aklıma derhal Kıbrıs geldi.

İzzet Bey'in fikri güzel ve bu gösteriyor ki bizimle beraber ve bizim için düşünüyor. Menfaatin bir kısmının şahsen kendisine isabet etmesi temayülünde...

Dün öğleden sonra, Newlinsky'nin yanından ayrılmasının akabinde Nuri Bey'i tekrar gördüm. Bâb-ı Âli'nin önünde, sıcak bir ikindi vaktinde Newlinsky'nin çıkmasını bekledim. Bir saat sonra Newlinsky çıktı. Bu müddet içinde Sadrazam ve Nuri Beyle bizim meselenin münakaşasını yapmış, Sadrazam buna karşı, fakat Nuri Bey hararetle taraftar.

Nuri Bey beni son derece samimi kabul etti. Beni ziyaretçilerin bekleştiği odadan başka tenha bir odaya aldı ve orada oldukça açık şekilde konuştu. Tamamen bizim tarafımızda olduğunu, fakat bazı odun kafalıların da hesaba katılmaları gerektiğini söyledi. «Bu kör insanların arasında ben tek gözü açık bir kimseyim» dedi. Gerçekten diğerlerine nazaran çok daha zeki bir insan.

Tavsiyeleri şunlar: Yahudiler, Avrupa'daki Osmanlı bonolarını satın almalı ve böylece «Komisyon» un yerine geçmelidirler. Ona göre bu Komisyon kriz çıkan her yerde büyük tesirleri haizdir.

Sonradan görüştüğümüzde bu fikri Newlinsky'ye de söylemiş olduğunu öğrendim. Newlinsky bunu derhal reddetmiş, zira bu tahakkuk ettiği takdirde şimdi Komisyona karşı duyulan nefret Yahudilere çevrilecektir.

Newlinsky, onun zekâsından bahsettiğim zaman, «Eğer bu teklifi Yahudi Meselesini uzlaşmaya bağlamak için yapmışsa gerçekten zeki olduğuna delâlet eder» dedi.

Nuri Bey bilhassa, malî güçlükleri mesuliyeti altına almış olan Osmanlı Bankası'na karşı girişeceğimiz bir harekette bizi dört elle destekleyeceğine söz verdi.

* * *

Tekrar Davud Efendi ileyim. Onun Yahudi olması ile iftihar ediyorum. Ona göre Sultan kalben bizimle beraberdir, ama bunu izhar etmemeye dikkat sarfetmektedir. Davut Efendi, bizim Osmanlıları metbû tanıyan bir devlet kurmamızın doğru olacağı kanaatinde, böylece bir gün içinde, yani İmparatorluk yıkıldığı anda gayeye ulaşmış oluruz.

Bugün Hariciye Nazırı Tevfik Paşa'yı ziyaret ederken hazır bulunacağına dair söz verdi. Yalnız onun yanında sanki birbirimizi tanımıyormuş gibi davranacağız.

Dün gece Newlinsky, beni İzzet Bey'in (Baş mabeynci) bugün kabul edeceğini haber verdi.

21 Haziran

Davud Efendi'ye, bu aralarda nazır ile bizim mesele hakkında hiçbir şey konuşmamasını tenbih eden bir tezkere yazdım.

* * *

Sultan dün Newlinsky'ye beni bir «Gazeteci» olarak kabul edemiyeceğini bildirmiş, zira bizim gazete *Neue Freie Presse*'de Bacher doğrudan doğruya Sultan Abdülhamid'in şahsına hücum eden bir yazı yazmış.

Dün sabah İzzet Bey ile görüşmek üzere Newlinsky ile beraber Yıldız Sarayı'na gittik. Konuşmaların sadece nezaket cümleleri hududu içinde kalması hususunda peşinen söz verdim.

Saat dokuzbuçukta artık bana tanıdık gelen ve muhteşem manzaralarla sefalet tablolarının çevrelediği Dolmabahçe yolundan Yıldız'a gidiyorduk. Bir binanın tamiri faaliyetinin devam ettiği avluya girdik.

İzzet Bey avluda ayakta duruyordu, onu selâmladık ve beraberce onun dairesinin bulunduğu kısma girdik. Oldukça fakir döşeli bir yer. Odalar plaj kabinelerine benziyor. İzzet Bey'in odası bile bu kaidenin dışında değil. İzzet Bey'in masası, biraz daha küçüğü kâtibi için, birkaç iskemle ve perdeli dört pencere. Hepsi bu kadar. Fakat pencere Yıldız Camii, Boğaziçi ve hatta Adalar'ı dahi içine alıyor.

İzzet Bey'i bekleyen diğer ziyaretçi bir Yahudi kuyumcu idi. Sultan'ın siparişi üzerine gümüş bir sarkaçlı saat getirmişti.

Birkaç gün önce Sultan'ın bir çıbanını tedavi eden askerî doktora hediye olarak verilecekmiş.

İzzet Bey'e takdimimden o kuyumcu ile meşgul oldu.

İzzet Bey kırk yaşlarında gösteren, orta ağırlıkta, narin bir adam. Buruşuk, yorgun fakat zeki ifadeli yüzü çirkince. Büyük bir burun, seyrek, orta boyda siyah bir sakal ve zekâ dolu gözler...

Bu büyük memleketin en dikkatle değer siması ile görüşmeden burasını terketmeyi arzulamadığımı, eğer buna muvaffak olursam İstanbul'da edindiğim müspet intibaları gazetede yayınlayacağımı söyledim. Türkiye'nin siyasî mahfilleri konusunda bir seri makale plânladığımı, böyle bir kabulle bunun tamamlanacağını ifade ettim.

İzzet Bey bütün bunları tebessüm ederek nazikâne dinledi ve; «Sizi konuşturmaktan memnun kalacağım» dedikten bir çeyrek saat sonra kendisinden ayrıldık.

Newlinsky, çıkarken bütün hizmetkârlara bahşiş vermem gerektiğini söyledi. İkinci katta İzzet Bey'in odasının bulunduğu koridora bakan hizmetkâr iki mecidiye, alt katta benim bastonumu almış olan bir mecidiye aldılar. Yıldız'ın çıkışında komik bir şey oldu. Orada iki kapıcı dikiliyordu. Ben elimi cebime atınca, ikisi birden avuçlarını uzatıp beklemeye başladılar. Herbirine bir mecidiye verdim.

Sonra arabamızı Boğaz boyunca Bebek'e doğru sürdük. Güneş ortalığı kavuruyor, fakat Boğaz'dan nefis bir meltem esiyordu.

Ancak bundan sonra Newlinsky evvelsi gün Bab-ı Âli ve Saray'da olup bitenleri anlatmaya geçti. Bunları bana mahsus anlatmamıştı ki İzzet Beyle konuşurken bir atıfta bulunmayayım.

Sadrazam benim yaptığım tekliflerin karşısındadır. (Oysa Sadrazam'ın yakını Margueritte bana bunun aksini söyledi. Hangisi yalancı? Muhtemelen Sadrazam beni el altında tutmak için Newlinsky ile konuşurken iki mânaya gelecek sözler söylemiş olsun).

Newlinsky Sadrazam'a, aleyhte bulunsa bile bu hususta Sultan'a bir şey söylememesi ricasında bulunmuş. Ona göre Sadrazam, Sultan'ın bu meselede muhalif tutumda olduğunu bilmemektedir.

Newlinsky cumartesi günü Yıldız Sarayı'nda bana karşı olan tutumunda değişiklikler olduğunu müşahede etmiş. Sultan Abdülhamid, Newlinsky'nin benim hakkımda konuşmasına müsaade bile etmiş. Benim Sultan'ın reddedişini hürmetle karşıladığımı anlatmış ve benim Türkiye'nin dostu olup Sultan'a hizmet arzusunda bulunduğumu söylemiş. Sultan beni muhakkak kabul etmelidir.

Halife Abdülhamid bunu kabule temayül etti. *Neue Freie Presse* temsilcisi Bacher tecrübesinden sonra beni bir gazete muhabiri sıfatı ile kabul edemez ve etmeyecektir. Zira Bacher'in mülâkatından birkaç ay sonra bizim gazete Sultan hakkında İngiliz ve Ermeni gazetelerinde bile görülemiyecek şiddetle hücuma geçti. Hatta Sultan bu hususta Avusturya Sefiri Calice'e Bacher'i kendisine takdim etmesinden dolayı tarizlerde bulundu.

Diğer taraftan, kendisine hizmet etmek arzusunda bulunduğumu bildirmemden ötürü beni pekâlâ bir arkadaş, dost olarak kabul edebilir ve etmelidir de. Onun benden isteyeceği hizmet şudur: Bir kere ben Ermeni meselesini bütün Avrupa matbuatının Türklere karşı dostça ele alınmasını temin edecek ve bu matbuata (Londra, Paris, Berlin ve Viyana gazetelerine) tesir edecek kudretteyim. Bundan başka ben Ermeni liderlerinin doğrudan doğruya Sultan'a inkıyadlarını ve onun bu konuda söyleyeceklerini kabul etmelerini temin edecek kimseyim...

Sultan Abdülhamid, Newlinsky ile konuşurken şairane bir ifade tarzı ile: «Bana göre emrim altındaki kavimler başka başka zevcelerimden doğmuş çocuklar gibidir. Onların hepsi benim çocuklarımdır. Kendi aralarında fikir ayrılıkları ve geçimsizlikler olabilir, fakat benimle asla...»

Newlinsky'ye hemen kampanyaya girişebileceğimi bildirdim. Onlara Ermeni meselesinin pragmatik bir takdimini yapalım: Londra'da hangi şahıs elde edilecek, hangi gazete kazanılacak v.s. Sultan beni kabul edecek olursa işlerim bir şüphesiz çok daha kolaylaşacaktır.

Newlinsky, «Seni bir müddet sonra, bazı hazırlıklardan sonra kabul edecek» dedi.

Ben, «Benim hazırlığa ihtiyacım yok. Bütün istediğim Sultan ile bir mülakattır. İlk adımda, şimdiki işimiz sadece budur» diye cevap verdim.

Bu şekilde konuşmaya Bebek'te bir sahil gazinosunda devam ettik. Sıcak bir günde, bir ağacın gölgesi altında oturmuştuk.

* * *

Bundan sonra tepeye tırmanarak Madam Gropler'in evine gittik. Bu asil ve şayan-ı dikkat hanımefendi, dışarıda kurulan Polonya Hükümeti'nin Türkiye temsilcisi Henryk Gropler'in zevcesi. Evleri bütün sürgün veya kaçak diplomatların, başları sıkışan san'atkârların sığınağı olmuş vaziyette.

Polonyalı bir kemancı, ev sahibemizin yeğeni, yemekten sonra bize bazı parçalar çaldı. Orada Reşid Bey –meşhur Reşid Paşa'nın oğlu ve Fuat Paşa'nın torunu- de vardı. Reşid Bey şişman, zeki, hâlâ genç kalmış bir kimse. Viyana'da ateşe olarak bulunmuş, iki küçük oğlu da Almanca konuşuyorlar. Bize güzel Alman şarkıları söylediler.

Yemekten sonra Newlinsky benim projem konusunda Reşid Bey'le konuştu. Sultan'ın bu beye karşı teveccühü varmış. Reşid'in reaksiyonu sempatikti. Ayrılmazdan önce terasta onunla birkaç dakika konuştum, bana yardım edeceğine dair söz verdi.

* * *

Newlinsky akşam Yıldız'dan yorgun ve kötü haberlerle döndü. İmparatorluğun her köşesinden berbat haberler geliyordu: Girit kana bulanmıştı, Dürziler bir tabur askeri teker teker katletmişlerdi. Rusya hudutlarındaki Ermeniler başkaldırmış ve üçyüz müslümanı kılıçtan geçirmişlerdi.

Sultan Ermenilerle ne pahasına olursa olsun sulh yapacaktır. İstikbale sıkıntı ile bakıp Newlinsky'ye şunları söylemiş: «Bu Türkiye'ye karşı düzenlenmiş bir Haçlı Seferi'dir.»

Güneş battıktan sonra küçük bir yatla Büyükdere'ye doğru yelken açtık.

Akşamın tülleri yavaş yavaş o güzel ve mağrur beyaz sarayları sarıyorlardı. O saraylar ki içlerinde önceki sultanın dul bıraktığı kadınlarla şimdikinin dul bıraktıkları yaşamaktadırlar. Şimdikinin dul bırakmasına sebep onlarla yaşamamakta olmasıdır.

22 Haziran

Newlinsky'nin siyasî deha ve ferasetine günden güne daha çok hayran oluyorum. Herşeyden önce benim sarayda bir pozisyon almam ve ondan sonra şahsen –kimseyi aracı olarak kullanmadan, herşey kendi kendine olmuşcasına- Yahudilerin tekliflerini ileri sürmemi düşünüyor. Bu çok mükemmel bir fikir.

Her an bana bu mülakatı temin etmesi için Newlinsky'yi sıkıştırıyorum. Bunu temin etmeli ki Londra'daki arkadaşlarım benim burada olduğuma inansınlar.

Eğer Sultan «Evet» derse beni kabul etmesine lüzum dahi yok. Hemen şehri terkederdim ve herşey kendi kendine olurdu. «Hayır» dediği sürece de beni kabul etmesi şart ki arkadaşlarım henüz herşeyin bitmemiş olduğunu anlasınlar, anlayabilsinler.

23 Haziran

Dün pek fazla bir şey cereyan etmedi. Také Margueritte Sadrazam ile konuşup, benim kendisiyle bir röportaj yapmak istediğimi söyledi. Halil Rifat Paşa bunun üzerine beni kabul edeceğini bildirdi. Ben de bizim patron Benedikt'e telgraf çekip, Sadrazamla umumi siyasî meseleler üzerinde konuşup bütün röportajı telle göndereceğimi, ancak gazetede neşredilirken benim burada gördüğüm hüsnü kabul ve teveccühün belirtilmesinin şart olduğunu bildirdim.

Benedikt telgrafla cevap verdi: «İstediğin herşey yapılacaktır.» Benim de beklediğim zaten bu idi.

24 Haziran

Dün Sadrazamla Neue Freie Presse adına birbuçuk saat süren bir röportaj yaptım. Hayreddin Bey yine mütebessim tercümanımızdı. Güneşli pencerenin önüne oturdum ve dizlerimin üzerinde yazdım. Güneş kâğıtları parlatıyor ve beni âdeta kör ediyordu. Son derece yorucu bir işti.

Tam bir şark manzarası: Haliç'in üzerindeki köprüden geçiyordum, bir dilenci çocuk kendisine birşeyler verdikten sonra dahi beni tacizden vazgeçmiyordu. Také Margueritte'e beni kurtarmasını söyledim. O zavallı çocuğun yüzüne bir şamar aşketti.

Yarım saat sonra otelde idik.

* * *

Newlinsky, dün öğleden sonrayı İzzet ve Nuri Beylerle sarayda geçirmişti. Her ikisi üzerinde de son derece müspet tesir icra etmiştim. İzzet Bey benim ilhama maruz bir kimse olduğumu söylemiş.

Sultan tarafından kabul edilmem meselesi tecrübe ile sabit ki olmuyor. Maamafih bu pek korkulacak bir şey değil, zira dün beraber yemek yediğimiz Széchényi Paşa[34] on yıldır Sultan ile bir defa olsun konuşmamış fakat bir tek selâmlık merasimini dahi ihmal etmemiş ve bir süre önce rütbesi müşirliğe (mareşal) yükseltilmiş.

25 Haziran

Sultan Abdülhamid dün bana haber göndererek bugün hareket etmememi bildirdi. İstanbul'dan ayrılmamdan önce bir şey söylemesi ihtimali var. Bu, pek emin değilim ama, bir başarıdır.

Öğleden sonra küçük bir yatla Büyükdere'ye, Avusturya Sefiri Baron Calice'i görmeye gittim.

Beni ilk defa olduğundan çok daha fazla iltifat göstererek kabul etti. Sefarethanenin Büyükdere'deki yazlığının büyük salonunda oturduk. Pencereden mavi Boğaziçi bütün güzelliği ile görünüyordu.

Calice bana durumu kendi anlayışına göre detayları ile anlattı. Tıpkı Gregor Samarow'un romanlarındaki diplomatlar gibi konuşuyordu. Durumu tıpkı bir satranç problemi gibi ortaya koydu. Bu oyunu bilen bir kimse yapılan hamlenin değerini anlayabilirdi. Rusya'nın tesiri coğrafî durumu dolayısiyle büyüktü. İngiltere ise burada önemini kaybetmişti, zira Çanakkale Boğazı konusunda pasif kalmıştı, diğer taraftan, boğazlar Rusya'ya açık bulunmaktaydı.

Türkiye'nin durumuna gelince; Calice bunu ciddiyetle mütalea ediyor, fakat bu İmparatorluğun hayatiyeti öyle isbat edilmiştir ki herşeye rağmen varlığına idame edebilir. Gayet tabii isyanlar, malî krizler tevalli edebilir. Türkiye'nin bir çıkar yol bulacağı ümidinde olmakla beraber bundan emin de değil. O, Ermeni meselesini de gerçekleri tahrif ederek açıklayan Türklerden çok daha başka şekilde ortaya koyuyor. Şu anda, şüphesiz hiçbir yabancının müdahale etmesini istemiyorlar, reformları v.s. herşeyi kendileri yapmak istiyorlar. Fakat hadise bir defa geçiştirilirse üzerinde fazla durmazlar.

Ona göre Avusturya daima Türkiye'yi muhafaza edici bir siyaset takip etmektedir. v.s. v.s. Kısa söylemek gerekirse; kısır, verimsiz bir konuşma yaptık. Sonra Boğaziçi'nde Petala'da yemek verdi. Deniz ve gece harikulade idi. Mehtapta yatla İstanbul'a döndük. Také Margueritte sarhoştu.

25 Haziran

Bugün Sadrazamla yaptığım röportajı Orient Eksperest'e giden bir yolcu vasıtası ile gönderdim.

Akşam üzeri Newlinsky Saray'dan döndü. Oradakilerin bana karşı tutumları menfi değil. Yahudi fikrini benimsiyor görünüyorlar.

Şimdi para mevzuundaki tutumları fena. Maamafih mesele daha başka bir şekilde ortaya atılabilirdi.

İzzet (hiç şüphesiz onun ağzıyla Sultan konuşuyor) yahut Sultan (yahut onun ağzıyla İzzet konuşuyor), eğer Filistin için uygun bir formül bulunursa kabul etmek temayülündeler.

İşler onlar bakımından kötüye gidiyor, ama hiçbir toprak parçasını da satamazlar. Ama Newlinsky'nin verdiği rapora göre benim fikrim de yavaş yavaş o muhitte ilerliyor, yerleşiyor.

Birkaç ay içerisinde, Yıldız'da oturanlar muhtemelen bu görüşe gelecekler. Görülüyor ki, fikir onları hayli sarsmış.

Nuri Bey de bizim davaya sempati besliyor. Bugün Çar'ı kazanabileceğimizi ifade etti.

Bugün Anadolu'dan yine berbat haberler var. Van'da bir sürü insan katledilmiş.

26 Haziran

Yine Selâmlık merasimindeyim. Bir hafta önceki merasimin tıpkısı tıpkısına aynı.

Newlinsky, Türklerin Filistin'i bize vermeyi arzu ettikleri kanaatinde. Bunu şuna benzetiyor:

Bir adam avlamak istediği bir kadınla yemek yer, ama hiçbir zaman bu yemeğin ne maksatla olduğunu hiçbirisi hiçbir zaman açıkça ifade etmez. «Niçin bilmiyorum, fakat size onun bir fahişe olduğunu söylüyorum, bundan eminim» diyor. Polonya kırması Almancası ile.

* * *

Selâmlıktan sonra Tarabya'ya gittim. Smultan Newlinsky'yi orada kabul edecek.

Akşam dönüşte Sultan'la konuşması hakkında bilgi verdi.

Sultan, benden bahsedip *Neue Freie Presse*'e yazdığım makaleden dolayı teşekkür etmiş. Sonra konu Filistin'e intikal etmiş. Meseleyi düşüncesiz bir şekilde ortaya atan Newlinsky'ye sitemlerde bulunmuş. Mahalli durumu bilen biri olmak itibariyle Newlinsky'nin bir ticaret metaı gibi Filistin'in verilemiyeceğini takdir etmesi gerekirmiş. Fakat Sultan'ın işittiğine göre Bay Herzl'in arkadaşları mümkün bir mübadele şekli üzerinde düşünmekte imişler.

Bu «mübadele» fikrinin sahibi İzzet Bey'dir, ama öyle görünüyor ki bu fikir bizden gelmiş gibi Sultan Abdülhamid'e arzedilmiş bulunmaktadır. Bugün Newlisky Sultan ile görüşürken, İzzet Bey de tercüman olarak hazır bulunmuş.

Newlinsky bu konuda hemen ne söyleyeceğini bilememiş. Buna ancak benim cevap verebileceğimi ve en büyük arzumun da Haşmetmeâb tarafından kabul edilmek olduğunu bildirmiş.

Bunun üzerine Sultan Abdülhamid; «Göreceğim, her halükârda Bay Herzl'i kabul edeceğim, bu şimdi veya sonra olabilir» demiş.

Newlinsky, benim temmuz başlarında Londra'da olup oradaki arkadaşlarımla konuşmak mecburiyetinde bulunduğumu arzedince de verdiği cevap kısa: «Göreceğim».

Demek ki herşeyden sonra kabul edilmem mümkün olacak.

Bundan sonra Sultan Newlinsky'yi şaşkına çeviren bir açıklama yapmış: Benim tekliflerime karşı tutumunun Büyük Kuvvetler tarafından duyulmuş olduğunu söylemiş.

Bunların hangi Büyük Kuvvetler olduğunu Newlinsky soramazdı tabii.

Sultan şöyle sormuş: «Yahudiler Filistin'i her ne pahasına olursa olsun alırlar mı?» «Başka bir bölgede yerleştirilemezler mi?»

Newlinsky'nin cevabı: «Filistin onların beşikleridir, dönmeyi istedikleri yer burasıdır».

Sultan: «Fakat Filistin diğer dinlere de beşiklik etmiştir.»

Newlinsky: «Eğer Yahudiler Filistin'i alamazlarsa Arjantin'e gitmeye mecbur kalırlar».

Bundan sonra Sultan İzzet Beyle benim hakkımda Türkçe konuşmaya başlamış. Newlinsky sadece benim adımın geçtiğini tespit edebilmiş, bir de İzzet Bey'in benden arkadaşça bahsettiğine kani olmuş.

Sonra Sultan, Newlinsky'ye başka bir sual tevcih etmiş: «Selânik'te kaç Yahudi yaşamaktadır?»

Newlinsky bu sualin cevabını bilmemektedir. Ben de bilmem.

Acaba bize Selânik civarını vermeyi mi kurmaktadır?

Sultan bundan sonra umumi duruma geçmiş. Bir gün önce Büyük Devletler'in (Düvel-i Muazzama) Van mezalimlerini protesto ettiklerini anlatmış, oysa Van'da olanların mahiyeti bambaşka, başkaldıran Ermeniler ve katledilenler de müslümanlar. Fakat Büyüklerin davranışı sanki bunun tam zıttı olmuş gibi.

27 Haziran

Newlinsky, Yıldız Sarayı'na dair hikâyeler anlatıyor. Orada rüyanın büyük rolü var. Sultan'ın maiyetinden bir Lutfi Ağa var ki boyuna rüya görür ve hergün de Sultan'ın çevresindedir, şahsını muhafaza eder ve boyuna onu bekler, üzerinde de büyük tesiri var. Eğer Lutfi Ağa «şöyle şöyle bir rüya gördüm» dese, Sultan onun tesiri altında kalır. Meselâ Lutfi Ağa bir gün şöyle dese: «Rüyamda Yahudilerin Filistin'e geldiklerini gördüm», bu bütün diplomatik korp'un hep birden çalışsa attıramıyacağı bir adımı attırabilir.

Bir peri masalına benziyor, ama Newlinsky'nin söylediklerini mutlak sır olarak muhafaza edeceğim.

Bulgaristan Prensi ile uzlaşma olduğu zaman Lutfi Ağa'nın rüyası büyük rol oynamış. Bedava rüya da görmüyor bu Lutfi Ağa. Bulgar Prensi Ferdinand, Lutfi Ağa'nın niçin 20.000 franklık bir hediye kabul ettiğini hemen anlıyamamış, fakat aynı Ferdinand «Müşir» rütbesini almasını Lutfi Ağa'nın rüyasına borçlu...

Diplomatik dedikodular...

Ben Avusturya Sefiri Calice'e demişim ki, Széchenyi Paşa Sultan'ın bizzat yazdığı bir mektupla Viyana'ya gidecek. Calice güldü ve; «Küçük bir değişme» dedi.

Maamafih bunu kendisine bir sır olarak tevdi ettiğim halde, o dünkü selâmlık merasimi sırasında Széchenyi Paşa'nın önünde durup: «Dr. Herzl'in bana söylediğine göre siz imparatorumuz nezdinde özel bir vazife almışsınız» dedi. İstanbul itfaiyesini kuran ve yıllardır başında bulunan, bu sebeple de müşirliğe yükseltilmeyi bekleyen Paşa paniğe kapıldı; hayatın, müşirliğini ve «vazifesini» kaybetmekten korktu, zira Calice onu kıskanıp aleyhinde çalışabilirdi.

* * *

Hariciye Nezareti'nin en iyi düşünen kafası Nuri Bey'in Sultan ile arası çok iyi ve görünüşe bakılırsa benim tekliflerim üzerinde Sultana uygun bir rapor da vermiş durumda. Nuri Bey tam benim fikirlerimin adamı. Sultan'ın davranışındaki dikkate değer değişmenin sebebi belki de Nuri Bey'dir.

İzzet Bey biraz bozulmuş, sinirlenmişti –ama bana değil-, zira Nuri Bey bu raporu ondan habersiz vermişti.

Zahiren İzzet ve Nuri beyler arkadaşlar.

28 Haziran

Dün sabah Newlinsky'ye şunları söyledim:

«Eğer Sultan beni kabul etmeyecekse bile bana gözle görülür birşeyler vermelidir. Londra'daki arkadaşlarımla konuşurken, onun bana vereceği herhangi bir işarete son derece muhtacım».

Newlinsky bunu derhal İzzet Bey'e yazıp gönderdi, fakat bütün gün boyunca cevap gelmedi.

Bunun yerine öğleden sonra Saray'ın protokol işlerine bakan Münir Paşa'dan; «Bugün Sultan'ın hazine dairesi ve saraylarının bana gösterileceğini» haber veren bir mesaj geldi.

Ben bu davet karşısında hayal kırıklığına uğramıştım, fakat Newlinsky bu davetin bir şeref olduğunu söyledi. «Ben bu teveccüh karşısında gözü yaşaracak bir çikolata fabrikatörü değilim» dedim.

Newlinsky aynı kanaatte değildi, bu gibi teveccüh gösterilerini minnetle kabul edebileceğini söyledi.

* * *

Bu gece Sofya'ya müteveccihen ayrılıyoruz.

Bu seyahat bana tam üçbin franka maloldu. Bir daha geri gelmeyecek cinsten masraflar artıyor.

28 Haziran

İnsan görünce niçin bütün dünyanın İstanbul'u ele geçirmek istediğini anlıyor.

Herkes onu ister ve bu da Türkiye'nin varlığının devamının bir garantisidir.

Korsanların hiçbiri bir diğerinin burasını ele geçirmesine göz yummaz ve ele geçirilemeden kalmaya devam eder.

29 Haziran, SOFYA

Dün öğleden sonra Sultan'ın yaverinin refakatinde Eski Saray (Topkapı) hazine dairesini, Dolmabahçe ve Beylerbeyi saraylarını gezdim.

Yaver biraz Fransızca biliyordu, fakat lüzumundan fazla da nazikti. Ne dersem, «Evet efendim»den başka cevap vermiyordu.

Saraylar muhteşemdi.

Bu sıcak fakat güzel seyahatten Royal Otel'e döndüğüm zaman Newlinsky mektup yazıyordu. «Bunu sana gönderdi» dedi, bir kutu verdi, içinde bir «Mecidiye Nişanı» vardı.

* * *

Margueritte ve arkadaşları ile yemekten sonra trene bindik ve İstanbul'dan hareket ettik. Trende Newlinsky şunları anlattı:

«Ben bile istemediğim halde Sultan sana bir nişan verdiğini söyledi. Fakat seni bu ziyaretinde kabul edemezdi, zira plânın gizli kalmadı ve hatta birkaç kişi o konuda raporlar verdiler. Bunlar ismen söylenecek olursa Sadrazam, Nuri Bey, Davud Efendi ve Cavid Bey'dir. Bu şartlar altında yapılacak bir konuşma malûmu ilâmdan öteye geçemezdi ve bu sebepten Sultan senin tekliflerini hali hazır şekliyle reddetti, reddetmek zorunda kaldı. Hiç nazarı itibara almadı. Ama bana şöyle dedi: «Yahudiler zekidirler, kabule şâyan bir formül, hal çaresi bulacaklardır». Bundan şu sonucu çıkarabiliriz: Sultan sadece zevahiri kurtarmak istemiştir, sonunda kabul edeceğine ben şahsen eminim. İzzet Bey de senin tarafından çalışır görünüyor, yahut bende bıraktığı intiba öyle».

«Sadrazam, teklifler hakkında menfi bir raporla geldi. O plânı bir fantezi olarak kabul ediyor. Nuri Bey verdiği raporda müsbet ifade kullandıktan başka, diğerleri tarafından ileri sürülen mahzurları cevaplandırdı. Bilhassa o noktalar üzerinde durdu. Muhtemelen Nuri Bey, Sadrazam'ın aleyhte olduğunu öğrenmişti. En akıllıca raporu Davud Efendi vermiş, plânı bütün detayları ile enine boyuna tahlil ettikten sonra kendisi bir Yahudi olduğu cihetle ne lehte, ne aleyhte bir mütalea serdedemiyeceğini ilâve etmişti. Sadrazam'ın oğlu Cavid Bey plânın lehinde olduğunu, Sultan'ın himayesi altına girecek Yahudilerin faydalı olacakları v.s. hususları üzerinde durmuştu. Sultan bu son rapor üzerine, Selânik valisinin bir raporunu hatırlamıştı. Valinin raporuna göre Selânik Yahudileri biraz para sahibi olur olmaz hicret ediyorlardı. Bunun üzerine ben sultana Yahudilerin hicret edecekleri bir vatanları olmadığını, bir yerden diğerine gitmelerinin tamamen günlük hâdiseler sebebiyle olduğunu arzettim».

«Sultan Abdülhamid şimdi sizden Ermeni meselesinde yardım bekliyor. Bundan fazla olarak fenerlerin geliri karşılığı ödenmek üzere biraz borç para bulmanızı arzu ediyor. Bu maksatla size Fransız maliyesi Collas ile bir kontrat gönderiyor. Borç tutarı yıllık 45.000 Osmanlı lirası olacak ve borç yekûnu 2.000.000 liraya kadar yükselecek».

* * *

Sofya yolundayız. Yolda, bundan sonra atılacak adımları münakaşa ettik. Alman İmparatoru Bismarck bu mesele ile ilgilenecektir. Newlinsky'nin onunla da münasebeti var.

* * *

Trende Newlinsky, bana, diplomatik korp ve devlet adamları hakkında bir sürü hikâye anlattı. Bunlardan anlıyorum ki dünyayı idare edenlerin büyüklüğü, bizim onlar hakkında duyduğumuz hürmetten ileri geliyor. Anlatılan her anekdot beni teyid ediyor. Meselâ Newlinsky'nin Bulgar Harbiye Nazırı Patrow hakkında anlattıklarını ele alalım. Sultan bu adama bir defa at hediye edeceğini söz vermiş. Ondan sonra adam her hafta İstanbul'daki Bulgar temsilciliğine mektup yazmaya başlamış, «Nerede benim at?... Ve bu adam söz verilen atı almadığı için Makedonyalı âsilere tek kurşun atmamış.

30 Haziran

Sofya istasyonunda Siyonist Teşkilâtı'ndan iki centilmen tarafından karşılandım. Filopopolis'ten benim gelmekte olduğum kendilerine telefonla bildirilmişti.

Şehirde tam bir sansasyon var. Şapka ve bereler havalara atılıyor. Daha fazla merasim yapmamalarını rica zorunda kaldım.

Siyonist Cemiyeti'nde konuşmalardan sonra, yüzlerce kişinin beni beklediği Sinagog'a gittim. Gösterilerden kaçınmalarını, Yahudilerin aleyhinde tefsir edilebilecek her türlü davranıştan sakınmalarını söyledim. Ben Almanca ve Fransızca konuştuktan sonra, söylediklerim Bulgarca ve İspanyolca tekrar ediliyordu.

Mihrabın yanında duruyor ve ibadet sırasında ne yapıp da orada duran Tevrat'a sırtımı dönmeyeceğimi düşünürken, cemaatten birisi yüksek sesle şöyle dedi: «Sen arkanı dönebilirsin, sen Tevrat'tan daha mukaddessin». Birkaç kişi elimi öpmek istedi.

* * *

Akşam nazır Natchevitch'le yemek yedim. Oralı Yahudilerin beşyüz senelik sinagoglarının çevresinin istimlâk edileceği haberinin onları üzdüğünü anlattım. Nazır uygun bir hal şekli bulacağına söz verdi.

Liberal Bulgarlar, Türklerden daha müsamahasız davranıyorlar.

1 Temmuz

Baden'de ebeveynimin yanında

Newlinsky trendeki seyahatimizin son gününde dahi teşvikçiliğinden bir şey kaybetmemişti. Şu fikirdedir:

Sultan'a Siyonist hareketini uhdesine alması ve Yahudilere Filistin'i kendilerine açık tuttuğunu, kendi himaye ve tebaiyetini kabul etmek şartiyle gelebileceklerini ilân etmesi hususu telkin edilmelidir. Buna karşılık olarak Yahudiler her yıl bir milyon haraç ödeyeceklerdir.

Bu fikri pek mükemmel buldum. İstanbul'da buna benzer birşeyi düşünmüş ve fakat onun hakkında kimseyle konuşmamıştım. Zira bu kabul edilebilir bir fikirdi, oysa ben kabul edilemiyecek tipte teklifler yapmak zorunda idim, zira Londra'dakilerle henüz tamamen anlaşmamıştım. Son dakikada beni terketmemeleri lâzım.

Şimdi bu teklifleri Londra'ya götüreceğim. Orada biraz da sabırsızlıkla beklenmekteyim zannederim.

Newlinsky Bismarck'ın, arkadaşı Sidney Whitmann'ın aracılığı ile dikkatinin bu konuya çekilebileceği kanaatinde. Whitmann Londra'dan çağrılmış ve Carlsbad'da Newlinsky'yi karşılayıp Friedrichsruh'a gitmek üzere çağrılmıştır. Bütün bu masraflar benim hesabıma... Bismarck Sultan Abdülhamid'e Newlinsky'nin trende ileri sürdüğü teklifleri mektup ile yazacak. Bunun sonucu Abdülhamid beni kabul edecek, bütün dünyaya yayılmış olan Yahudileri çağırmakla beni görevlendirecek ve mesele böyle halledilmiş olacak.

Newlinsky diyor ki: «Eğer Ermenileri pasifleştirme işinde başarı kazanırsan, fener gelirleri karşılığı iki milyonluk bir borç bulabilirsen ve bir de Bismarck'a mektup yazdırabilirsek sonucu bir hafta içinde alırız».

2 Temmuz

Dün gece ebeveynimin apartımanında Tiflis Ermenileri lideri Alawerdow ile konuştum, Klatscko da tercümanlık etti.

Ermenilere arabuluculuk teklif ettiğimi bildirdim. Alawerdow, Rus Ermenisi olduğu ve hükümetinden çekindiği için konuşmadı. Keza bana da pek itimat etmiş görünmedi. Sonunda beni Londra'daki Ermeni çevrelerine bir dost olarak takdim etmesi ve kendi çevresinde de pasifliği savunması hususunda mutabakata vardık.

* * *

İki milyonluk ikraz konusunda Union Bank müdürü Reichenfeld ile konuştum. Birisinin gidip bazı sorular sorması, araştırmalar yapması vesairden bahsetti, ben de tafsilât vermeyi reddettim.

* * *

Dün Hechler Karlsruhe'den telgraf çekerek Kayzer'den mülakat için söz alındığını, Grand Duke'ün aracılık ettiğini bildirdi.

2 Temmuz

Karlsruhe yolunda, Orient Ekspres'teyim.

Bu arada Bismarck'ın Newlinsky'nin arkadaşı Whitmann aracılığı sonunda Sultan Abdülhamid'e gönderdiği muhteşem mesajı not etmeyi unuttum.

Sultan Abdülhamid Bismarck'a içinde bulunduğu güçlüklerle ilgili bir telgraf gönderir, Bismarck buna şu cevabı verir:

«Tehditlere kulak asmamak metanet, ahitlere sadakat göstermek aydınlık verir». «Ahitlere sadakat» sözü harikulade.

Newlinsky her zaman söyler: «Bismarck'ın siyasetten bahsettiğini dinlerken, piyanist Rubinstein'in piyanosunu dinliyorum zannederim».>

* * *

Bu sabah istasyonda, beni görmelerini rica ettiğim Viyana Siyonist Teşkilâtı Başkanı Schnirer ile ayaküstü konuştum.

İstanbul seyahatimin müspet sonuçlarından bahsettim. Aldığım Mecidiye nişanını gösterdiğim zaman yüzü karardı. Hemen bu fırsattan istifade ile Edmond Rotschild'e benim liderlikten ayrılmamı ve kendisinin gelmesini teklif edeceğimi anlattım.

* * *

İkinci bir telgraf haberinde Kayzer'in yolunu değiştirdiğini öğrenen Dr. Herzl, şimdilik onunla konuşmasının şart olmadığını bildirerek Londra'ya gider. Orada çeşitli Yahudi teşekkülleri ve ileri gelenleri ile temas eder. Hepsinin iştiraki ile münakaşalı toplantılar tertipler. Bu arada Filistin'e giden Yahudi kolonistlerine güçlük çıkarıldığı, karaya çıkmalarına müsaade edilmediğini duyar ve Newlinsky'ye telgraf çekerek; Türk idarecilerine derhal vaziyeti anlatmasını, bu durum devam ederse Ermenilerle giriştiği müzakerelerin hiçbir zaman iyi sonuçlanamıyacağını bildirir. Bu arada Londra Yahudilerinin ileri gelenlerinden gazeteci Lucien Wolf aracılığı ile basında Ermeni meselesini yumuşatacak birkaç yazının çıkmasını temin eder.

Milyoner Montagu'ya İstanbul intibalarını anlatır. Para bulma konusunu müzakere eder. Hirsch'in kurduğu vakfın 10 milyon sterlin civarında olduğunu, bu ele geçirilse bile pek az

geleceğini. Hemen bulunacak daha beş milyon sterlinle (bugünkü (2004) rayiçle 13.7 trilyon TL. ancak bir yıllık masrafın karşılanabileceğini, Rotschildleri temin etmenin şart olduğunu düşünürler. Bunun için hemen Paris Başhahamı Zadoc Kahn'a mektup yazıp üstü kapalı şekilde İstanbul temaslarını anlatıp Edmond Rotschild'in davaya kazanılması zaruretinden bahseder. Onun «Yahudi Cemiyeti yahut Şirketi» nin başına getirileceğini bildirir. «Bütün bunlar son derece önemli ve gizlidir, bana inanınız. Gelince size delillerimi göstereceğim, siz lütfen Rotschild'i hazırlayınız» diye bitirir.

* * *

Londra, 11 Temmuz

Rusya'da çıkan *Novosti* gazetesinin muhabirlerinden Rapoport bugün benimle konuşmaya geldi.

Söz arasında kendisinin Ermeni komiteleriyle bilhassa Nazarbeck –Hınçakların lideri- ile irtibatı bulunduğunu söyledi. Rapoport Ermenilerin İngilizlerden para aldıklarından şüphe ediyor.

Ondan beni Nazarbeck ile temasa geçirmesini istedim. Onlara Sultanla şimdi sulh yapabileceklerini, bunun ileride Türkiye parçalandığı zamanki program ve emellerine bir zararı olmayacağını anlatacağım.

* * *

Newlinsky'ye bugün yazdığım mektupta Montagu ve Goldsmid'in «Tâbi Devlet» fikrinde mutabık olduklarını bildirdim. Bundan başka verilecek yıllık haraç nisbeti hakkında da yaptığımız plânı anlattım. Vergi 100.000 sterling ile başlayacak ve artarak yılda bir milyona yükselecek ve 20 milyonluk borç da ödenmiş olacak. Newlinsky'ye bunlardan başka Ermeni meselesinde bugüne kadar attığım adımlar hakkında da malûmat yazdım.

Montagu'lerde öğle yemeğinden sonra Albay Goldsmid, Landau ve bir Polonyalı Yahudinin de iştirakiyle toplandık. Ben durumu anlattım, Bismarck'ın Sultan Abdülhamid nezdinde tavassutu ile «Tâbi Devlet» statüsünün kabul edilebileceğini ileri sürdüm. Montagu üç şartın gerçekleşmesi gerektiği kanaatinde:

1- Büyük devletlerin muvafakati,

2- Hirsch Vakfı'nın hazır 10 milyon parasının elde edilmesi,

3- Edmond Rotschild'in «Komite»ye alınması.

Landau komitenin gizli kalmasını, ancak iş garantiye bindikten sonra ortaya çıkması tezini savundu.

Goldsmid beni göstererek: «O bir komiteden daha fazla bir adamdır» dedi.

13 Temmuz, Londra

Rev. Singer, Dr. Clifford ve onların Mr. Atkin'e söylemeleri üzerine Ermeni ihtilalci lider Nazarbeck ile karşılaştım.

Ev gürültülü, ikinci derecede, orta zevkte bir yer. Zaman zaman açılan kapıların ardında Ermeni suratları görünüyor.

Rusyalı gazeteci Rapoport beni takdim etmişti. Onunla ve bayan Nazarbeck'le birlikte evin beyini bekledik. Ben, henüz yemeğimi yemediğimi söyleyince kadın asık bir yüzle kalktı ve bana yemem için bir parça et getirdi.

Nihayet Nazarbeck eve geldi. Quartier Latin'de rastlanan tiplerden, kara sakallı bir adam.

Sultan'a itimad etmiyor ve anlaşmadan önce garanti verilmesini istiyor. Siyasî görüşleri karışık ve Avrupa devletleri arasındaki münasebetler konusundaki görüşleri çocukça «Avusturya, Karadeniz'de müstahkem mevkiler inşa ediyor» diyor.

Görünüşe göre Ermenistan'da katledilen zavallılar bu adamın sözüne uyarak hareket ediyorlar; kendisi Londra'da rahat bir hayat yaşıyor.

Kendisine bütün bu karışıklıklardan faydalananın kim olduğunu sordum, Rusya mı, İngiltere mi?

Umurumda olmadığı cevabını verdi, kendisi sadece Türklere karşı isyanı düşünürmüş.

Kadın Ermenice konuşarak araya girdi, bakışından benim aleyhimde şeyler söyledikleri aşikâr. Cadı gibi bakıyor, kim bilir kan dökülmesinden ne kadar hoşlanıyordur. Yoksa bu bakışlar tedib ve tenkil korkusundan mı böyledir?

Göstereceği iyi niyet ve davranış karşılığı olarak Sultan Abdülhamid'den tevkif ve katliamın durdurulmasını isteyeceğime söz verdim.

* * *

Dr. Herzl'in Londra'daki diğer günleri Yahudi ileri gelenlerini fikirleri etrafında birleşmeye uğraşmakla geçer. Oradan Paris'e gider. Programının en hassas köşelerinden birini Baron Rotschild teşkil etmektedir.

Londra'da yaptığı çalışma ve plânlarda bu şahıs, milyonları sebebiyle büyük yer işgal etmekte ve dolayısiyle programın tahakkuku bir bakıma ona bağlı bulunmaktadır. Diğer taraftan Filistin'de kolonizasyon faaliyetine girişmiş ve bazı Yahudileri oraya yerleştirmiş, iş sahibi yapmış olan bu zengin Siyonist faaliyete karışmak istememekte, kitle halinde bir muhaceretin faydadan çok zarar husule getireceği fikrini savunmaktadır. O kadar insan, ki pek çoğu hiç şüphesiz fakir ve işsiz olacaktır, bir araya gelince ne yapacağız? Bu olacak iş değildir; demektedir.

Herzl ise bir hükümetin teşekkül edeceğini, müstakbel meseleler ve güçlüklerle onun uğraşıp bir sonuca varacağını,

şimdi teferruat üzerinde durmanın lüzumsuz olacağını söylemektedir. On gün bu faaliyetlerle geçer.

22 Temmuz, Karlsbad

Newlinsky'yi beni aşağıdaki malûmatla bekler buldum:

1) Bulgaristan prensi beni burada kabul edecektir.

2) Viyana'daki Türkiye Sefiri Filistin'deki Yahudi kolonicilerinin tedip edildiğine dair haberleri kesinlikle tekzip etmektedir.

3) Bazı Yahudi çevreleri Yıldız Sarayı'nda bana karşı gizli gizli entrikalar çevirmektedirler.

Ben de seyahatlerimi anlattım ve dedim ki: Ben kendimi bir sürü acemi askerle savaşa giden bir subaya benzetiyorum, öyle bir subay ki onların arkasında elinde silah olduğu halde duracak ve kaçmalarına imkân vermeyecek.

Edmond Rotschild'in, herşey kendisine bağlı olduğu bir sıradaki davranışını fesatlıkla tavsif ettim.

Newlinsky, E. Rotschild'e ait haberin kendisini bu konuda ilk defa ümitsizliğe düşürdüğünü söyledi.

Aynı gün

Edmond Rotschild'e şu telgrafı çektim:

«Viyana'daki Türk Sefiri yazıyor:

"Filistin'deki Yahudileri veya yeniden gelenleri Türk makamları taciz ve tedip etmişlerdir şeklindeki haberleri kesinlikle tekzip edebilirsiniz. Bu haberler bir takım kötü niyetli kimseler tarafından kasten çıkarılmıştır".

Bazılarının Yıldız Sarayı'nda benim aleyhimde entrikalar çevirdiklerini haber aldım. Eğer bunu yapan kimse senin kullarından ise bu seni ciddi mesuliyetlerin altına atar. Bunun böyle olmadığını ümit ederim, biz birbirimizi tanımalıyız».

Aynı gün

Bu sabah Posthof bahçesinde Newlinsky ile kahvaltı ederken Bulgaristan Prensi Ferdinand da maiyeti ile birlikte birkaç masa ilerimizde oturuyorlardı. Kendisine benim gösterilmiş olduğumu farkettim. Haber göndererek benimle yürüyerek konuşacağını ve derhal kabul edeceğini bildirdi.

Kaldırımda, ağaçların altında yaklaşıp şapkamı çıkardım, elini uzattı. Fazla merasime lüzum görmüyordu. Ben son derece hürmetkâr davranarak hemen sadede geldim ve plânımı anlattım.

«Mükemmel ve muhteşem bir fikir» dedi. «Kimse Yahudi meselesini şimdiye kadar benimle böyle konuşmamıştı. Ama ben sık sık dediğiniz şekilde düşünürdüm. Aslında ben Yahudiler tarafından yetiştirildim. Gençliğim Baron Hirsch ile beraber geçti. Dolayısiyle herşeyi yakinen bilirim, esasen halk beni yarı Yahudi sayar. Fikrinize tamamen katılıyorum, sizin için ne yapabilirim?»

«Zat-ı şahanelerinden dileğim, Çar'ı benim bu plânıma alıştırmanız ve eğer mümkünse kendisinden bana bir randevu almanızdır».

«Bu çok zor. İşin içine din karışıyor.» dedi. Beni yukarıdan aşağı bir süzdü. Maamafih bana karşı çok mültefit davrandı. Ben hürmet eseri ne zaman bir adım geriden yürüsem, sanki o farkında olmadan ileri geçmiş gibi duraklayıp «Pardon» diyordu. Sultan Abdülhamid ve Baden Grand Dükü ile olan konuşmalarımdan bahsederken boyuna Yahudilerin dostu olduğunu, memnun kaldığını söyleyip durdu.

Rusya'da Grandük Wladimir'in beni en iyi anlayacak kimse olduğunu, onun dışındakilerin Yahudileri insan bile addetmediklerini anlattı. Bu bahsettiği prense kitabımın Almanca, Rusça ve İngilizce nüshalarından birer tane göndermekliğimi tavsiye etti. Zaman zaman kendisini ziyaret ederek işlerin gidişine dair bilgi vermeme müsaade etti. Son derece dostça ayrıldık.

Daha sonra Newlinsky, onun, bizim proje ile ilgilenip elinden gelen yardımı yapacağına söz verdiğini söyledi.

Aynı gün

Öğleden sonra Newlinsky ile yürürken bundan sonraki hareket tarzımız üzerinde durduk. Bismarck'ın alâkası henüz celbedilememişti. Bismarck, Sidney Whitmann'a benim kitabımı bildiğini, sekreterinin kitabın içindekileri kendisine anlattığını ve benim görüş ve fikirlerimi melankolik fantezi bulduğunu söylemiş.

Newlinsky bana, Bismarck'ın Sultan Abdülhamid'e yazdığı bir mektubu okudu. Girit, Ermenistan ve Suriye olayları hakkında yazılmış; son derece enteresan. Bütün dünyaya yayılmış olan İngiltere'den hiç çekinmeyip Rusya ile birlikte çalışmasını tavsiye ediyor. Bismarck Sultan'ın durumunda hiç tehlike görmüyor ve Giritlilerden son derece hakaretâmiz bir şekilde bahsediyor.

Şimdilik Bismarck'ı elde edemediğimize göre, Yahudileri davet hususunda Sultan'a telkinde bulunabilecek başka bir köşe bulmamız gerekiyor.

* * *

Rotschild'in menfi tutumundan sonra ne mümkünse kurtarmalıyım. Onun «Hayır»ı karşısında, Alman Kayzeri'nden bir «Evet» temin etmeliyim.

Sidney Whitmann'ın başarısız seyahatinin ücreti olarak Newlinsky'ye 500 frank gönderdim.

Paris Başhahamı Zadoc Kahn'a mektup:

Aussee, 26 Temmuz 1896

Saygıdeğer Efendim,

Paris'e geldiğim zaman sizin orada bulunmayışınızdan çok ama çok müteessif oldum. Zira çok mühim bir zamandı, sizin yüksek görüş ve ikazlarınızdan mahrum kaldım. Sizin Almanca bildiğinizi bildiğim ve Fransızca'yı güç ve geç yazdığım için mektubumu Almanca yazıyorum.

Hemen olaylara geleyim..

İstanbul'a gittim ve orada beni dahi hayretlere düşüren sonuçlar aldım. Sultan Abdülhamid benim «Filistin Yahudilerindir» planıma önem verdi. Bunun gerçekleşmesi için esasta değil fakat teferruatta ihtilâf çıktı. Kabule lâyık herhangi bir plânla tekrar huzuruna çıkabilir: Sultan'a yakın çevrelerden şöyle bir şekil tavsiye edilmektedir: Zâhiren Sultan Yahudileri tarihî vatanlarına dönmeye çağırır, orada muhtar ve imparatorluğa tabi bir devlet kurarlar ve bunun karşılığında da yıllık muayyen bir vergi öderler.

Bu sonuçta Londra'ya gittim. Sir S. Montagu ve diğerleri bana üç şartla yardım edeceklerine dair söz verdiler: 1) Büyük Devletlerin muvafakatı, 2) Hirsch Vakfı'nın elde edilmesi ve; 3) Edmond Rotschild'in elde edilmesi.

Zannederim birinci şart tahakkuk edecek, zira şimdiden iki prensten söz almış durumdayım. Bunun için hemen Paris'e geçip E. Rotschild ile konuştum. Ona da diğer centilmenlere söylediklerimi tekrar ettim. Şarta muallak olarak davaya iştirak etmesini rica ettim. Yani herhangi bir şey için imza verdiği ve yapılacak iş zuhur ettiği zaman işe karışacak, onun dışında görünmeyecek bile. Ben Sultan Abdülhamid ve diğer devletlerle herşeyi düzenleyip işi kemâle erdirdikten sonra ortaya çıkacaktır. Plân tahakkuk safhasına geçtiği anda kendisi veya Montagu veya diğer herhangi birisi idareyi alabilir. Bütün kuvvetleri birleştirip de liderliğimi ilân etmek gibi bir şüphenin gölgesinin bile üzerime düşmesini istemem. Harekete geçecek komite teşekkül etsin, ben derhal çekilmeye hazırım. Bu efendiler benim gayemi kendilerine gaye edineceklerine dair şeref sözü versinler, hiçbir işe karışmayacağımı ben de şerefimle temin edeyim. O zaman en iyi bildikleri şekilde idare etsinler. Bugüne kadar ben ve arkadaşlarım Siyon Dostları öyle hareket ettim.

Maalesef, E. Rotschild beni anlamadı veya anlayamadı. Bütün siyasî kaziyeler doğru olsa ve hatta biz Filistin'i elde etsek bile meselenin tatbik kabiliyeti olmadığını söyledi, çünkü oraya dolacak fakir kitleleri doyurmak, onlara iş bulmak ve orada tutmak imkânsızdır, dedi.

Siz benim kitabımı okumuşsunuzdur. Bütün bunlar düşünülmüş, çareleri gösterilmiştir. Esasen bütün dünyadaki milliyetçi Yahudiler birkaç ay gibi kısa bir zamanda güçlükleri yenebilecek şekilde teşkilatlanacak kudrettedirler.

Bütün bunları ona anlatınız, sizden bunu rica ve istirham ediyorum. Makamınız ve davaya olan inancınız bunu en iyi şekilde yapmanızı sağlar.

Halen Türk resmî makamları karşısında resmî bir durumumuz da var. Orada yerleşmiş bulunanlar veya yeniden gelmekte olanlar hiçbir şekilde taciz edilmemektedirler. Bu husus Viyana'daki Türkiye Sefiri tarafından da ifade edilmiştir. Bu hususu Edmond Rotschild'e telgrafla bildirdim. Yakın arkadaşlarımın bulunduğu İstanbul'dan aldığım haberlerde Saray çevrelerinde aleyhimde Yahudiler tarafından entrikalar çevrildiği hususu yer alıyor. Bunlar yakışıksız şeylerdir.

Yahudi millî hareketi, Yahudi aleyhdarlığı meselesi kadar ciddidir. Halk bunu iyi anlamalıdır.

Bugüne kadar yoksul Yahudiler örs, Yahudi aleyhdarı da çekiç olagelmişlerdir. Vay, çekiçle örsün arasında kalanların haline.

Eğer derhal cevap vermek lütfunda bulunursanız mektubunuz burada elime geçer. Ağustosun 3 ünden itibaren yine Viyana'da olacağım.

Derin saygılarımla.

Th. Herzl

Aussee, 1 Ağustos

Temmuz başlarında Kolonya'dan Wolfsohn'un yazdığı bir mektup daha bugün burada elime geçti. Berlin Siyonist Konvansiyonunda bana karşı çok sert bir muhalefet varmış. Beni tutan yalnız Wolfsohn olmuş ve Siyonistlerin aleyhimde girişecekleri bir kampanyayı zorlukla önlemiş. Verdiğim cevapta Siyonistler arasında çıkacak düşmanca davranışlar olursa herşeyden vazgeçeceğimi, E. Rotschild'le olan münasebetleri anlattım. Berlin Siyonistleri ile beraber olmak arzusunda olduğumu, yakında Viyana'da bir konferans toplayıp Genel Siyonist Assamblesi konusunu tartışacağımızı yazdım.

* * *

Weggis'te bulunan Paris Başhahamı Zadoc Kahn'dan güzel bir mektup aldım. Bütün büyük Yahudi cemaatlerinin temsil edileceği bir gizli konferans akdedilmesinin iyi olacağını söylüyor. Paris'e 20-25 Ağustosta döneceğini ve E. Rotshild ile çok ciddi şekilde konuşacağını yazıyor. Fakat bu hususta pek de ümitli görünmüyor.

Gizli konferans fikrine ben de iştirak ediyorum. Öyle bir şey yaparsak diplomatik yönden daha müessir faaliyette bulunabileceğim. Hemen bu husustaki muvafakatimi Zadoc Kahn'a yazdım.

3 Ağustos, Viyana

Nihayet tekrar gazetedeki odamdayım.

Bacher gelip, İstanbul seyahati sonucu bir seri tenkit makalesi yazıp yazmayacağımı sordu.

İstanbul'da sadece «tarihî» tecrübelerim olduğunu söyledim. Cevap vermeden aptal aptal sırıttı.

— «Bana inanmıyor musun?» dedim.

— «İnanmıyorum» dedi.

— «İnanacaksın, inanacaksın» deyip kapattım.

Newlinsky Karlsbad'da Bulgar Prensi Ferdinand ile karşılaşmış, bizim mesele üzerinde uzun uzun konuşmuştur. Ferdinand'a göre meselenin hal yolu Roma'dan geçmektedir.

Ben de aynı kanaatteyim. Papa beni kabul etmeli ve Roma Katolik Kilisesi meseleyi dünya ölçüsünde ele almalı. Sultan Abdülhamid Rus Çarı'ndan değil de Papa'dan gelecek bir tavsiyeyi yerine getirmeye hazırdır.

Şurası da aşikâr ki benim tekliflerim hıristiyanlarla Yahudiler arasında sulhun yeniden tesisini hedef almaktadır.

* * *

Siyonist Teşkilatı'nın halihazır idarecileri herşeyi arzu ediyor ama hiçbir iş de yapmıyor. Siyonist Federasyonu çalışmaz durumda, muhakkak yeniden teşkilatlandırmak lâzım. Cemiyetlerin herşeyden önce paraları yok.

Viyana gurubu başkanı ile üyelere muntazaman «Haber Bülteni» gönderilmesi hususunda mutabık kaldık. Hiç değilse bunun karşılığı biraz para toplanmalı. Halen Siyonist teşkilâtın para durumu bu merkezde ve ben bunları kalkındıracağım, yükselteceğim ve ondan sonra da muhtemeldir ki unutulacağım.

10 Ağustos

Newlinsky bugün, «Eğer Türkiye'den istediğimizde muvaffak olamazsak, Sultan'dan hiç değilse bütün Yahudilerin Filistin'e gelip koloni kurabilmeleri hususunda bir ferman çıkarmağa uğraşır mıyız?» dedi.

Bundan anlıyorum ki arzusu Edmond Rotschild ve Siyonist Teşkilatları ile iş birliğine gitmektir. «Eğer bu işte başarı kazanamazsan seni o Siyonistlerle bizzat tanıştırırım. Fakat şu hususa dikkatini çekerim: Sadece koloni kurmak ve üç beş bin aileyi oraya göndermek hiçbir şeyi halletmez. Ben buna şiddetle muarızım».

Newlinsky Roma'da Kardinal Rampolla'ya Papa'yı bizim konuya hazırlaması için mektup yazmak istediğini söyledi. Tabiatiyle tam muvafakat verdim.

* * *

Journal de Saint Petersburg gazetesi muharrirlerinden ve benim çocukluk arkadaşlarımdan Horn ile karşılaştım. Ona göre Rusya işe yarar, çalışabilir Yahudilerin Filistin'e gitmelerine katiyen göz yummaz.

12 Ağustos

Londra'dan aldığım haberlere göre «Hovevey Siyon» tamamen bana iştirak ediyor.

13 Ağustos

Bugün Türkiye Sefiri Mahmud Nedim Bey[35] beni çağırdı. Belki bir saat hiç durmadan konuştu ama hiçbirşey de söylemedi.

İzzet Bey bana onun hakkında enteresan şeyler yazmıştı.

Mahmud Nedim daha önce Newlinsky'ye yazdığı hususları bana da açıkladı. Türk makamları Yahudi kolonicilerini tardetmemektedirler. Fakat bu hususu umuma açıklamamı söyledi. «Güvenilir bir kaynaktan öğrendiğimize göre» veya «Kesinlikle iddia ediyoruz ki» şeklinde bir girişle haber ajanslarına vereceğimi söyledim.

25 Ağustos

Newlinsky Macaristan'dan döndü ve şu haberleri verdi:

Malî yönden bıçak Türklerin kemiklerine dayanmış durumdadır. İzzet Bey ona yazdığı mektupta, eğer teklifimizde ciddi isek tadil edilmek üzere hemen gönderilmesini istiyor. Bunun için Newlinsky plâna malî bir formül bulmak zamanının geldiği kanaatinde.

Benim plan Montagu, Landau ve diğerlerinin muvafakatlarına bağlı, ama şöyle bir teklifte bulunabiliriz:

Bizim grup Sultan'a 20 milyon İngiliz altınını tedricen ödeyebilir. Bu Filistin'e yerleştirilecek kimseler eliyle verilecek, ilk sene 100 bin altın ile başlayarak yerleşenlerin sayısı arttıkça artarak bir milyon yıllık vergi miktarına kadar çıkacaktır. Teferruat İstanbul'da akdedilecek bir konferansta halledilebilir.

Bunun karşılığı olarak Sultan şunları lutfedecektir:

Yahudilerin Filistin'e hicreti önlenmediği gibi, Türk imparatorluğunca teşvik edilecektir. Gelen Yahudilere iç işleri, adliye ve kanun yapımında muhtariyet tanınacaktır (Tam tâbi devlet şekli).

İstanbul'da akdedilecek konferansta haşmetmeâbın bu devlet karşısındaki durumu, selahiyetleri teferruatı ile gözden geçirilecektir.

Anlaşmaya varıldıktan sonra Haşmetpenahileri bütün Yahudileri ecdadının vatanına dönmeye davet edeceklerdir. Bu dönüş kanunun himayesi altında olacaktır.

* * *

Dr. Herzl, derhal Sir Samual Montagu ve Zadoc Kahn'a mektup yazarak durumu anlatır. Türklerin son derece malî müzayeka içinde bulunduklarını, planın şimdi olmazsa hiçbir zaman tatbik kabiliyeti bulunmayacağını anlatır. Montagu'ya lütfedip kendisi ile hemen İstanbul'a gelip gelmeyeceğini sorar. Kendisinin ve Edmond Rotschild'in tarihî vazifelerine koşmalarının zamanının geldiğini anlatır.

* * *

29 Ağustos

İstanbul'dan müthiş haberler geliyor. İstanbul'da Osmanlı Bankası'na Ermeniler hücum etmişler. Ölenler, öldürenler, patlayan bombalar, sokak kavgaları birbirini kovalamış. Görünüşe göre hadiseler bastırılmış. Bütün dünya olanlara teessüf ediyor.

Sultanla müzakerelere girişmek için tam uygun zaman, zira şu vaziyette kimseden on para bulmasına imkân yok görünüyor.

* * *

Viyana Siyonist Cemiyeti bana «İcra Komitesi Başkanlığı» teklif etti, ben de kabul ettim.

12 Eylül, Viyana

Londra'dan gelen haberlere göre, «Büyükler» Abdalhamid'i tahttan uzaklaştırmayı düşünüyorlarmış. Eğer bunu yapacak olurlarsa Siyonist ideali uzun zaman için öldü demektir. Çünkü yeni Sultan para bulabilir ve bizim tekliflerimiz de suya düşer.

16 Eylül

Dün Siyonist Federasyonu toplantısı sonsuz münakaşalarla geçti. Yalnız Galiçya'dan 400-600 bin imza toplanıp «Büyükler»den ricada bulunabiliriz diyorlar. «Haydi» derlerse ne olacak, nereye ve nasıl gidecekler?

13 Eylül

Bugün gazeteye geldiğimde Türkiye Sefareti'nden arandığım ve Sefirin öğleden sonra benimle konuşmak istediği şeklinde bir not buldum. Hemen Mahmud Nedim Paşa'ya tezkere yazarak telefon edildiği sırada bulunmadığım için özür diledim.

«Sadece bazı evrak verecektim, bir de sigara içerdik» diye cevap verdi.

Vereceği evrak Mecidiye nişanına ait olmalı idi. Bunu vesile ederek bazı dedikodular üzerinde konuşacağı aşikârdı. Muhakkak ki Neue Freie Presse'nin Türkler aleyhindeki tutumu da buna sebepti. Fakat bütün bunlara karşı söyleyecek birşeyim yoktu, hazırlıksızdım.

Bugünkü gazetelerde Türkiye Hariciye Nazırı Tevfik Paşa'nın Filistin'den doğuya bir demiryolu yapılarak Hindistan'ın Akdeniz'e bağlanacağı hususundaki beyanatı da yer alıyordu ki bu benim teklifimdi.

14 Ekim

Bugün Türkiye Sefiri Mahmud Nedim Paşa'ya gittim. Mecidiye nişanının evrakını verip, yakında göğsümde bir de yıldız görmeyi temenni etti.

Son derece sevinmiş, gururlanmış gibi göründüm.

Sonra gevezelik ettik. Mahmud Nedim komik ifade tarzıyla şöyle dedi: Farzedelim ki siz siyasî bir kimse ve Avusturyalı değilsiniz, ben de Sefir değilim, siz Şilili ben de Peruluyum. Şimdi Türkiye hakkında konuşalım.

Yani serbestçe ve açıkça konuşalım demek istiyordu.

Görüşlerimi serbestçe açıkladım: Türkiye için bir tek kurtuluş yolu vardır, Filistin'i vererek Yahudilerle anlaşmak. Bu şekilde maliye ıslah edilir, reformlar yapılır ve böylece herhangi yabancı müdahale katiyetle önlenmiş olur. Türklere teklif edilen bütün malî imkânlar birkaç borsacının cebini dolduracak kıratta ve hepsi de kısa vadededir.

Mahmud Nedim istemeyerek de olsa maliyenin bir çıkmazda bulunduğunu kabul ve ifade etti. Halk son derece güç şartlar içinde yaşamaktadır, vergiler zorla toplanabilmektedir. Sultan bütün kuvvetini yitirmiş durumdadır.

Kendisi benim görüşlerimi tamamen paylaşmaktadır. Türkiye'nin Yahudilerin yardımı ile yeniden hayata döndürüleceğine kanidir. Fakat «İstanbul'a benim sözüm geçmez» dedi, ona göre Filistin'e gidecek Yahudilerin de muhakkak Türk tâbiiyetini kabul etmeleri şarttır.

Bütün olarak benim ne demek istediğimi anlamadığını zannediyorum. Ona Türkiye'nin Yahudi yardımı ile yeniden dirilebileceğini anlatıyorum, yoksa Türkiye gidiyor, mirasçıları bile ortada.

Mahmud Nedim de benimle oldukça açık konuştu. «İki hafta İstanbul'dan hiçbir haber almadım. Bu iyi bir işaret, eğer hasta bir adamın ağırlaştığı sırada yeni bir haber çıkmazsa o iyiye işarettir» dedi.

Bir kenara terkedilmişti demek, zavallı Sefir.

Mahmud Nedim bizim din hakkında da bir tuhaf konuştu: «Müslümanlar» dedi «Yahudilere hıristiyanlardan daha yakındır. Bizde birisi Musa veya İbrahim Peygamber hakkında kötü söz söylese başı kesilir. Keza bir de sizin gibi sünnet oluruz. Meselâ sen müslüman, ben de Yahudi diye geçinebiliriz. Mesih'i biz Allahın oğlu olarak kabul etmeyiz, o da diğer insanlar gibi bir insandır, bize göre bunların hepsi peygamberdirler».

16 Ekim

Bugün *Neue Freie Presse*'de gürültü çıkaracak bir makale intişar etti: «Boğaziçi'nde Durum».

Wiener Allgemeine Zeitung gazetesinin 18 Ekim 1896 tarihli sayısında bir yazı:

«Siyonist Gayeler İçin 150 milyon»

Lvov'daki tanınmış Siyonist liderlerinden birisi *«Yahudi Devleti»* yazarı Dr. Theodor Herzl'den bir İngiliz milyonerinin Filistin'de yeniden bir Yahudi devleti kurulabilmesi için 150 milyon vermeye hazır olduğunu bildiren bir mektup almıştır.

Bu milyoner, herşeyden önce Yahudilerin Filistin'e gitmeye hazır olup olmadıklarını bilmek istemektedirler. Dr. Herzl şimdi Lvov siyonistlerine sesleniyor ve aralarında derhal teşkilât kurmalarını, imza toplamalarını ve Siyonist Teşkilâtı İcra Komitesi toplantısında göstermek üzere kendisine göndermelerini istemektedir...»

22 Ekim

Mahmud Nedim Bey'e mektup:

«Ekselans,

Haşmetli İmparator Sultan Hamid'in bendenize lutfettikleri nişan sebebiyle en derin minnet ve tazimlerimi sunarım».

Sultan'a hitaben yazılmış mektup ektedir:

«Efendimiz,

Ekselansları Mahmud Nedim Bey bendenize lutfettiğiniz nişanın beratını tevdi buyurdular.

Bu büyük teveccühten ötürü arz-ı tazimat eder, Yahudilere karşı lutufkâr davranışınızın devamını istirham ederim. Yahudilerin hizmetlerini kabul ettiğiniz gün onlar asil idarenizin yanında bütün güçleriyle çalışacaklardır.

Size en derin hürmet hisleri ile bağlı bulunuyorum.

Âciz bendeleri
Dr. Theodor Herzl».

Sondaki saygı ifade eden cümleler biraz müfrit görülebilir. Bunları Baroness de Staffe'ın «*Mühim kimselere mektuplar*»ından kopya ederek kullandım.

8 Kasım

Dün İsrailliler Birliği'nde halk önünde ilk büyük konuşmamı yaptım. Tasvip gördüm. Konuşmamın esası şuna dayanıyordu:

«Türkiye'ye Rus-Fransız müşterek yardımı gidecek olursa bize Filistin'in kapıları ebediyen kapanır. Büyük Yahudi bankerleri meteliksiz Yahudilerin ıstırabını düşünerek ve Yahudi meselesinin ancak bu yoldan halledilebileceğini kabul ederek bize iltihak etmeli ve vazifelerini yapmalıdırlar, yoksa korkunç bir mesuliyet altına gireceklerdir.»

İngiltere ve Amerika'da bu hususta gösteriler yapılmasını ve harekete geçilmesini teminen talimat gönderdim.

Aynı zamanda bir «Millî Fon» tesisine girişilmesi lüzumunu anlattım.

Bunu başarabilirsek bankerlerden bağımsız olarak davranabiliriz.

8 Kasım

Lvov'da Adolf Stand'a bir mektup yazdım, kendisini İcra Komitesi Başkanı olarak takdim etmişti;

«Siyonizm şu anda çok ciddi bir tehlike ile karşı karşıya bulunuyor. Biliyorsunuz ki, Türkiye maliyesini ıslah için bir Rus-Fransız yardımı plânlanmaktadır. Eğer bu tahakkuk ederse Sultan Filistin konusunda hiçbirşey yapamaz duruma gelecektir. Böylece Filistin'e dair bütün ümitlerimiz kaybolacaktır. Bu sebeple bütün Yahudi bankerler bu işin tahakkuk etmesini önlemelidirler.

Dün bu konuda bir konuşma yaptım ve İngiltere'deki komiteme bunu önlemeleri için talimat yazdım. Siz de çevrenizde aynı şeyleri yapınız. Fakat son derece dikkatli ve gizli hareket edin, hiçbirşey dışarıya sızmasın.

Mahalli İcra Komite Başkanı olarak ilk önemli vazifeyi alıyorsunuz, tesirinizi gösterin. Orada tesir sahası geniş olan Haham ile de işbirliği yapabilirsiniz...»

Siyon'un selâmları ile.

Th. Herzl.

11 Aralık

Newlinsky'nin haber verdiğine göre İzzet Bey padişahın gözünden düşmüş ve yerini muhtemelen Tahsin Bey alacakmış. Ragıp Bey'in geçeceği de söyleniyormuş.[36]

6 Ocak 1897

Nihayet 1897 yılına, Hechler'in deyimiyle «Kritik yıla» girdik.

Dünyanın dört köşesinden ziyaretçiler kabul ediyorum. Filistin'den Paris'e giden yol benim Viyana'daki odamdan geçiyor. İş hayli genişledi. Siyonizm yavaş yavaş her memlekette hnatırı sayılır bir kuvvet haline geliyor. Yavaş yavaş daha ciddiye alınıyoruz.

10 Ocak

Bugün Newlinsky kahvaltıya bana geldi.

Haber aldığına göre; «Bâb-ı Âli bana ateş püskürüyor». Zira İstanbul'da iken söz verdiğim gibi basın Türkiye'yi desteklemiyor, bilâkis aleyhde yazılarla dolup taşıyormuş. Bu yazıların da menşei ben imişim, buna da sebep Filistin'i bize satmaya razı olmadıkları imiş.

Türklerin bu yanlış yorumlarına kızmadım. Demek ki ben İstanbul'da «kuvvet» olarak kabul ediliyorum.

Ona, basının desteğini ben şarta muallak olarak teklif etmiştim, dedim. Eğer Türkiye bizimle müzakereye oturursa onları basında müdafaa edecektik, veren alır.

Newlinsky: «Eğer basında Türkiye'ye hücumlar devam ederse orada da Yahudi aleyhdarlığı başlar».

Ben bundan çekinmiyorum. Eğer Bâb-ı Âli, Yahudi aleyhdarlığına başlarsa hiçbir yerden para alamazlar, bulamazlar. Bütün büyük bankerler de benim arkama geçerler.

26 Ocak

Bu sabah *Neue Freie Presse* «Bütün Kuvvetlerin garantisi altında Türkiye'ye yardım konusunun düzenlendiği» haberini verdi. Hemen inanamayıp Newlinsky'ye telefon ettim, o tasdik etti. Bu bizim için kötü oldu.

Akşama doğru tamamlayıcı malumat geldi. Anlaşmaya varıldığı doğru idi. Türklere dört milyon «verilecekti».

İstanbul'dan gelen bir dosttan öğrendiğime göre İzzet Bey hâlâ «gözde» imiş.

* * *

Herzl tamamen kendi davasını savunacak bir gazete kurmak, bütün Yahudi teşekküllerini kendi gayesi etrafında birleştirmek çabalarına devam eder. Bir yıl önce kendisiyle alay eden, fikirlerini ütopya diye tavsif eden çevreler yanında yer almaya başlamışlardır.

Girit buhranı dolayısiyle Osmanlı hazinesi yine para sıkıntısı çekmektedir. Bunu haber almış ve Filistin'de iki bin hektar toprak karşılığı para bulmak teklifini ortaya atmıştır. Bu onun prensibine aykırı gibi görünürse de, kendisine cep-

he alan bir kısım siyonistlere yaklaşmak ve hem de Filistin'de bir köprübaşı kurmak istemektedir.

Filistin'deki mahalli Yahudi teşekküllerinin başkanları ile de temas halindedir.

Kudüs'ün şimdiden bir Yahudi şehri manzarası aldığını bilmektedir. Şehirdeki bütün Türkler altıyüz askerden ibarettir.

* * *

24 Mart

Mısırlı gizli ajan Mustafa Kâmil geçenlerde beni ziyaret etmişti, tekrar geldi. Mısır'ı İngiltere'nin himayesi altına sokmak istiyorlar. Bu genç şarklı insanda iyi bir intiba bırakıyor. Tahsilli, terbiyeli, münevver, nazik ve kibar bir insan. Onu bir tarafa not ediyorum, bu adam bir gün Şark'ta önemli roller oynayabilir.

Ona açıkça söylemedim ama, İngilizlerin Mısır'dan uzaklaşmaları bizim lehimize olur. Zira o zaman Süveyş Kanalı ellerinde olmayacağı veya tam emniyette bulunmayacağı için Hindistan için başka bir yol aramaya mecbur kalırlar. O zaman Filistin onlara uygun gelir. Yafa'dan İran Körfezi'ne çekilecek bir demiryolu...

* * *

Dün Newlinsky'de Türkiye Sefiri Mahmud Nedim'le yemek yedik. M. Nedim bizim gazetenin Türkiye aleyhdarı neşriyatından ötürü bana karşı soğuk davranıyordu. Ona gazetenin şahsî değil, hükümet görüşünü aksettirdiğini, elimden bir şey gelmiyeceğini anlattım.

Sonra Türkiye'nin hayatiyetini övücü sözler söyledim, eğer Yahudi muhacirleri meselesini kabul ederlerse çok daha iyi günlerin geleceğini anlattım.

Zavallı sefir: «Şimdikinden daha kötü bir durum olabileceği kanaatinde değilim» diye cevap verdi.

26 Mart

Büyük edip Alphonse Daudet'den mektup aldım. Konuşmalarımızı hâlâ hatırlıyor. Eğer Yahudi Devleti gerçekleşirse gelip bir seri konferans verecekmiş...

21 Nisan

Türklerle Yunanlılar arasındaki soğuk harp birkaç gündür gerçek savaşa inkılap etti. Bu savaş bizim durumumuza da tesir edebilir, ama nasıl?

Ara bulmak için bir sulh kongresi toplanırsa biz de Kuvvetler'e isteklerimizi bildiririz.

Eğer Türkler kazanacak olurlarsa ve Yunanlılardan harp tazminatı alırlarsa durum değişir, Yahudi yardımına bir müddet ihtiyaçları kalmaz.

23 Nisan

Kadima adlı Yahudi derneğinden gelen Schalit benden Türkiye Sefiri'ne bir tavsiye vermemi istedi. Gönüllü birkaç doktorla birlikte Türk-Yunan savaş sahasına gitmek istiyor.

Mahmud Nedim'e, tezkere hamilinin yaralı Türk askerlerine yardım etmek için bir kısım gönüllü ile hazır olduğunu yazdım.

28 Nisan

Mahmud Nedim'e mektup:

«Ekselans,

Türk ordularının zaferlerini tebrik etmeme müsaadelerini rica ederim. Birkaç Yahudi gencinin Türk ordusunun saflarına gönüllü olarak iştirak arzuları, Yahudilerin Türkler hakkındaki hissiyatının küçük bir misalidir.

Burada daha birkaç komitenin de yaralı askerler için bağış toplama faaliyetinde olduğunu biliyorum. Toplanan bağışlar Haşmetli Sultan'ın çeşitli memleketlerdeki sefirleri vasıtası ile gönderilecektir.

Bu şekilde bir sempati tezahürüne fırsat bulduğumuz için gerçekten memnunuz. Eğer bu hususlar Yıldız tarafından da müsait karşılanırsa memnuniyetimiz artacaktır.

Derin saygılarımla.

Th. Herzl».

20 Mayıs

İstanbul'da Sidney Whitmann'dan mektup aldım. Sultan'ın yakınlarından Ahmed Midhat Efendi'nin bizim davaya alâkasını temin etmiş. Ahmed Midhat Efendi'ye göre;[37] biz biraz «yavaş» hareket etmeli ve birdenbire «çok fazla» istememeliyiz, böylece Sultan Abdülhamid'in «Hayır» diyerek meseleyi kökten kesip atmasını önlemiş oluruz. Bilhassa «Muhtariyet» kelimesini kullanmamalıyız, zira bu yüzden Türkiye'nin başına pek çok gaile açılmıştır. Ben mektubumu Fransızca yazacağım ve öyle Sultan'a takdim edilecek.

Bugün Whitmann'a hemen iki mektup yazdım. Birisi Almanca ve içinde kendisine mükâfat vaadi var; diğeri ise Fransızca, etrafa göstermesi için. Fransızca olanı şöyle:

Aziz Dostum,

Size bu mektubumu haftada bir davamızı desteklemek üzere çıkaracağımız yeni ve kaliteli bir mecmuanın «*Die Welt*» *(Dünya)* başlıklı kâğıdına yazıyorum. «*Die Welt*» 4 Haziran 1897 tarihinde intişar edecek.[38] Bu mecmuada Türkiye lehinde yazılar yayınlayacağız. Ahmed Midhat Efendi'ye, yazacağı makaleleri burada yayınlamaya hazır olduğumuzu söyleyebilirsiniz. Makalelerin Sultan Abdülhamid'in resmî görüşlerine uygun tarzda olacağını hatırlatmaya dahi lüzum görmüyorum.

Bu, basının Türkiye'nin menfaatleri istikametine döndürülmesi hususunda atılmış adımlardan birisidir. Bu yolda cesaretle yürüyeceğiz.

Sizin telkininizle girişmiş olduğumuz yaralı Türk askerlerine yardım kampanyasının sonuçlarının hemen yerine ulaşamadığını biliyorsunuz. Bunun için «maalesef» tabirini kullanmayacağım, zira bunun ulaşmayış sebebi Türklerin çok kısa zamanda zafere ulaşmış olmalarıdır. Fransa ve İngiltere'deki Yahudi toplulukları da böyle bir sempati gösterisine hazırdırlar, fakat teşebbüsleri mezkur devletler tarafından önlendi, fırsat verilmedi. Almanya, Avusturya ve Macaristan'da toplanmış olan bağışlar en kısa zamanda gönderilecektir.

Bunların yanısıra üzülerek söyleyeyim ki, Yıldız Sarayı çevresinde bizim davamız ve benim şahsım hakkında bazı entrikalar çevrilmekte olduğunu haber aldım. Düşmanlarım işin gerçek mahiyetini tahrif ederek ortaya atmış olabilirler...

Burada birkaç kelime ile durumu izah etmek isterim:

Eğer Haşmetli Sultan Abdülhamid Han Hazretleri bizim için elzem şartları lütfedecek olursa bizler de tedricen İmparatorluk maliyesini ıslah eder, kuvvetlendiririz.

Bir defa bu prensip kabul edilirse, her iki taraf da memnuniyetle işin teferruat kısmına eğilebilir.

Ancak Osmanlı İmparatorluğu'nun zayıflamasını ve parçalanmasını isteyen kimseler az veya çok bizim planımızın düşmanıdırlar, bunun böyle olduğunu anlamak çok kolaydır.

Türkiye'yi fahiş faizlerle borç almaya icbar edenler de bizim projemizin düşmanıdırlar. Çünkü bu yolla Zat-ı Şahane'nin memleketindeki bütün istihsal kaynakları kontrol altına alınmış olacaktır.

Söylediklerim boş sözler değildir ve Haşmetli Sultan Hazretleri Münih'te 26, 26 ve 27 Ağustos 1897 tarihinde toplanacak olan Siyonist Kongresi'ne temsilci göndermek suretiyle bizi tuttuğunu gösterebilecek bir fırsata da sahip bulunmaktadır.

Zat-ı Şahaneleri'nin temsilcisi bütün toplantılarımıza iştirak edecek ve bizi iyi tanıyacaklardır.

Fakat –burası çok tekid edilmelidir-, biz Türk Hükümetince tanzim edilmedikçe ırkdaşlarımızın Filistin'e hicret etmesine taraftar değiliz.

Şurası gerçektir ki ırkdaşlarımız birçok memleketlerde sefil şartlar altında bulunmaktadırlar. Fakat meşkûk şartlar altında bu sefaletin sadece yerini değiştirmek istemeyiz.

Şimdi sizin suallerinize geliyorum:

Filistin'e hicret edecek Yahudiler, Zat-ı Şahane'nin tabiiyetinde olacaklar ve hayatları mutlak garanti altında bulunacaktır.

Lüzumlu topraklar hiçbir zaman zorlama olmadan satın alınacaktır. Hiç kimsenin mülkiyet hakkının elinden alınması bahis konusu değildir. Mülkiyet özel bir haktır ve elden alınamaz. Sultan'ın şahsına ait kısımlar değeri mukabilinde ve kendileri arzu ederse satın alınacaktır.

Vatandaşlık haklarını tam iktisap edecekler ve her yıl muayyen bir vergi ödeyeceklerdir. Bu vergi başlangıçta 100.000 altın olacaktır ve muhaceretler tevali ettikçe bir milyona kadar yükselecektir.

Size defaatle söylediklerimi şimdi yeniden tekrar etmeyeyim.

Aziz dostum,

Yahudi Meselesi'nin halli Türkiye'nin güçlüklerini ortadan kaldıracaktır. Ticaret ve maliyede Yahudilerin enerji ve maharetleri herkes tarafından bilinen bir husustur. O bir altın, terakki ve hayatiyet nehridir ve Sultan Abdülhamid Han onları teb'ası arasına alırsa, Yahudiler ortaçağdan beri Türklere olan minnet borçlarını da ödeme imkânını elde edeceklerdir.

Maliyenin düzeltilmesinden sonra «sülükler» «Düyun-u Umumiye» ortadan kalkacaklardır.

Bizim projemizin vüs'atı, faydalılığı acaba İstanbul'da anlaşılacak mıdır? Öyle ümit edelim.

Size bu mektubun gizli olduğunu hatırlatmaya lüzum görmüyorum. Siz Türklerin çok yakın dostusunuz; bu itibarla sahte dostlar tarafından teklif ve düşüncelerimiz öğrenilecek olursa Türkiye'nin menfaatine davranmayacakları tabiidir.

Samimi selâm ve saygılarımla,

Th. Herzl,

23 Mayıs

Amerika'da hareket başlıyor. M. Singer, New-York ve başka yerlerde yapılan toplantılar hakkında bilgi veriyor.

* * *

İstanbul'dan şu mektup geldi:

İstanbul, 24.V.1897

Aziz Dostum,

20 Mayıs tarihli nazik mektubunuzu hemen cevaplandırıyorum.

Muhteviyatını derhal Ahmed Midhat Efendi'ye okudum ve «Die Welt» için bir makale istedim.

Görünüşten anladığıma göre bizzat Sultan'ı görerek mesele hakkında da konuşabileceğim. Durumu ortaya koyuş tarzınız son derece açık ve başarılı. Devamını dilerim.

Sidney Whitmann

Not:

Tam yukarıdaki mektubu yazmıştım ki Ahmed Midhat ile yeniden görüştüm. Sizin mektubunuzu baştan aşağı ona okudum ve bir de kopyasını çıkarıp verdim. Meseleye karşı son derece müsait bir tutumu var ve kendisini «manen ve maddeten» buna hasretmek arzusunda, ve bu çalışmaları için de «on para bile» istemiyor. İkimiz bir faaliyet plânı çizelim ve Sultan ile tekrar muhabere edelim, mümkündür ki buradan ayrılmazdan önce görüşebileyim. Münih Kongresi'ne bir heyet gönderilecek, yahut da Midhat Efendi'nin tesiri de tıpkı benimki gibi sıfır demektir.

S.W.

* * *

Bir zaman önce Sultan Abdülhamid'in Ahmed Midhat Efendi'yi sadarete getirmesinin beklendiğini işitmiştim...

27 Mayıs

Rotschild'ler yaralı askerler kampanyasına 500 guilder bağışlamışlar. Bugün de Zadoc Kahn'dan 1.000 franklık bir çek ve mektup aldım.

Parayı Viyana Sefiri Mahmud Nedim'e, Kahn'ın mektubunu da İstanbul'a S. Whitmann'a göndereceğim. Aynı zamanda Whitmann'a benim Şavuot Bayramı'ndan sonra İstanbul'a gelmeğe hazır olduğumu Sultan Abdülhamid'e bildirmesini yazacağım.

* * *

Viyana, 11 Haziran

Sidney Whitmann İstanbul'dan döndü. Sultanla görüşmemiş. Yaptığı sadece Ahmed Midhat Efendi ile temas kurmaktan ibaret kaldı. Benim ona doğrudan doğruya yazabileceğimi söylüyor. S. Whitmann Bükreş'te Başvekil Stourdza ile bir mülakat yapmış, yakında *New-York Herald* gazetesinde intişar edecek. Başvekil bizim görüşümüzü ve tezimizi benimsediğini tekraren ifade etmiş.

15 Haziran

Ahmed Midhat Efendi'ye mektup:

Ekselans,

Buradan geçmekte olan arkadaşım Sidney Whitmann sizin bildiğiniz husus hakkında doğrudan doğruya size mektup yazabileceğimi söyledi.

Sizinle bu ilk temastan şeref duyuyorum, fakat işlerimin çokluğu sebebiyle de kısa yazmak zorundayım. Whitmann sizin yüksek siyasî fikirlerinizden bana bahsetmişti, böyle bir şahsiyetin benim şahsımı hasrettiğim bir davada karşımıza çıkması bizim için büyük şanstır.

Yahudilerin faaliyete geçmesiyle Türkiye'nin sıhhatini yeniden kazanacağına, malî bağımsızlığını yeniden elde edeceğine ve hayat kudretlerine tekrar kavuşacağına sonsuz itimadım vardır.

Size hizmet etmek istediğimiz «*Die Welt*» mecmuasını gönderiyorum. Şu organı tamamen sizin emrinize tahsis ediyorum. Bu hususu Zat-ı Şahane de bilirse çok memnun olacağım.

Gönderececeğiniz her şey –Avusturya İmparatoru Franz Josef ve saltanatı aleyhinde olmamak şartiyle- derhal intişar edecektir.

Derin hürmetlerimin kabulü ricasiyle.

Ekselansınızın hürmetkârı
Theodor Herzl.

* * *

Münih'te toplayacağı kongre aleyhinde bazı Yahudi teşekküllerin aleyhte faaliyetleri üzerine kongreyi daha sakin bir yer olan İsviçre'nin Basel şehrinde toplamaya karar verir.

Bu arada İstanbul'un itfaiye teşkilâtının kurucusu Széchenyi Paşa ile temasını arttırır. Müşirlik verilmesinden sonra bu paşanın Abdülhamid ile olan münasebetleri gelişmiştir. Dr. Herzl ona sırası geldikçe Padişaha Yahudi meselesini hatırlatmasını ve böylece üzerinde imal-i fikirde bulunmasını sağlamasını rica eder. Aralarındaki mektuplaşmalardan Paşa'nın talimata uygun hareket ettiği anlaşılmaktadır. «Ben ve arkadaşlarım Széchenyi Paşa'nın hizmetlerini kat'iyen unutmayacağız» der.

Basel'deki kongre hakkında Sultan'a malumat vermekle Newlinsky görevlendirilmiştir. Bu kendisinin ifadesi ve ben de inanmaya mütemayilim diyen Herzl şöyle devam eder:

Newlinsky, Sultan'ın kongreye bir selâm telgrafı göndermesi ihtimali bulunduğunu yazıyor.

* * *

3 Eylül, Viyana

Basel'deki kongre, münakaşalar gürültüler sona erdi. Sonucu en kısa şekilde hulasa edebilirim:

Basel'de ben Yahudi Devleti'ni kurdum. Eğer bunu yüksek sesle söylesem bana bütün dünya güler. Fakat beş sene içinde fakat elli sene sonra garantili olarak herkes bunu böylece bilecektir. Bir devletin kurulması, o devleti kurmak isteyen kimselerin iradelerinde mündemiçtir. Evet, sadece isteyen bir kimse bile kuvvetli bir ferddir (Devlet benim: Louis XIV). Toprak sadece maddeden ibarettir. Devlet, bir toprağa malik olsa bile, yine de mücerret bir mefhumdur. Kilise Devleti vardır, toprağının bulunmaması bir şey ifade etmez, aksi takdirde Papa'nın saltanatı bahis konusu olamazdı. Basel'de işte bu abstraksiyonu yarattım. Delegeleri tedricen bu Devlet mod'una hazırladım ve onlara kendilerinin bir «Milli Meclis» olduklarını hissettirdim.

* * *

Basel Siyonist Kongresi'nde Filistin meselesinin görüşülmesi ve Yahudilerin tekrar oraya dönerek bir devlet kurmaları fikri basında yer alır almaz, Papalık harekete geçer ve Ortadoğudaki Hıristiyanları koruyacağını, böyle birşeye asla müsaade edilemiyeceğini ilân eder. Aynı şekilde menfi davranışlar büyük merkezlerde de husule gelir.

Kongrenin ve bu fikirlerin mürevvici ve başkanı olmak hasebiyle derhal harekete geçen Dr. Herzl, Roma'daki Kardinallere, devlet adamlarına, imparatorlara mektuplar yazar. Bir Yahudi devleti kurulmasının kimseye zarar vermeyeceğini anlatır. Desteklerini temin kampanyasına girişir.

Sadece koloni kurma fikrinin taraftarı ve Herzl'in temsil ettiği Siyonizmin Yahudiler için zararlı olduğu kanaatinin sahibi olan milyarder Edmond Rotschild de onun aleyhinde faaliyete girişir. Bu ailenin çok güvendiği milyarlardan fayda olmadığını gören Herzl onu bırakarak küçük hisseler halinde her Yahudinin katılabileceği bir fon kurma faaliyetine geçer. Paris'te toplanan Hirsch Vakfı'nın kendi cephesinde yer alması için uğraşır.

Newlinsky bir ara onu bırakarak Edmond Rotschild ile temasa geçmekle beraber yine de en yakın yardımcılarındandır. Türkiye'nin malî yönden durumunun gittikçe kötüleştiği haberini verir. Avrupa'daki Türk Sefirleri tahsisat yokluğundan bakkal ve kasapların faturalarını dahi ödeyemeyecek duruma düşmüşlerdir.

Newlinsky kendisinin protokol müdürü gibi davranmaktadır. Onunla Sultan'a yazacağı mektubun anahatlarını kararlaştırır. O, bu arada Nuri Bey'e 20.000 frank göndermesi-

ni tenbih eder. Padişaha yazılacak mektubun zarfının nasıl beş yerinden mühürlenip üzerine de bir şey yazılmayacağını anlatır. Şöyle der: «Belli ki bundan sonra yolumuzun üstüne bir sürü dilenci çıkacak».

* * *

Berlin, 4 Şubat 1898

Dört hafta önce buraya geldiğimde Türkiye'nin Berlin Sefiri Ahmet Tevfik[39] ile birkaç defa uzun uzadıya konuştum. Meselenin önemini anlamışa benziyor. Yahudilerin Türkiye'ye celbedilmesine taraftar görünüyor, ama onlara ait bir bölge, bir köşe bulunmasını kabul edemiyor.

Biz Türkiye'yi kuracağımız fonlarla desteklemek istiyoruz, buna karşı o sadece «arkadaşça kabul»den bahsediyor.

Kendisine bunun değer ifade eden bir hal şekli olmadığını söyledim. Bu tıpkı Türkiye'ye bir kısım Ermeni daha yerleştirmeye benziyor.

Sonuç olarak, konuştuklarımızı Sultan Abdülhamid'e bir memorandumla aksettirebileceğini söyledi.

Viyana'ya döndüğümde Newlinsky'ye, Ahmet Tevfik Paşa'nın meseleyi pek anlamamış olduğunu söyledim.

Belki de –pek aptalca olmayan– şu şıkkı düşünüyor: Yahudiler nasıl Türkiye'nin daha kötü bir hale düşeceğini bekliyorsa, biz de Yahudilerin kötü hale düşmelerini bekleriz.

* * *

Dün gece Ahmet Tevfik Paşa ile tekrar görüştüm. Otelde yemek yiyecektim, bana arkadaşlık etmemi söyledi. Dört hafta önce söylediklerini tekrar etti. Niçin Küçük Asya'da (Anadolu) bir yer istemiyor muşuz?

Bunu kesinlikle reddettim.

Berlin, 5 Şubat

Dün yemekte Ahmet Tevfik Paşa ile yine beraberdim. Ben lokanta salonuna girdiğimde o yemeğini bitirmiş çıkmaya hazırlanıyordu. Beni görünce yanıma gelip masama oturdu. Bir saat kadar gevezelik ettik, zannederim, hatta eminim bu defa onu kazandım.

Onun gözlerinin önüne müstakbel, bir Türkiye ve İstanbul inşa ettim.

«Ekselans, ne zaman Sadrazam olacaksınız? Ekselansları o zaman bendenizi İstanbul'a davet edersiniz ve sizin için şehri tekrar inşa ederiz, yani sizin için plânlar yaparım».

Gözle görülecek derecede heyecanlandı.

Newlinsky'nin hakkı varmış. Bir kimse Türklerle bir arada bulunduğunda, onlara hizmet ederse minnettarlıklarını kazanıyor ve tedricen bizi sevmelerini sağlıyor.

* * *

İcra Komitesi'nin çalışmaları teferruata inhisar ediyor. Schnirer şahsî işleri sebebiyle komiteye pek zaman ayıramıyor. Kokeshch ve Mintz ise ekseriya somurtuyorlar. Kremenzky'yi her haliyle içinde bulunduğu durum sınırlandırıyor. Boşuna müzakereler yapıyoruz. En büyük eksiğimiz de harekete geçmek için hazır paranın bulunmayışı.

Plân ve projelerimi katiyen komiteye getirmiyorum. Zira Birnbaum Umumi Kâtip olarak hemen ileride kullanacağı «malzemeyi» toplamaya başlıyor. Tipik bir düşman...

* * *

Son derece yorgunum. Kalbim muntazaman çalışmıyor.

Dr. Herzl, teşkilâta para bulmak çabasındadır. Giriştiği birçok teşebbüsler vardır ama kesin sonucu hiçbirinden almış değildir. Arkadaşı Nordau'ya yazdığı mektupta bunları anlatır ve bilhassa şu husus üzerinde durur: Türk Hükümeti henüz proje halinde olan bu banka çalışmasını katiyen duymamalıdır.

Kuvvetli bir günlük gazeteye ihtiyaç vardır. Sadece haftalık *Die Welt*'in neşriyatı kâfi gelmemektedir. İki milyon ile *Neue Freie Presse* gazetesi satın alınabilir ve o zaman dava çok şey kazanmış olur. Halihazır halimizle Fransız İhtilâli'nin askerlerine benziyoruz. Ayağımızda pabuç ve çorap olmaksızın savaş kazanmaya mecburuz.

* * *

1 Temmuz

Harekete daha yakın bir muvakkat hedef tayin edip, «SİYON» u gaye hedef olarak saklamayı düşünüyorum.

Zavallı fakir Yahudi kitleleri derhal yardım görmek ıztırarındalar, Türkiye ise bizim arzularımızı kabul etmekten henüz uzak duruyor.

Çok yakın istikbalde Türkiye'de bizim aleyhimizde gösterilerin başlaması da kuvvetle muhtemeldir. Filistin'i bize asla vermeyeceklerini pekâlâ nümayişlerde söyleyebilirler.

Bu sebeple daha kısa bir zamanda erişebileceğimiz bir hedef ittihaz etmemiz gerekli, bu hedef de Siyon bayrağı altında ve tarihî haklarımızı tespit edecek tarzda olmalıdır.

Belki İngiltere'den Kıbrıs'ı alabiliriz, bir taraftan da Güney Afrika veya Amerika'yı el altında bulundurmalıyız ve o halde Türkiye'nin dağılmasını beklemeliyiz.

Bu hususları Kongre'den önce Nordau ile münakaşa etmeli.

6 Temmuz

Amerika'daki arkadaşım Schauer Washington'daki Türk Sefiri ile yaptığı temasları anlatıyor. Fikir ve görüşleri tamamiyle antisiyonist.

12 Temmuz

Pall Mall Gazette'in Viyana muhabirine Alman Kayzeri'nin Filistin seyahati konusunda bir beyanat verdim. Diğer kuvvetlerin bizim niyetlerimizden dolayı duydukları kıskançlığı tebarüz ettirdim. Filistin'i hiçbir kuvvet ele geçiremeyecektir.

* * *

Basel'de Kongre yeniden toplanır. Büyük sermayeli fakat bankerlere istinat etmeyen, küçük hisselere bölünmüş bir Siyonist Bankası kurma projesi, büyük zenginlerin mukavemeti ile karşılaşır. 5 milyon mark gibi «mütevazi» bir sermaye ile işe başlanması ileri sürülür. Dr. Herzl kendi topladığı ve başkanlık ettiği çevrede kendisinin anlaşılmadığı kanaatindedir.

Kongre'den sonra Grand Duke'ü tekrar görmeye gider, aralarında dostça konuşmalar olur, çeşitli meselelerin münakaşası yapılır.

«Alman Hükümeti İstanbul'da Siyonist hareketine karşı ne gibi bir davranış ve tutum olduğu hususunda araştırmalar yaptı ve Sultan'ın bizim görüşümüze uygun paralelde bulunduğunu tespit etti. Araştırma Von Marschal aracılığı ile yapıldı ki kendisi Sultan'ın yakın ahbabıdır» dedi.

Bu bilgiyi ben de teyid edecek durumdayım, zira ben de Sultan'dan bir teşekkür telgrafı almış bulunuyorum.

Grand Duke, Siyonizm hakkında Alman Kayzeri'ne teferruatlı bir rapor vermiş olduğunu, bunun üzerine Kayzer'in, Eulenburg Kont'una bu konuda daha teferruatlı bilgi toplaması emrini verdiğini anlattı.

Grand Duke'e göre şimdi Kayzer ile Abdülhamid'in arası son derece iyidir. Bu iyi münasebetlerin başlangıcı da Girit meselesidir. Girit'teki birliklerin geri çekilmesi hususunda Almanya'nın tutumu Türkiye'de çok derin akisler ve müspet tesirler meydana getirmiştir.

Şimdi Yıldız Sarayı'nda Alman nüfuz hemen hemen sonsuzdur. İngiltere tamamen bir kenara itilmiştir. Kayzerimiz Sultan Abdülhamid'e bir tek kelime söylese hemen yerine getirileceğinden emindir. Fakat şimdi çok daha dikkatli davranmak gereklidir. Tarih göstermiştir ki şahsen atılan adımlar bazan çok uzun ömürlü olmaktadır, ama sabırlı olmak şarttır.

Duke'e göre Kayzer'in dönüşüne kadar beklemeliyiz. Eğer bu tarihten önce beni kabul ederse çok iyi olur. «Biliyorsunuz Kayzer'in Filistin seyahati üzerine çok lâf edildi. Genellikle bu seyahat dinî bir karakter taşıyor, şimdi ise siyasî bir hüviyet almak üzeredir. Zira Kayzer önce İstanbul'a gitmektedir, halbuki doğrudan doğruya Filistin'e gitmesi kararlaştırılmıştı. Böylece memleketin hâkimini ziyaret etmektedir. Filistin'den sonra da Mısır'a geçecektir. Yani Sultan'a bağlı muhtar bir devlete..»

Kayzer yola çıkmadan kendisinden bir randevu alabilirsem çok iyi olacak. O zaman Yıldız Sarayı'nda Siyonizm'den bahsetmesi ihtimali belirecektir. Hem de müspet şekilde bahsedecektir.

Grand Duke şöyle sordu: «Bir devlet mi kurmak istiyorsunuz? Kanaatimce yapacağınız en yerinde hareket bu olacaktır, fakat kanunî emniyeti temin etmeniz şarttır. Sultan'ın hâkimiyetini kabul etmeniz şeklinde bir formül pekâlâ bulunabilir, bunun benzerleri eski tuna vilâyetlerinde görülmüştür. Fakat sonra nasıl olur? –Gülerek-, bir nesil sonra ne olur, haydi bunu şimdi söyleyelim».

Kendisine Rusya'da Siyonizm'in ilerleyişini, Sosyalist ve Anarşist Yahudilerin bile bize iltihak ettiklerini, çünkü ortaya bir ideal attığımızı bu sebeple birliği temin ettiğimizi anlattığım zaman, «Bunu Pobodonostsev işitmeli, bunu ona söylemelisiniz»[40] dedi.

* * *

Unterach, 9 Eylül

Kayzer'in Viyana Sefiri Eulenburg'a mektup yazarak Grand Duke'ün bizim hareketimiz hakkında rapor hazırlamakla Kayzer'in kendisini görevlendirdiğini bildirdiğini, Kayzer ile Filistin seyahatinden önce muhakkak konuşmak arzusunda olduğumu eğer Eulenburg daha fazla bilgi arzu ediyorsa derhal Viyana'ya gelmeye hazır olduğumu bildirdim.

15 Eylül

Viyana treninde

Dün Eulenburg'tan şu telgrafı aldım: «16 Eylül sabahı saat 9'da Alman Sefarethanesinde görüşebilir miyiz? – Eulenburg.»

Derhal Viyana'ya doğru yola çıktım. Alman Kayzer'i ayın 17 sinde öldürülen imparatoriçenin cenaze merasiminde bulunmak üzere gelecek ve belki de beni kabul eder.

16 Eylül, Viyana

Bu sabah Eulenburg ile konuştum.

Uzun boylu zarif, 55 yaş civarında bir insan. Düşündükleri yüz ifadesinden katiyen anlaşılmıyor, insanı tesiri altına alıyor. İstikbali olan bir kimse intibaı veriyor...

Konuşmasına iki endişesini izharla başladı:

Birisi Filistin'de bereketli toprakların azlığı, diğeri de Sultan'ın iki milyon muhacirin oraya gitmesini kabul edip etmeyeceği, ki şüpheli.

«Çünkü Sultan» dedi ve bakışlarını derinleştirerek; «Son derecede korkak.»

Hayli konuştuk ama anladım ki projemizden yeterli derecede haberdar değildir.

Kayzer'den İstanbul'da Sultan'a ne söylemesini istediğimi, muhakkak muhtariyet üzerinde mi durduğumu sordu.

Çıkarken bana, Kayzer'in Doğu Prusya'da çıkacağı bir av partisinde beni kabul edeceğine, kendisinin de o partiye davetli olduğu için bu buluşmayı temin edeceğine dair söz verdi.

Görünüşe göre Kayzer beni yarın Viyana'da kabul etmeyecek. Zira saat birde gelip dokuzda tekrar dönecekmiş. Bu birkaç saat içinde de son derece mahmul olacak, bir sürü merasimde bulunacak, resmî kişilerle konuşacak... Bununla beraber Eulenburg eğer yarın bir fırsat bulursa beni görüştüreceğini söyledi.

Onun üzerinde en büyük tesiri şu sözlerim yaptı zannederim:

«Bizim hareketimiz bugün için artık mevcuttur. Bu veya şu büyük devletin onu benimseyeceğini bekliyorum. Aslında ben bunun İngiltere olacağını düşünmüştüm, eşyanın tabiatı bunun böyle olmasını gerektiriyor gibi geliyordu. Fakat Almanya da olsa bizim için bir şey değişmez. Bugünün Yahudileri büyük ekseriyetle Alman kültürünün tesiri altında yetişmişlerdir. Bunu şu anda Alman Sefarethanesinde olduğum için söylemiyorum. Size delil gösterebilirim. Basel'de toplanmış olan her iki kongrenin resmî dili Almanca idi.»

* * *

Öğleden sonra İcra Komitesi bizim evde toplandı. Onlara rapor verdim. Bir kısmı heyecanla tebrik ettiler, bir kısmı da gayet normal karşıladılar.

* * *

Ischl, 18 Eylül

Dün çok önemli bir gündü, hareketimizin kader günü de sayılabilirdi. Kayzer beni kabul edecek mi?

Geç uyudum. Saat ancak 10'a doğru *Die Welt*'in yazıhanesine geldim. Alman Sefarethanesinden saat 11 de orada bulunmam için telefon etmişlerdi.

Saat tam 11 de gittim. Kapıcı Eulenburg'un orada bulunmadığını söyledi, Von Bülow'u görebileceğimi söyledim. O sırada merdiven başından çıkıveren birisi: «Ekselansları sizi bekliyorlar» dedi, bu Bülow idi.

Almanya'nın Avusturya'daki askerî ateşesi ve sayılı kumandanlarından olan Bülow bizim ikinci kongreden haberdardı. Uzun boylu gevezelik ettik. Kont Eulenburg vasıtası ile gelmemden pek hoşlanmamıştı.

Sonuç: Eulenburg ve Bülow'dan söz almıştım. Alman hükümeti bize İstanbul nezdinde yardımcı olacaklardı.

Paris, 30 Eylül

Fransız Yahudilerinin bize kesin surette hayırları dokunmayacak. Gerçekten bunlar Yahudiliklerini yitirmiş ve tam birer Fransız olmuş durumdalar. Bunlar sadece Avrupalı anarşistlerin liderleri olabilirler.

Bize hiçbir yardımda bulunmayacakları aşikâr. Yataklarını ateşe vermiş durumdalar. Kurtuluşu sosyalistlerde ve halihazır statüyü tahribe çalışanlardan bekliyorlar.

* * *

Fransa, Hollanda ve Londra'da Yahudi teşekküller ve liderlerle temaslarda bulunan Dr. Herzl henüz kendisini herkese, bütün Yahudilere kabul ettirebilmiş değildir. Bu seyahatinde sadece bankanın sermayesi konusunda olumlu sonuçlar

alır. Bir taraftan da Kont Eulenburg ve Bülow ile muharebeyi devam ettirir. Grand Duke kendisini destekler. Bütün istediği İstanbul yolu ile Filistin'e gidecek olan Alman Kayzeri'ne İstanbul'da kendi projeleri ve görüşleri lehinde bir konuşma yaptırmaktır. Bu olursa işlerin daha kolaylaşacağı kanaatindedir.

Çeşitli sebeplerden Kayzer ile karşı karşıya gelerek konuşamaz, fakat fikirlerinden haberdar olmasını sağlar. Bir aya yakın bir zaman bu gibi faaliyetlerle geçer. Kendisi de aynı yolu takip etmek, önce İstanbul'a sonra da Kayzer'in gideceği Filistin'e, Yeruşalaym'a (Kudüs) varmak istemektedir.

İcra Komitesi toplantıya çağırır. Bu seyahatinde birkaç üyenin kendisine refakat etmesini istemektedir. Fakat herbirisi çeşitli bahaneler ileri sürerek istinkâf ederler. Kalarak günlük işlerle meşgul olmayı tercih ederler.

***

Viyana, 11 Ekim

İcra Komitesi toplantısından sonra Newlinsky beni görmeye geldi.

Ben İstanbul ve Kudüs yolunda iken onu da Roma'ya göndermek istiyorum. Orada bana saha ve imkân hazırlansın. Dönüşte Roma'ya gitmek niyetindeyim.

İcra Komitesi'nin kararı ile kendisine 2.000 guilder yol parası verdim.

14 Ekim

Orient Ekspresi, İstanbul yolu, Sofya yakınları.

Yola çıkmazdan önce hayli şeyler oldu. Dün değil evvelsi gün Sefir Mahmud Nedim Bey tarafından çağırıldım. Bir saat mutlak surette boş konuşma yaptık. İstanbul için bana bir tavsiyede bulunması ricama karşılık bir Arap hikâyesi anlattı: Bir bahçevan zengin bir adama gelip borç para ister. Zengin vermeyi reddeder. Altı ay sonra bahçevan elinde bir sepet meyve olduğu halde zengine gelir ve teşekkür eder. Zengin şaşırmıştır, bunda bir yanlışlık olduğu kanaatindedir. Fakir, «Hayır» der, «Ben size minnet borçluyum, siz bana hemen hayır demekle benim hiç vakit geçirmeden yardım edecek bir başka birine gitmemi temin ettiniz.»

Bu sebeple bana tavsiye mektubu vermeyecek imiş, fakat benim hakkımda bir sual açacak olursa müspet şekilde cevaplandıracakmış.

«Ekselans, ümit ederim ki altı ay sonra bir sepet meyve ile gelirim» dedim.

* * *

Viyana'da bekleme salonunda Mahmud Nedim'in yanında Berlin Sefiri Ahmed Tevfik'i gördüm. Dün akşam yemekten sonra Ahmed Tevfik ile gevezelik ettik.

Avusturya Sefiri Calice de trende idi. Başlangıçta onu farketmemiştim. Sonra benim aleyhimde yaptığı çalışmayı düşünerek bir ara görmezden gelmeyi dahi düşündüm. Fakat sigara salonunda karşılaştığımızda tebessüm etti, ben de selâm verdim.

15 Ekim

Trende, İstanbul yakınlarında

Dün akşam yemekten sonra sigara salonunda tam iki saat Ahmed Tevfik ile gevezelik ettik. Bilhassa Sultan'ın Alman Kayzeri'ne karşı durumunu öğrenmek istiyordum. Aynı konudaki bir soruma Viyana'daki sefir Mahmud Nedim şüpheli bir cevap vermişti. Girit konusunda Almanya ve Avusturya'nın Türkiye'ye pek yardımları olmadığını, sadece Girit'in Türkiye'de kalması gerektiğini ifade etmiş olduklarını söylemişti.

Ahmed Tevfik ise Kayzer ve Almanya'ya hayrandı. «Sultan Abdülhamid ve bütün Türk halkı bu büyük dosta karşı minnettardık ve şükran hisleriyle meşbudurlar» dedi.

Bu bilgi son derece hoşuma gitti, bizim davanın yürümesi için böyle bir havanın bulunması da şart.

* * *

Siyonistlerin talepleri

İcra Komitesi üyesi ve ülkü arkadaşım Max Bodenheimer ile yapacağımız talepler üzerinde konuştuk.

Bölge: Nil Nehri'nden Fırat'a kadar uzanacak. Gerekli müesseselerimizin kurulması için bir «geçiş devri» şart. Bu devre için Yahudi asıllı bir vali düşünülebilir. Bundan sonra Mısır ile Sultan arasındaki münasebete benzer bir şekil düşünülebilir. Fakat Yahudi nüfusu bölgedeki nüfusun 2/3 ini geçtiği anda kuvvete başvurarak ve diplomatik yollarla Yahudi idaresi kurulur.

Bunlar Bodenheimer'in düşünceleri ve kısmen mükemmel. Hele «geçit devri» mertebesi iyi bir fikir.

* * *

İstanbul'da trenden inip otelde elbisemi değiştirir değiştirmez, geldiğimi haber vermek üzere bir arabaya atlayıp hemen Yıldız Sarayı'na gittim.

Herşey iki sene önceki gibi, değişen bir manzara hemen hemen yok. Hava yağmurlu ve şehir olabileceği kadar güzel.

Araba ile istasyondan otele giderken köprüde Ziya Paşa ile karşılaştım. Beni tanıdı ve uzun uzun baktı.

Yıldız Sarayı'nda yine bir yığın hizmetkâr var. Geldiğimi ikinci kâtip Cevad'a bildirecektim fakat yerinde yoktu. Sanki bırakıp niçin yarın gelmedim (yani bugün)? Newlinsky'nin tavsiye mektubunu bıraktım. Mektupta; «Sultan'ın ayağına yüz sürmek ve hürmetlerimi arzetmek için geldiğim» yazılıydı.

Sonra yine sarayda vazifeli Münir Paşa'ya gittim. O da yerinde görünmüyordu. Newlinsky'den ona hitaben yazılmış aynı mahiyette ve beni Siyonistlerin lideri olarak takdim eden bir mektubu vardı.

Bodenheimer'i Alman Sefiri Marhall'a gönderdim.

Bodenheimer ve yanında Wolfsohn ben Yıldız'dan döndüğüm sırada işlerini bitirmiş olarak otele, Londra Oteli'ne geldiler.

Bodenheimer yaptıklarını şöyle anlattı:

«Alman Sefaretine gittim ve Dr. Herzl adına çok mühim bir hususta görüşmek üzere geldiğimi bildiren kartımı Marschall'a gönderdim. Beni çok soğuk karşıladı, sizin kendisinden bir mülakat rica ettiğinizi bildirdim. «Dr. Herzl de kim?» diye sordu. Bunun üzerine «Dr. Herzl Siyonistlerin lideridir, şahsen ve mektupla Kont Eulenburg ile temas halindedir. Majeste Kayzer tarafından kabul edilmeyi beklemektedir» değilim. Bunun üzerine yüzünün daha da fitneci bir ifade aldığını farkettim. Fakat şöyle cevap verdi:

«Şu anda Dr. Herzl'i kabul edemem, zira yarım saat sonra Çanakkale'ye Haşmetli Kayzer'i karşılamaya gideceğim.» Bunun üzerine ben de ayrıldım. Eğer Marschall'ı hâlâ görmek istiyorsan derhal sefarethaneye gitmelisin.»

Hemen ayrıcalığına göre gitmemeye karar verdim. Bodenheimer Kont Eulenburg'un adını vermekle pek iyi etmemiş, çünkü o «geride çalışan kimselerdendir.»

* * *

Yemekte Lionel Bey Bondy ile beraberdik. Kendisi Avusturyalı bir Yahudidir. Bir zaman Türkiye'nin Avusturya'da fahrî konsolosluğunu yapardı. Burada da bizim gazeteye muhabirlik ediyor. Bana, akşam gazetelerinde; «Neue Freie Presse'in müdürü Dr. Herzl İstanbul'a geldi. İmparatorun seyahat intibalarını nakledecektir, belki de Yıldız'da temaslarda bulunacaktır» şeklinde haberler çıktığını söyledi. Kendisine hiçbir maksatla değil, sadece arkadaşlarımla sıhhatimin düzelmesi için seyahata çıktığımı söyledim.

Bana Sultanın yakınlarından Tahsin ve Nuri Beylerle «içli dışlı samimi» olduğumu söyleyince, bu ikisi ile beni karşılaştırmasını söyledim.

Bugünlerde hep imkânsız şeyler istiyorum.

Bütün geceyi nasıl davranmam gerektiği hususunda düşünmekle geçirdim. Acaba Suriye'de bir arazi şirketi şekline mi dönsek? Ama bunun da teferruatı Türkleri hemen aleyhe döndürür. Yine «Yahudi Kumpanyası» fikrine döndüm geldim.

İstanbul, 17 Ekim

Dün bütün gün hiçbirşey olmadı. Bebek'te bayan zavallı Gropler'i ziyaret ettim, kendisine görmeye yine geleceğimi söyledim ve Boğaz'ın nefis manzarasını seyrettim. Bunun dışında hep mektuplarla meşgul oldum.

Almanya Sefarethânesi vasıtası ile Alman İmparatorluğu'na:

Büyük İmparator, Merhametli Kayzer

Efendimiz,

Ekselans Baden Dukası'nın geçen Pazar günü Potsam'da size bildikleri hususlarda bir konuşma yapmak üzere bendelerini burada, İstanbul'da isterseniz gizli olarak kabul etmenizi istirham edeceğim. Bu istirhamın sebepleri şunlardır:

Arz-ı Mukaddeste bir Siyonist murahhas heyetinin yüksek huzurunuza kabul edilmesi Avrupa'da münakaşa ve dedikodu mevzuu olabilir. Böyle bir konuşmanın sonuçları tek taraflı olarak sizin tarafınızdan açıklanabilir. Bu durumda Fransa hiçbirşey yapmıyacak kadar zayıf durumdadır. Yahudi meselesinin Siyonist tarzda çözülmesi Rusya için önem taşımaktadır. Bunlara ilâveten mukaddes yerler meselesi kolaylıkla bir hal yoluna bağlanacaktır.

İngiltere'den de muhalif bir davranış beklenmemelidir, zira İngiliz Kilisesi'nin bizim tarafımızda, olduğu bilinmektedir.

Her şey yaratılacak bir emri vakie bağlı bulunmaktadır.

Benim âciz kanaatime göre Almanya'nın himayesi altında kurulmasına müsaade edilecek «Suriye ve Filistin Yahudi Arazi Şirketi» bu gün için maksada kifayet edecektir. Bu şirket tedricen ilerleyecek ve diğer hususları gerçekleştirecektir...

* * *

Beyoğlu, 18 Ekim
Sabahın 10.15 i

Yazdığım mektupların temiz kopyelerini çıkardım. Kayzere yazdığım mektupta ufak tefek ifade değişiklikleri yaptım.

Wolffsohn, en esaslı adamım az önce bir arabaya atlayıp mektupları vermek üzere Yıldız'a gitti.

Bu sabah Schnierer ve Seidener geldiler (Komite üyeleri).

Bir taraftan traş oluyor ve elbiselerimi «kabul» için hazırlıyorum.

Aynı gün, akşam, saat 8.00
Beyoğlu, Londra Oteli

Kayzerle konuştum. Tafsilâtını defterime yolda yazacağım. Şimdi Filistin'de haşmetli İmparator'a hitaben yapmayı düşündüğüm konuşmanın müsvettelerini hazırlayalım:

«İsrailoğulları delegeleri bir zaman cedlerinin vatanı ve çok geçmeden bizim vatanımız olacak bu topraklarda Alman

Kayzerini en derin hürmetleri ile selâmlarlar. Bu toprakların Yahudi oluşundan bu yana pek çok nesiller gelip geçmiştir. Bunlar hakkında konuşmak eski günlerin rüyasını yeniden görmek olacaktır. Fakat rüya hâlâ yaşamaktadır, yüzbinlerce gönülde tazeliğini, canlılığını muhafaza etmektedir... Siyon bizim mazlum gönüllerimizden yükselecektir.

Bugün Siyonist hareketi tam manasiyle modern bir hareket haline gelmiştir. Bugünün hayat şartları ve durumu onun gelişmesinin sebebi olmuştur. Gayesi, zamanımızın imkânlarından faydalanarak Yahudi Meselesi'ne bir hal çaresi bulmaktır. Buna nihayet muvaffak olduğumuz inancındayız. Hayat şartları değişmiş, muhabere ve haberleşme vasıtaları artmıştır. Bütün bunların üzerinde biz kardeşlik şuurunu yeniden uyandırmış bulunuyoruz. Basel'de bütün dünyanın gözü önünde biz programımızı yapmış ve tespit etmiş bulunuyoruz: Kanunun himayesi altında Yahudilere bir Vatan yaratmak...

Bu toprak bizim ecdadımızın. Ziraate ve yerleşmeye elverişlidir. Majesteleri memleketi görmüş bulunuyorsunuz. Kendisini işleyecek kimseleri çağırmaktadır ve bizim kardeşlerimiz arasında korkusuz işçiler bulunmaktadır. Bunlar da işleyecek bir arazi için bağırmakta, ağlamaktadırlar... Projemizin kuvveden fiile çıkmasında majestelerinin lutfunu, keremini istirham ediyoruz.

Gayet samimi olarak iddia ediyoruz ki Siyonist plânının tahakkuk etmesi Türkiye için de bir kurtuluş olacaktır. Enerji ve materyal kaynakları memlekete getirilecek, her köşe daha mesut ve müreffeh hale getirilecektir.

Suriye ve Filistin için bir arazi kumpanyası kurmayı düşünüyoruz, bütün büyük projeleri bu kampanya realize edecektir. Bu kumpanyayı himayesi altına almasını Alman Kayzeri'nden istirham ederiz.

Bizim idealimiz hiç kimsenin hakkına ve diğer dinlere tecavüzü öngörmemektedir. Biz her inanca karşı hürmet besler ve anlayışla karşılarız. Bütün bu inançlar arasında ecdadımızın inancı da yükselecek, yeniden doğacaktır...»

19 Ekim 1898
«İmparator II. Nikola Gemisi»

İstanbul'da Alman İmparatoru'nun karşılanışı, Yıldız'daki ikameti, şehir içinde yaptığı ziyaretler, alınan sıkı muhafıza tedbirleri, kendisine verilen randevu ve bu randevuya gelişini bütün teferruatı ile anlatan Dr. Herzl nihayet İmparator ile başbaşa kalır:

«Nereden başlıyacağım İmparator Hazretleri?»

«Nasıl istersen öyle yap» dedi ve arkasına yaslandı.

Ona Bülow vasıtasıyla gönderdiğim mektuptan, daha önceki muhaberattan bahsettim. «Arazi Şirketi»nin Almanya'nın himayesi altında olması meselesini açtım...

Sonra sözü o aldım. Bana adeta imkân ve fırsat vermeden konuşuyor ve Yahudilerden bahsederken «Kavminiz» tâbirini kullanıyordu. Siyonizm'in kendisini niçin ilgilendirdiğinden bahsetti.

«Yahudiler arasında çok kuvvetli ve iyi elemanlar var. Bunlar Filistin'e yerleşirlerse orada çok şey yapabilirler. Çok faydalı olurlar» dedikten sonra Almanya'daki Yahudilerin vefasızlığından bahsetti. Hohenzolarn hânedanı Yahudilere karşı hiçbir zaman düşmanlık beslemediği halde Yahudilerden daima düşmanlık görmüştür, daima aleyhlerinde çalışmışlar ve hatta kraliyet aleyhdarı faaliyetlere iştirak etmişlerdir, dedi.

Cevaben bütün Yahudileri ihtilâlci teşekküllerden tamamen uzaklaştırma yolunda ve çabasında olduğumuzu arzettim.

Kayzer, kendisinin himayesi altına aldığını duyunca Yahudiler Filistin'de koloniler kurmak fikrini destekleyeceklerdir ve bu sebeple Almanya'yı katiyen gerçekten terketmiyeceklerdir kanaatinde olduğunu ifade etti. Bülow buna şunu ekledi:

«Ve bundan dolayı da minnettar kalacaklarını bekleyelim». Benim dikkatimi, zengin Yahudilerin benim fikrime itibar etmedikleri hususuna çekti. «Büyük gazeteler, hatta bizzat sizin çalıştığınız gazete bile bu yolda değil. Birkaç büyük gazeteyi kendi tarafınıza kazanmanın çaresine bakmalısınız» dedi.

«Ekselans, bu sadece para meselesidir» diye cevap verdim. Bülow bu sözüyle Kayzer'e benim arkamda kuvvet bulunmadığını ihsas etmek istemişti. Bülow herşeyde cephe alıyordu. Hiçbir zaman «Hayır» demiyor, «Ha, evet», yahut «Evet, fakat...», «Evet, yalnız...» gibi ifadelerle hep menfi yönde konuşuyordu.

Maamafih ileri sürdüğüm delillerin Kayzer'i ikna ettiğini görüyordum. Aktüel meselelere geçince Fransa'nın dahilî vaziyetinin zafiyetine sözü getirdim. «Prens Napolyon'un birlik kurma konusundaki faaliyetlerinde ne dereceye kadar şans tanırsınız?» «Siz şartları biliyorsunuz» diye sordu.

«Majeste, hiç şansı olmadığına inanıyorum. Memleket onu kat'iyen tanımıyor» dediğimde Bülow söze karışarak: «Fakat başaracaktır, o bir Rus subayıdır» dedi, hemen şu cevabı verdim:

«Evet ama Rusya'nın prestiji silahsızlanma meselesinde büyük ölçüde sarsıldı.» Kayzer gözlerinin içine kadar güldü. Dreyfüs Davası'nın akisleri, orduyu nasıl sarstığı hususlarında uzun uzun konuştuk.

Tam bir soru sormaya hazırlanırken saatine baktı ve:

«Adresinizi yazıp Bülow'a veriniz. Şimdi bana bir kelime ile Sultan Abdülhamid'e ne söylememi istediğinizi açıklayınız» dedi.

«Almanya'nın himayesinde bir şirkete müsaade etmesi» dedim.

«İyi, imtiyazlı bir şirket için müsaade» deyip elini uzattı ve ortadaki kapıdan çıktı.

Yıldız'ın bahçesindeki arabada Wolffsohn heyecan ve merakla bekliyordu. Müspet gittiğini söyledim, doğruca Alman Sefarethanesine gittik. Fakat Sefir Yıldız'da verilecek gala için ayrılmıştı, sadece kartımı bıraktım.

Diğer arkadaşlar Londra Oteli'nde bizi bekliyorlardı. Onlara da vaziyeti anlattım. «Filistin'e gidiyoruz, giriyoruz».

* * *

Limandaki Rus gemisine binme ve yerleşme formalitelerini arkadaşlar tamamladılar. Gittiğimiz yerlerde Türk makamlarının bana karşı nasıl davranacaklarını merak ediyordum. İzmir'e vardığımızda benim geleceğimin önceden bildirildiğini davranışlarından anladım. İzmir gazetelerinde benim Kayzerle konuşmam hakkında bir haber olup olmadığını araştırdım, bir şey bulamadım.

* * *

27 Ekim 1898
Rişon Letsiyon

Yafa'da sahile çıkarken bir aksiliğe uğramamak için hemen oradaki Alman polislerine yaklaşarak buraya Kayzer'in emriyle gelmiş olduğumu söyledim. Hemen alâkadar oldular. «Tezke-re»yi inceleyen Türk memurlar da bir aksaklık bulamadılar.

Kudüs, 29 Ekim

Kayzer'e hitabeme şu cümleleri de koydum:

«Burası ideallerin anayurdu olan bir memlekettir, bir tek kavme veya dine inhisar edemez. Mukaddes Kudüs şehri, surları ile birlikte bir sembol şehir haline getirilmeli ve bütün medeni dünyaya açık olmalıdır.

Bu ebedî şehre bir büyük imparator ayak basmaktadır. Bütün Yahudiler bu müteheyyiç anda bütün kalpleriyle selâmlarlar ve bütün insanlık dünyası için bir sulh ve sükun devresinin doğmasını temenni ederler.»

* * *

Son birkaç günün intibaları:

Filistin'de kurulmuş koloniler, Yahudi okulları, hastahaneleri ile temas ettim. Ellerinden geleni yapmışlar ama genellikle çaresizlik içindeler. Rotschildler'in öğündükleri Rişon Letsiyon bile mükemmel durumda değil, zoraki biraz yeşillik o kadar.

Alman Kayzeri gezisine devam ediyor. «Mikve İsrail» de iken karşılaşmak mümkün oldu. O sabah saat dokuz sıralarında önde Türk süvarileri olduğu halde Kayzer ve mahiyeti göründüler. Etraf her cins ve yaştan insanlarla dolu idi. Ben okullu çocuklara İmparator'un Almanca nasıl selâmlanacağını öğrettim, yaklaştığı zaman onlar «Allah Kralı Korusun» diye Almanca bağırdılar.

Kayzer kalabalık içerisinde beni teşhis etti, atını bana doğru sürdü, ben de iki adım önce çıktım. Yaklaştı, elini uzattı, gülerek:

«Nasılsınız?»

«Teşekkür ederim haşmetmeâb. Memleketi geziyordum. Sizin seyahatiniz nasıl geçiyor majeste?»

«Çok sıcak, ama bu memlekette istikbal var».

«Fakat şu anda oldukça hasta değil mi?»

«Suya ihtiyacı var, bol suya».

«Evet Majeste, büyük bir sulama projesi lâzım».

«Burasının istikbali var».

Buna benzer birkaç şey daha konuştuk. O sırada yakınlara gelmiş olan İmparatoriçe de hafif bir selâm verdi. Sonra çocukların «Allah Kralı Korusun» avazeleri arasında uzaklaştılar.

Kayzer'in son derece dik ve mağrur duruşu dikkatimi çekti.

Etrafta bulunanların çoğu ziyaretçinin kim olduğunun bile farkında değildiler. Bazıları bana sordular. Kimse Kayzer'in buralara geleceğine inanmıyordu.

Wolfsohn, ben Kayzer ile konuşurken iki fotoğraf çekmişti. Kodak makinesini gururla gösterdi ve; «Bu negatifleri 10 bin marka değişmem» dedi. Fakat öğleden sonra Yafa'da bir fotoğrafçı filmleri banyo ettiğinde gördük ki, birisinde İmparatorun yanında yalnız benim sol bacağım görünüyor, ikincisinde hiçbir şey çıkmamış...

Akşam trende berbat bir seyahatten sonra Kudüs'e gelebildik. Gezip dolaştım. Şehir benim üzerimde çok büyük tesirde bulundu. Davud'un başşehrinde Siyon'un surlarının silüeti karanlıkta pek muhteşem görünüyordu.

Gece ateşim yükseldi. Kinin aldım, arkadaşlarım masaj yaptılar, rahatsız bir gece geçirdim. Sabah Kayzer'in önce Yahudi sonra da Türklerin hazırladıkları tâkların altından geçişini otelimin penceresinden seyredebildim.

* * *

Süleyman Mabedi'nin bugüne kadar kalmış meşhur batı duvarını «Ağlama Duvarı»nı ziyaret ettim. Etrafı hep dilencilerle doluydu.

Sonra da Davud'un türbesini ziyaret ettik...

Kudüs, 31 Ekim

Kayzer tarafından kabul edilmem hususunda maiyet nazırına gönderdiğim mektuba hâlâ cevap gelmedi. Şimdi saat 1.30 ve Kayzer'in Jericho'ya gideceğini haber aldık. Acaba bizim kabul dönüşüne mi kaldı?

Saat 3.00 de Hechler heyecanla geldi. Kayzer seyahatini derhal kesip Berlin'e dönmeye karar vermiş. Yarın sabah doğru Berlin'e gidiyormuş, zira Fransa İngiltere'ye harp ilân etmiş.

Bu haberlere inanmaya imkân yok, bililtizam çıkarılmış şeyler bence. Bana öyle geliyor ki Kayzerle mülâkat yapmamızı önlemek için belirli bir kaynak tarafından ortaya atılıyor.

Kayzer'in bizi kabul etmesini temin için ona bizi hatırlatmak lâzım. Ne yapmalı? Yahudi kolonilerinin fotoğraflarını çekmiştik, onlardan bir albüm yaparak Kayzer'e hatıra olarak göndersek belki de bizi hatırlayıp huzuruna çağırtır. Fakat Alman Başkonsolosu ve Kayzer'in çevresindeki diğer görevliler onun Siyonistlerle fazla ilgilenmesinden hoşlanmaz görünüyorlar. Her fırsatta önüme engel çıkartıyorlar. Garip davranışlar birbirini kovalıyorlar.

Kudüs, 2 Kasım

Kabul edilmemiz nihayet bugün gerçekleşti. Davet edildik. İlk defa olarak «Mecidiye» nişanımı göğsüme taktım, bir arabaya binip arkadaşlarımla beraber tozlu yollardan geçip davet yerine ulaştık.

Kayzer bizi gri üniforması içinde kabul etti.

Bu kısacık kabul Yahudi tarihlerinde ebediyen hatırlanacak ve büyük bir ihtimalle tarihî sonuçlara müncer olacaktır.

İçeri girince eğilerek Kayzeri selâmladım, dört arkadaşım da aynı şekilde davrandılar. Onları takdim ettim, her birinin elini sıktı, memnuniyetini bildirdi.

Kayzer'in yanında duran Bülow'a bir nazar atfettikten sonra hazırladığım hitabeyi çıkardım ve ağır ağır okumaya başladım. Ara sıra gözümü kâğıttan ayırıp Kayzer'in yüzüne bakıyor, dikkatini devamlı olarak uyanık tutmak istiyordum. Bitirdiğim zaman o konuştu, şunları söyledi:

«Beni çok alâkalandıran bu konuşmanıza teşekkür ederim. Mesele etüd edilmeye ve daha derin tartışmalar yapmaya muhtaçtır», deyip kolonilerin durumuna geçti: «Memleket herşeyden önce su ve gölgeye muhtaç durumdadır» diye başlayıp ziraat ve ormancılık konusunda çoğu teknik olan bir sürü söz söyledi, sonra elini uzattı. Ama bu konuşmanın bittiğine işaret değildi, beni Bülow'a doğru çekerek; «Herr von Bülow'u tanırsınız değil mi?» dedi. Onu tanıyor muydum! Bütün konuşmamı esrarengiz bir tebessümle takip etmişti. Onunla seyahat hakkında konuşmaya başladık.

Kayzer: «Seyahat için en sıcak mevsimi seçmişiz. Dün Ramle'de hararet gölgede 31, güneşte 41 santigrattı» deyince Bülow, «Efendimiz onun için bir Yunan şairi en iyi şey sudur demiş» cevabını verdi.

- «Memleketi sulayabiliriz, bu milyonlar alır ama milyonlar da getirir» deyince, Kayzer:

«Sizde de en çok bulunan şey paradır» dedi; «Hepimizden çok para sizde vardır.» Bülow da tekiden: «Evet, bizim için daima mesele olan paranın sizde tam bolluğu vardır» dedi.

Arkadaşım Seidener mühendis olması hasebiyle söze karışıp nerelere nasıl barajlar yapılabileceğini, suların nasıl çoğaltılıp getirileceğini anlattı. Söz göz hastalıklarına, sağlık konularına intikal etti. Eski Kudüs şehrinde açılacak bir sürü müessesede bütün bu dertlere derman bulunabileceğini anlattım.

Diğer arkadaşlarım daha söze başlamadan Kayzer elini uzatıp mülâkatın bittiğini işaret etti, çıktık.

* * *

Kayzer açıkça; «Evet» veya «Hayır» dememişti. Aşikârdı ki perde arkasında bir şey cereyan ediyordu.

* * *

5 Kasım
Yafa ile İskenderiye arasında
«Dundee» gemisinde

Olup bitenleri ancak şimdi gözden geçiriyorum ve görüyorum ki oldukça başarılı oldu.

Eğer Türk Hükümeti'nin zerre kadar siyasî basireti olsaydı benim oyunuma bir son verirdi. Bu seferki İstanbul seyahatimde ellerinde böyle bir fırsat da vardı, pekâla oradan geri dönmezdim. Kovabilirlerdi veya herhangi bir sebeple jandarmaya teslim edebilirlerdi.

Türk Hükümeti benim devam etmeme ve seyahatimi tamamlamama göz yumdu ve eğer hislerim beni yanıltmıyorsa şimdi siyasî bir faktör oldum.

Bu seyahatin bir hususiyeti de 19 Ekimden beri dünya ile rabıtamın kesilmiş olması. Gazete hiç gelmiyor. Bir telgrafın, çekildiği yere ulaşması dört-beş gün alıyor. Onun için buradaki temaslarımın herhangi bir yankı uyandırıp uyandırmadığından tamamen habersizim.

Birkaç gün önce İngiltere ile Fransa arasında neredeyse savaşa müncer olabilecek sertlikte atışmalar olduğunu duyduk, o kadar...

***

8 Kasım
«Regine Margherita»da,
Napoli yolunda

Kuzeye doğru gidiyoruz. Muhteşem Mısır benim için sürprizlerle dolu idi. İnsan bu sıcak memleketin nasıl enerji dolu olduğunu, nasıl bir sanayi kurulabileceğini ilk bakışta görüyor. Bizim memlekette bir Nil Nehri yok ama binbir türlü imkân orada da var ve yaratılabilir.

***

15 Kasım, Udine treninde

Napoli'de ilk defa dünya ile alâka kurabildik. Günlük haberlerden sonra eski günlerin kolleksiyonlarını karıştırdık. Bizim Kudüs'te Alman Kayzer'i tarafından kabul edilişimiz hakkında Alman Ajansı şu haber bültenini neşretmişti.

Kudüs, 2 Kasım: Kayzer Wilhelm kendisine Filistin'deki Yahudi kolonilerinin bir albümünü takdime gelen bir heyeti kabul etmiştir. Heyet başkanının konuşmasına cevaben Kayzer Wilhelm Filistin'de ziraatin geliştirilmesine matuf hareketleri ilgi ile karşıladığını, bu şekilde Türk İmparatorluğu'nun inkişaf edeceğini, Sultan Abdülhamid'in saltanatına son derece hürmet beslediğini ifade eylemişlerdir.

Aşikârdı ki bu Bülow'un eseri marifeti idi. Yol arkadaşlarım alt üst oldular. En çok sarsılan Bodenheimer oldu. Sadık Wolffsohn bile biraz bozulmuştu, onları teskin etmek bana düştü.

«İşte bu sebeple lideriniz benim. Hemen ilk fırsatta maneviyatınız bozuluyor, berbat oluyorsunuz. Bundan daha kötü zamanlar oldu, hiçbir zaman cesaretimi kaybetmedim...» dedim.

* * *

Roma'ya yapmayı düşündüğüm seyahat suya düştü. Orada Newlinsky'den gelen mektup beni bekliyordu: «Hastalanmış ve seyahata çıkamamıştı».

18 Kasım, Viyana

Dün Newlinsky'yi ziyarete gittim, gerçekten çok hasta. İstanbul'dan haberler almıştı: Kayzer Wilhelm Sultan Abdülhamid'e şöyle söylemiş: «Siyonistler Türkiye için hiçbir zaman tehlikeli değildirler, fakat Yahudiler her tarafta başa belâ oldukları için onları kovar kurtuluruz». Buna karşı Sultan Yahudi tebaasından oldukça memnun bulunduğunu kendine has ifade ile söylemiş. İmparatoriçe de seyahatinin çok iyi geçtiğini, yalnız bir sürü Yahudi ile karşılaştığı için biraz sıkıldığını söylemiş.

İstanbul'dan gelen diğer dedikodular şöyle:

Nuri Bey şimdiye kadar bizden on para almadığı için ateş püskürüyormuş. Berlin Sefiri Ahmed Tevfik de bizim aleyhimizde imiş. Türkiye'de şimdi tam bir sukutu hayal havası esiyor. Alman İmparatoru Wilhelm için sarfedilen 16 milyon lira bir tarafa, Girit Seferi'nin masrafları bile elde edilebilmiş değil...

Dr. Herzl, Baden Grand Düka'sı vs. doğrudan doğruya Kayzer Wilhelm'e yazdığı mektuplarla «İmtiyazlı Şirket» konusunda himaye talebinde ısrar eder. Eğer kendi ismi allerji uyandırırsa bir İngiliz bankerinin adının kullanılabileceğini, şirketin merkezinin Almanya'da olması ile Kayzer'in himayesinin elde edilmiş sayılacağını, fakat bunun açıklanmaması gerektiğini savunur. Bir taraftan da Filistin'deki mahalli teşekküller ile temasa geçerek orada durumlarını kuvvetlendirmek için bir gazete kurma tekliflerini destekler. Siyonizm ve Yahudiler hakkında Türk kamu oyunun neler düşündüğünü araştırır. Bu soruya gazeteci Ben Yehuda şöyle cevap verir:

«Şark'ta herkes birbirinden, korkar, halk vahşi hayvanlar gibidir, bağlanamaz ama istenilen yere sevkedilebilir. Eğer idareciler bir işaret verse bütün müslümanlar Yahudileri bastırır, ermenilere yaptıklarını yaparlar. Yükseklerde ise durum tamamen Sultan'a bağlı bulunmaktadır, Sadrazam bile bir uşaktan başka bir şey değildir».

* * *

İngiltere ve Fransa'da Dr. Herzl'in «Politik Siyonizm» görüşüne cephe alan çevreler onun Basel'de topladığı kongreye benzer bir kongreyi Paris'te toplama faaliyetine girişirler.

Rotschildler bu faaliyeti desteklemektedirler. Basına aksettirdikleri haberlerde Filistin'de şimdiye kadar 40 bin dönüm toprak satın almış olduklarını tedricen bu miktarın artacağını, sadece ziraatin gelişmesi ile halkın istikbalini garanti altına alabileceği görüşünde olduklarını, metruk Kaysarye Limanı'nı onararak hizmete açacaklarını, bu hususta Sultan'ın müsaadesi için Alman Kayzer'inin tavassutunu dilediklerini işae ederler. Fakat Dr. Herzl'in durumu daima kuvvetlidir ve çizdiği yolda fütursuzca ilerlemektedir.

Kurmayı tasarladığı banka tahakkuk yolundadır. Satılan ilk hisselerin haberleri gelmeye başlamıştır.

Temaslarını Almanya, İstanbul ve Roma çevrelerinde devam etmektedir.

* * *

29 Mart 1899

Newlinsky yarın İstanbul'a hareket edecek. Fakat kalp hastası olması beni düşündürüyor. Aile doktoru ile konuşarak tren seyahatinin bir zararı olabilir mi diye sordum, «Yatakta veya trende olması önemli değil, her an bir kriz gelebilir» cevabını verdi. Bizzat Newlinsky gitmek ve «birşeyler» yapmak arzusunda. Ama ben onu seyahate göndermekle mesuliyet altına girdiğimi hissediyorum. Yanına Dr. Poborsky'yi koyayım diye düşünüyorum. İstanbul'da yapacağı temaslar sonucunda Sultan'dan mülâkatı temin edebilecek şimdilik tek insan.

Bana İstanbul'a gitmekte olan Mahmut Nedim'in muhtemelen bir daha geri dönmeyeceğini, zira artık gözden düşmüş olduğunu işittiğini söyledi. Amma memleket ha.

Mahmut Nedim burada kelimenin tam manası ile aç idi. Maaş bile alamıyordu da yemeklerini kendisi pişiriyordu. Halife'nin Sefiri Kebiri. Bütün bunlar bir romanda olsa halk inanmazdı.

2 Nisan

İstanbul'dan Dr. Poborsky'den telgraf var:

«Newlinsky birdenbire öldü. Karısına mümkünse birşeyler gönderin, yarın akşam Viyana'ya dönüyorum».

Hemen Madam Newlinsky'ye telgraf çektim, ömrümün sonuna kadar kendisinin ve çocuklarının hizmetinde bulunduğumu, derin acılarına yürekten katıldığımı anlattım ve şimdilik bin frank gönderdiğimi bildirdim.

Newlinsky'nin ölümü bizim için gerçekten büyük kayıp oldu. İstanbul ve Roma'da çok iyi bir muhiti vardı. Onunla Siyonist hareketin romanı en esaslı karakterlerinden birini kaybetmiş oldu.

4 Nisan

Bugün postadan Newlinsky'nin 1 Nisan günü postaya vermiş olduğu mektup çıktı:

«Çok Aziz Arkadaşım,

Salimen İstanbul'a geldik, iyi bir seyahat yaptık, yol arkadaşım Dr. Poborsky iyi bir insan. Şimdi Yıldız Sarayı'ndan geldim, orada çok iyi karşılandım. Salı günü öğleden sonra tekrar gelmemi söylediler. Selâmlar.

M. de Newlinsky»

Dışarıda soğuk, berbat bir hava var.

Türk maslahatgüzarı Ahmet Resmi Bey'e mektup:

Ekselans,

Dünden önceki gün M. de Newlinsky'nin İstanbul'da ani ölümünü haber aldım, ekselansları herhalde dünkü gazetelerden muttali olmuşlardır.

Bu sabah aziz arkadaşımızın İstanbul'dan yazmış olduğu son mektubu aldım. Vasıl olur olmaz Yıldız Sarayı'na gittiğini, son derece iyi karşılandığını ve Majesteleri'nin kendisini bu Salı günü öğleden sonra kabul edeceğini bildiriyordu.

Türkiye'nin iyi ve en sadık dostlarından birisi kaybolmuş bulunuyor. Kendisi bizim davamızın da kıymetli bir rüknü idi. Bu günlerde zat-ı âlinizle onun ölümü ile hasıl olan durum hususunda konuşmak arzusundayım. Derin saygılarımla.

Dr. Th. Herzl

7 Nisan

Birçok hükümet ileri gelenleri, prensesler ile dost oluşu, tavırları, davranışları ile Newlinsky tam bir «gizli ajan» görünüşünde idi. Doğrusu bana bir yığın paraya mal oldu, bir o kadar da Komite'den aldı. Bizim için ne yaptı? Gerçekten lehimizde çalıştı mı? Bu sorunun cevabını bir sır olarak beraberinde mezarına götürdü.

Ölümü üzerine Viyana'da çeşitli dedikodular çıktı, esrarengiz bir manzara vermek isteyenler oldu. O kadar ki aile doktoru Ludwig Frey onun sıhhî durumu, hastalığı ve ölüm sebebi hakkında tıbbî bir açıklama yapmak zorunda kaldı ve bunu bizim gazetede yayınladık. Böylece dedikodular biraz olsun hafifledi.

İstanbul'dan Newlinsky'nin tabutu ile gelen zevcesini istasyonda ben de karşıladım. Cenazesinin birinci sınıf merasimle kaldırılmasını sağladım. Sonra evlerine gittim. Pek sarsılmışa benzemiyorlardı. Zevcesine şimdilik ayda 200 guilder maaş vereceğimizi, Kongre toplandığında daha fazlasını yapmaya çalışacağımızı söyledim.

Anlatılanlara göre mektubunda bahsettiği gün Sultan tarafından kabul edilmemişti.

İstanbul'da bizim karşı teşkilâtın bir adamının aleyhimizde çalıştığı şeklindeki haberleri tahkik edemedim.

11 Nisan

Mahmut Nedim'in İstanbul'a dönmesi üzerine maslahatgüzarlık makamına getirilen Türkiye'nin aynı zamanda Viyana Başkonsolosu Ahmed Resmi Bey ile konuştum. İstanbul'daki yeni durum hakkında gayet açık bilgi verdi.

Kendisine İstanbul'da şantajcılık yapan ve bana karşı çalışan Josef Graf ve Bernard Stern'in içyüzlerini bütün çıplaklığı ile umumî efkâra açıklayabileceğimi söylediğim zaman, tam Türklere has bir şekilde omuz silkerek; «Bu hiçbirşey temin etmez» dedi.

Sonra daha da ileri giderek, benim davam için Nuri Bey'i yahut Tahsin Bey'i kazanmam gerektiğini, Lutfi Beyin rüya tâbirciliği ve merasim nezaretçiliğinden fazla bir mevkii olmadığını, fakat Tahsin Bey'in halen gözdelerden bulunduğunu, siyasî konularda elde edilecek en uygun şahsın Tahsin Bey olduğunu söyledi.

Correspondance de l'Est gazetesinin Newlinsky'nin zevcesinin hesabına çıkmaya devam edeceğini ve Türk Hükümeti taraftarı durumunu devam ettireceğini söylediğimde teşekkür etti.

Sonra tekrar Nuri ve Tahsin Beyler meselesine döndük. Her ikisini birden kazanmanın daha iyi olacağı fikrimi ifade edince, arkadaşça gülümseyip, Tahsin Bey Nuri Bey'e pek benzemez, dedi.

* * *

Bugün Londra'dan aldığım bir telgrafta bizim banka hisselerinin 228.000 adedinin hemen satılmış olduğu bildiriliyordu. Gözlerime inanamıyor, telgrafı tekrar tekrar okuyordum. Bu cidden çok büyük muvaffakiyet ve iyi bir haber.

13 Nisan

Dün öğleden sonra A. Resmi Bey ziyaretime geldi. «*Correspondance*»ın güttüğü fikirleri beğendiğini, tebrik ettiğini ifadeden sonra söz Newlinsky'ye intikal etti. «Zavallı çok çabuk öldü, pek şüpheli bir şahsiyeti vardı» dedi.

17 Nisan

Viyana'da şöyle bir fıkra dolaşıyor:

Güya Kayzer Wilhelm mülâtamız sırasında bana şöyle demiş:

«Siyonizm çok güzel bir fikir ama bunu Yahudilerle gerçekleştirmeye imkân yoktur».

28 Nisan

Bugün Wolffsohn'a *Wiener Tageblatt* gazetesine bu yıl için 20 bin guilder yardım yapmamızın mümkün olup olmadığını yazdım. Bu gazetenin bizim tarafımıza kazanılması lâzım.

Bugün İstanbul'da bulunan İngiliz avukat Sir Ellis Bartlett'e aşağıdaki mektubu gönderdim:

«Muhterem Efendim,

Profesör Kellner sizin ilgilendiğinizi söyleyerek bizim Siyonist hareketinin gayelerini açıklamamı bildirdi. Size bu konuda bir «expose» yazacağım. İngilizcem mükemmel değildir, böyle bir konuda da tercüman kullanmak işime gelmiyor, bu sebeple size açıklamayı birkaç cümle içerisinde yapacağım.

Siyonistler darmadağın edilmiş Yahudi kavminin temsilcisidirler. Talihsiz kardeşliklerini Majeste Sultan Abdülhamid'in ve kanunların himayesi altında Filistin'de yeniden tesis edeceklerdir. Türkiye Hükümeti Siyonistlerle bir anlaşmaya vararak İmparatorluk maliyesini yeniden kurabilirler. Bu maksatla biz 2 milyon sterlin sermayeli bir banka tesis etmiş bulunuyoruz. Bu banka bizim malî işlerimizde aracımız olacaktır. Meseleyi detayları ile Majeste Sultan Abdülhamid'e açıklamaya hazır bulunuyorum.

2 milyon sermayenin böyle bir plânı gerçekleştirmek için gayrı kâfi olduğunu anlamak çok kolaydır, fakat bunun sadece ilk adım olduğu unutulmamalıdır. İkinci adım milyonlara varan sermaye ile bir «Arazi Şirketi» olacaktır. Çok yakın istikbalde İstanbul'a gelmek niyetindeyim.

Kavmimizin maddî ve manevî menfaati için demiryolları, limanlar ve yepyeni bir kültür yaratacağız. Buralara Hıristiyan işçiler de kabul edileceklerdir. Dünya birçok faaliyetler için kâfi derecede büyüktür kanaatindeyim.

Bana inanmanızı rica ederim, saygılarımla.

Th. Herzl».

İstanbul'daki adamlarımdan Danusso aracılığı ile Hâriciye Nezareti'nde vazifeli Ermeni asıllı Artin Paşa'ya da şu mektubu yazdım:

«Ekselans,

Size müteveffa Newlinsky'yi hatırlatarak kendimi takdime müsaadelerinizi rica ederim. O Majeste Sultan'ın ve Türklerin çok yakın ve samimi bir dostu idi. İşte bu samimiyet dolayısiyle de bendenizin mümessili bulunduğum Siyonizmin sadık bir propagandacısı idi.

Siyonizmin maksadı çeşitli memleketlerde tatbikat ve tedibe uğrayan bahtsız ırkdaşlarına emin bir melce bulmaktır. Biz bu melcein Filistin olması arzusundayız, tabii bu ancak Majeste Sultan Hazretleri'nin kabulüne bağlı bulunmaktadır. Halen orada bulunan Yahudi kolonistleri Sultan'a tam manası ile bağlı bulunduklarını göstermiş ve böyle bir tebaaya malik bulunduğu için Sultan'ı gururlandırmışlardır. Onlar memlekette meydana getirilecek yeni teşkilâtlar vasıtasiyle vergiler ödeyeceklerdir.

Kendileri çoğaldıkları gibi imparatorluğun o bölgesini ihya edecekler ve dolayısiyle memleketin bütününe faydalı olacaklardır.

Majeste Sultan'ın hükümetine halihazırdaki ikraz şartları içinde ikraz teklifinde bulunacağız, fakat bizim ikrazımız derhal birkaç yüz milyon frank tutarına yükseltilebilir. Bunun karşılığında istediğimiz sadece emniyet ve zavallı ezilmiş halk kitlelerimize çalışma garantisi verilmesidir.

Plân ve projelerimizi halk önünde Basel şehrinde iki defa açıklamış ve üzerinde tartışmış bulunuyoruz. Gizli birşeyimiz yoktur ve her defasında da Majeste Sultan'a bağlılıklarımızı teyid ettik.

Türkiye'ye sunmak istediğimiz malî yardım kabul edilirse bu hiç şüphesiz vergiler ve fonlarla tahdid edilmeyecektir. Bütün malî hususlar yardımımızla bir düzene konulacaktır.

Siz devlet borçlarını tamamen ödeyecek ve kendi öz kaynaklarınızı serbestçe kullanabilir hale geleceksiniz. Plânlanan işlerin gerçekleşmesi şüphesiz birkaç yılı alacaktır ama sonuç hiç şüphesiz başarılı olacaktır.

Bu iş son derece gizli ve sessiz yapılmalıdır, zira Türkiye'nin düşmanları şizin tekrar kalkınmanızı ve maddeten kuvvetlenmenizi asla istemeyeceklerdir.

Ben sadece ekselanslarının dikkatini şimdiye kadar yapılmış olan dış yardımların hepsinin daima birkaç el değiştirerek ve Türkiye'ye tam faydalı olmayacak şekilde yapılmış olduğu hususuna çekmek isterim. Bizimki bunun gibi olmayacaktır. Siz parayı makul çerçeve şartlarla alacaksınız.

Sizi dış kontrolden kurtarmayı tekeffül ediyoruz. Ve nihayet bu insanlar (Yahudiler) sizi mahvetmek, sarsmak yıkmak değil, kaderlerini sizinki ile birleştirmek isteyen kimselerdir.

Malî plânlarımızı gerçekleştirmek üzere Londra'da «Jewish Colonial Trust» teşekkül etmiş bulunmaktadır. Burası sadece aracı olarak hizmet görecektir. Asıl büyük şirketi istikbalde tesis edeceğiz.

Bugün için daha fazlasına gitmeyeceğim, zira kabul edilip edilmeyeceğimizi ve plânlarımızı başka bir bölgeye tevcih edip etmeyeceğimizi henüz bilmiyoruz.

Eğer Majeste Sultan bendelerini kabul etmek lütfunda bulunurlarsa bütün süratimle İstanbul'a gelir, ayaklarına yüz sürer, sadakatlerimi arzeder ve her türlü sorularına cevap veririm, delillerimi gösteririm.

Meşgalelerim bir mülâkat sözü alınmadan beni İstanbul'a gitmekten alıkoyuyor.

Ekselans, derin saygılarımı lütfen kabul buyurunuz.

Dr. Th. Herzl».

13 Haziran

Rusya Devlet Bakanlığı Müsteşarı Bloch'la öğle yemeğini beraber yedik.[41] Bana Çar'ın manifestosunun hikâyesini anlattı.

Çar ona, Avusturya İmparatoru'ndan enteresan telkinler geldiğini söylemiş. Avusturya İmparatorunu bu fikirleri serdetmeye Alman Kayzeri teşvik etmiş, bu sebepten de Filistin konusundaki bu görüşleri Çar'ın kabul etme imkânı tamamen ortadan kalkmış; çünkü Alman Kayzer'inden gelen bir teklifi Çar'ın kabul etmesi halk nezdinde itibarını düşürürmüş...

17 Haziran

Bloch bana Çar'dan bir randevu temin etmeye çalışacak. Sanki bizim mesele hususundaki görüşünü bilmiyormuş gibi fikirlerimi anlatacağım. Bloch bunun çok faydalı olacağı kanaatinde.

* * *

Dün akşam Nuri Bey beni görmeye geldi. Müstakil bir odaya çekilerek yemek yedik, başbaşa konuşmak istiyordum. Nuri'nin nahoş ve hilekâr bir suratı var. Masada konuşma başlangıçta çok sıkıntılı idi. Konuyu çeşitli yönlere götürdüm.

Newlinsky ismi konuya girmeye vesile oldu. Nuri onun hakkında çok ağır şeyler söyledi. «Newlinsky beni aldattı, tekliflerimi hiçbir zaman gereken yerlere ulaştırmadı, casusluk yapmayı tercih etti. Mahmud Nedim daima onun söylediklerini yaptı, çünkü Newlinsky'nin karısı ile yatıyordu» dedi.

İçilen şampanyaların tesiriyle konuşma daha samimileşince Nuri Bey; «Kelimeyi söylemekten kaçınmayalım: Newlinsky pis sefihin biriydi» dedi.

Nuri, söylediği hususlarda benim tasvipkâr davrandığımı görünce daha da açıldı: «Bazı insanlar vardır, hamle yapmayı isterler. Gel seninle bir birlik kurup Yıldız'da iş görelim. Bâb-ı Âli'nin hiçbir zaman önemi yoktur, bu adam şu kadar çok, şu adam kadar çok almalıdır. Onların hepsiyle de aram iyidir, zira herkese her zaman açıkça söyleyeceğimi söylerim. Meselâ İzzet Bey'i alalım, kendisi şimdi gözden düşmüştür, fakat eskiden olduğu gibi şimdi de benim tavsiyelerime kulak verir Kendisine yine aynı hediyeleri veririm. Dolayısiyle bana minnettar kalır».

Maamafih Filistin işi zorlaşmaya doğru gidiyor. Bazı şeyler vardır ki ona baştan değil yanlardan hücum edilir. Haleb'i al, Beyrut civarında arazi satın al ve sonra bunları genişlet. Onlar sizin yardımınıza ihtiyaç duydukları zaman Filistin'i iste.

Kendisine bu yoldan gidemiyeceğimi anlatıp taraftarlarıma ancak Filistin için uğraşacağıma söz verdim, dedim.

Sözü tekrar «İmtiyazlı Şirket» mevzuuna getirdim. Sordu:

«Alman Kayzeri'ni yine aynı pozisyona getirebilir misin?»

«Evet.»

«O zaman olmuş bil. Sadece Kayzer'in tavsiyesi veya yalnız Yıldız'da kuracağımız ortaklaşa iş kifayet etmez, ama her ikisi de olursa bu iş tahakkuk eder».

«Ne kadar zaman alır?»

«Bir veya iki ay».

«Ben İstanbul'a gidecek miyim?»

«Evet, seni Tahsin'e takdim edeceğim, o arkadaşımdır».

Nuri Bey daha başka hususlarda da konuştu. İpotek usulü ile İstanbul'da iyi bir mevkie sahip olabilecek miyiz? Birkaç yıl içinde İstanbul'un yarısının sahibi olabiliriz.

Ben bu fikri reddettim, çünkü böyle bir durum hemen Yahudi aleyhdarlığı doğurur.

Daha sonra Nuri Bey, İstanbul'da bütün kamu oyunu 3.400.000 franka satın almayı teklif etti, kısaca ne istersem onu alabilirmiş.

Bugün ilk karşılaştığımızda bana «Mösyö» diye hitabediyordu, masada «Mösyö lö doktor», Ren şarabından sonra «Mösyö Herzl», şampanyanın üzerine «Mösyö dö Herzl» ve en sonra yediğimiz peynirden sonra ise «Aziz dostum» diye hitabediyordu.

Kolay bir macera, bakalım.

* * *

Dr. Herzl, bir aydan fazla süren bir müddet tekrar Fransa ve İngiltere'yi dolaşır. Artık banka tam anlamı ile kurulmuş ve faaliyete geçmiştir. Bütün Yahudi teşekkülleri, birkaçı müstesna kendisinin arkasında vaziyet almışlardır.

Çar ve Alman Kayzeri ile yazışmalarına devam etmektedir. Bu sırada Nuri Bey de boş durmamaktadır.

* * *

28 Temmuz, Viyana

Nuri Bey bizim komite üyelerinden Kann aracılığı ile nihayet beklediğim listeyi gönderdi. Artık bir «alfabe» ye malikim:[42]

Hacı Ali Bey	(A)
Tahsin Bey	(B)
İzzet Bey	(C)
Faik Bey	(D)
Arif Bey	(E)
Kâmil Bey	(F)
İlyas Bey	(G)
Ragıp Bey	(H)
Hacı Mahmut Efendi	(İ)
Sadrazam	(J)
Nazırlar	(K)

Hayat düsturum şudur:

İnsanları değiştirmek isteyen kimse, önce onların hayat şartlarını değiştirmelidir.

12 Ağustos

Hechler'in tasavvutu ile Hesse Grand Dükü ile konuştum. Ona herşeyi bütün açıklığı ile anlattım, tamamen bizim tarafımızda olduğunu tespit ettim. Kendisi bu günlerde resmî ziyarette bulunmak üzere Rusya'ya gidiyor. Bunları Çar'a anlatacağına ve «İmtiyazlı Şirket» konusunda onun muvafakatini istihsale çalışacağına söz verdi.

13 Ağustos, Basel

Merasim Nazırı Münir Paşa hazretleri delâletiyle Haşmetli Sultan Abdülhamid Han –Yıldız Sarayı- İstanbul adresine şu telgrafı gönderdim:

«Basel'de toplanan Siyonist Kongresi azalarının ilk işi Yahudi tebaasına karşı gösterdiği âlicenablıktan ötürü Sultan Abdülhamid Han hazretlerine içten gelen minnet ve şükran duygularını arzetmek olmuştur. Siyonistlerin arzusu Avrupa'nın çeşitli ülkelerinde bulunan talihsiz kardeşlerinin imdadına koşmak ve Osmanlı İmparatorluğu'nun büyüklük ve cömertliğine tevdi etmektir. Onlar bu maksadın sadakatının Halife'nin hakîm şahsiyeti tarafından da cesaretlendirileceğine samimiyetle inanmaktadırlar.

Bu hislerimizin ve arzularımızın Majeste Sultan'a iletilmesi hususunda delâletlerinizi rica ederim.

Dr. Theodor Herzl
Siyonist Kongresi Başkanı».

21 Ağustos, Basel'den dönüş yolunda

Kongre sakin ve istediğim şekilde cereyan etti. Gizli maksatlar için bir miktar fon ayrıldı. Nuri Bey'e vaadettiğim şekilde rüşvet verebilmek ve Türkiye'de «ilerleyebilmek» için bu paraya çok acele ihtiyacım vardı.

23 Ağustos, Unterach

Evvelsi gün Salsburg'tan Nuri Bey'e bir kat yazarak, Karlsbad'da ne kadar kalacağını, kendisiyle muhakkak görüşmek istediğimi, bana «Charles» imzası ile telgraf çekmesini istedim. Bunun üzerine dün şu telgraf geldi:

«Ayın 27 sine kadar buradayım –Charles».

Nuri Bey'e şu mektubu yazdım:

23 Ağustos 1899

«Ekselans,

Viyana'ya dönüş yolundayım. İşte iki kelime iki hikâye. Başlangıç olarak Sultan Abdülhamid tarafından kendisine Siyonist planını anlatmak üzere kabul edildiğim gün size 20.000 frank takdim edeceğim. Bu küçük meblâğı size sırf bir arkadaşlık nişanesi olarak veriyorum. Sadece Sultan'a bizim plânı, Türkiye'ye kazandıracağımız menfaatleri v.s. anlatabileceğim bir randevu kâfi.

Diğer hususlarda bir anlaşmaya varmak ve müzakerede bulunmak üzere sizi Viyana'da bekleyeceğim.

Viyana'ya gelişinizi lütfen ev adresime bildirin ve evimde buluşup konuşalım. Herhangi umumi bir yerde görünmemiz doğru olmaz.

Saygılarımla

Th. H.»

* * *

28 Ağustos, Viyana

Dün gece «Venedik Lokantası»na gittim, zira Nuri Bey Viyana'ya gelmişse muhakkak oradadır, bana geleceğini bildirmedi.

Tahminim doğru çıktı. Türkiye'nin fahrî Başkonsolosu Ladislas Dirsztay ile beraber orada idiler. Bu L. Dirsztay bana Newlisky'nin söylediğine göre para kuvvetiyle Osmanlılardan nişan ve unvan koparmış bir Macar Yahudisidir. Ben onunla konuşurken Nuri Bey sanki tanışıyormuş gibi uzakta durdu.

Bu sabah kendisine konuşmak istediğimi yazdım. Tezkereyi götüren bahçevanın vasıtasiyle saat 4 de İmperyal Oteli'nde bulunacağını bildirdi.

29 Ağustos

Dün İmperyal Oteli'nde Nuri Bey'i ziyarete gittim. Elbisesini giymiş, eşyalarını hazırlamış Semmering'e gitmek üzereydi.

Başlangıçta soğuk davrandı, sanki ne için geldiğim hakkında hiç fikri yoktu. Çok geçmeden anladım ki 20.000 frankı az gördüğü için böyle davranıyordu. Dedi ki:

«Sizin Siyonist hareketi içindeki mevkiinizi düşünürsek, bir randevunun bedelinin sonsuz olması lâzım gelir. Sultanla konuşabilmek için herhangi bir banker bana sizin verdiğinizin en az iki mislini verirdi».

Cevaben: «40.000 alacaksınız» dedim. Bunun üzerine biraz daha «insanlaştı». Mesele öyle çok basit değildi. Türk çevrelerde rahatlıkla çalışabilecek bir ajana ihtiyaç vardı. Kendisi böyle birisini tanıyordu ki bu da bizzat kendisinin gizli ajanı Eduard Crespi idi. Birçok ileri gelenlerin adına yazılmış çekleri toplama işinde de çalışmışlığı vardı. Bunları anlattıktan sonra:

«Crespi'ye 10, 15 veya 20.000 frank vermelisin ki istenildiği gibi çalışsın. Eğer sen bana bizim maliyemizi düzelteceğini söylersen, ben resmî sıfat sahibi bir kimse olarak sana, bizim işimize karışmamanı söylerim, fakat arkadaş olarak konuşursam derim ki, mahsulü biçmek istiyorsan önce tohum ekmelisin».

Görüyordum ki artık para konuşacaktı. Kaba bir şekilde şöyle söyledim:

«Size şimdi 10.000 frank vereceğim, 30.000 de randevu gerçekleştiğinde alırsın. Parayı hangi işte ve nasıl kullanacağın seni alâkadar eder, ben karışmam; ne yaptığını da soracak değilim».

Sanki yağ gibi eridi, yumuşadı: «Öyle yap. Zaten cebime koyacak değilim, oynadığım kumar onu değerlendirecektir. Bunu iki milyona çıkarabileceğimi zannederim. İnsan bu konuda biraz riske girmeli».

Anlattığı herşeye inanmış gibi hareket ediyordum. Bana yapabileceği şeyleri anlattı durdu. Kendisi hem hukukçu hem inşaat mühendisi imiş, herhangi bir fabrikayı kurabilirmiş, Türkçe veya Fransızca bir gazete makalesini derhal yazabilirmiş. Eğer istersem şimdi oturup Avusturya kibrit endüstrisinin önemi hakkında birkaç sütunluk yazıyı derhal çıkartabilmiş. Onun Sultan'a yakınlığı derecesinde kimse yokmuş vs. vs. nihayet sadece tekrar geldi:

«Şimdi Semmering'e gidiyorum, Cumartesi günü döneceğim, 10 bin frankı hazırla, ama sakın çek şeklinde olmasın, kimse görmeksizin ve şahit de bulunmaksızın efektif olarak isterim» dedi.

Parayı kendisine avukatım Dr. Kokesch'in getireceğini söylediğim zaman biraz direndi ama sonunda razı oldu. Arkadaşça ayrıldık.

Bir nokta: Crepsi'nin adını kendisi yazmadı, bana dikte ettirdi.

* * *

10.000 frankı kendisine makbuzsuz vermeyeceğim, «Basın masrafları» veya «Crepsi» adına düzenlenecek bir fatura Dr. Kokesch'in tatmin edecektir.

30 Ağustos

Bugün Nuri Bey, Semmering'den yarım bir kâğıt üzerine şu satırları yazıp gönderdi:

«Mösyö Charles başlangıçta ödenecek meblağın 15.000 frank olmasını daha uygun bulmaktadır. Fazla olan 5.000 frank daha sonraki kısım ödenirken tenzil edilecektir.»

Bu kâğıda kendi kartvizitini eklemişti:

Nuri Bey
Hariciye Nezareti Kâtibi Umumisi

Kartın sağ üst köşesi kıvrılmış ve sonra yeniden düzeltilmişti. Bununla da sanki kart ziyaret için bırakılan bir yerden alınmış hissi verilmek istenmişti.

Onun kendi elyazısı ile yazılmış bir zarf ve üzerindeki Semmering postahanesinin mührü benim için doküman mahiyetindedir. Onu saklaması için arkadaşım Kremenzky'ye vereceğim.

31 Ağustos

Bugün, aşağıdaki mektubu yazıp Kremenzky vasitasiyle Nuri Bey'e gönderdim:

1 Eylül 1399

Ekselans,

Dr. Kokesch gelmek fırsatı bulamadığı için 10 bin frankı yakın arkadaşım ve sırdaşım Mösyö Kremenzky ile gönderiyorum. Komite size verdiğim sözü tasvip etti, fakat avansın daha fazla ödenmesi için karar çıkmadı. Bunun münasebetlerimize tesir edeceğini zannetmiyorum. 30.000 mülâkatın akabinde hemen ödenecektir.

Üzerinde anlaşmazlık çıkmayacağını ümidettiğim bir husus daha var. Ne Dr. Kokesch ne de Kremenzky ellerinde bir makbuz olmadan para ödeme mesuliyetini üzerlerine almak istemiyorlar. Bu hususta elimden bir şey gelmiyor.

Diğer taraftan sizin arzunuza hürmet etmek istiyorum, niçin öyle davrandığınızı çok iyi anlıyorum. Bu itibarla lütfen şu iki yoldan birisini seçmenizi rica edeceğim:

Ya «Kremenzky'den basın masrafları olarak 10 bin frank alındı» diye bir not yazınız ve imzalayınız, yahut Kremenzky size birkaç saat içinde Crespi adına bir çek hazırlayıp takdim etsin, istediğiniz bankadan gidip o çeksin. Arzu ettiğiniz şekli seçiniz, her halü kârda bunun mutlak gizlilik içinde kalacağına emin olunur. Bizler en küçük nezaketsizlikte bulunacak insanlar değiliz. Bundan başka sizinle şimdi ve daima tam ahenk içinde çalışmak arzusundayız. Bu sadece küçük bir başlangıçtan ibarettir.

Lütfen en iyi dileklerimi ve iyi yolculuk ile büyük başarı temennilerini kabul ediniz.

Dr. Th. Herzl

2 Eylül

Kremenzky Nuri'den geldi. Nuri Bey kartvizitinin arkasına şu satırları yazmıştı: «Bana verilen 10 bin frankı aldım». Bundan başka mutlaka iyi sonuç almayı ümidettiğini de ifade etmiş.

4 Eylül

Önçeleri Baron Hirsch'in şimdi de Bulgar Prensi Ferdinand'ın sekreteri olan Martin Fürth'le Bristol Oteli'nde yemek yedik. O gün öğleden sonra Nuri Bey ile yarışlarda olduklarını, onun Siyonizm hakkında siyatişkâr sözler söylediğini, Yahudilerin dostu olan Sultan Abdülhamid'i bu konuda kazanmanın imkânsız olmadığını ifade ettiğini anlattı.

Yalnız şu var ki gazeteler bizim bir «İmparatorluk» kuracağımızı etrafa yaymamalılar imiş.

Bana onu tanıyıp tanımadığımı sordu, «Biraz» dedim.

13 Eylül

Bugün toplanan gazete kupürleri arasında bir tanesi çok enteresandı. Güney Amerikalı diplomatlardan birinin karısı Madam Vera imzası taşıyan bu röportajda Nuri Bey'e atfedilen calibi dikkat cümleler var. Röportaj şöyle:

GÜNÜN HABERLERİ

Siyonizm havarisi ile bir konuşma.

Siyonizm herkesin bildiği gibi Yahudi Krallığını ve Kudüs'ün duvarlarını yeniden kurma rüyasıdır.

Pratik bakımdan bunun önünde çeşitli engeller vardır. Türkler hiç şüphesiz Filistin'i ciddi olarak hiçbir zaman Yahudilere vermek niyetinde değildirler. Bu engeli şu veya bu şekilde aşsalar bile Hıristiyanlar mesihlerini haça geren kim-

selere o mukaddes yerleri vermemek hususunda direnecek-lerdir.

Bu sebeple Siyonistler sayı bakımından çok değildirler. Çoğunlukla İsrailoğulları kendilerine muhayyel bir Kudüs yaratmayı tercih edegelmişlerdir. Mistikler ise istikbalde zuhur edecek bir mesihin onların başına geçerek Arz-ı Mev'ûd'a götüreceğine inanırlar ve o zamanın gelmesini beklerler.

Bu ayın başlarında Basel'de toplanan kongre bu plânda ne gibi bir ilerleme kaydetti? Bilmiyoruz. Muhabirlerimizden birisi Siyonizmin en sadık havarilerinden Herzl ile yapılmış bir röportaj gönderdi. Muhabirimizin yaptığı sadece söylenenleri tespitten ibaret kalmıştır. Sonuç çıkarmak okuyucularımızın takdirine bırakılmıştır.

Bay Herzl şöyle konuştu:

«Siyonizm nedir ve ben ne yapmak istiyorum? Ben dört yıldır ne rüya görüyorum ve ömrümün her anını işgal eden düşünce nedir? İşte bu odur. Ben her memlekette bulunan Yahudilere, içinde yaşayabilecekleri, takibe, tahkire uğramadan sulh ve sükûn içinde yaşayabilecekleri bir dünya köşesi vermek istiyorum. İçimizde her çeşit ve her sınıftan insan bulunmaktadır. Fakat siz çeşitli memleketlere dağıtılmış olan Yahudilerin çektikleri sıkıntı ve sefaleti bilemezsiniz. İşte ben bunlara kendilerinin olacak bir memleket vermek çabasındayım.

Rüyalarımda gördüğüm yeni Yeruşalaym (Kudüs) bambaşka, pırıl pırıl bir şehir...»

«Fakat» dedim Bay Herzl'e: «Rüyanızı nasıl gerçekleştireceksiniz?»

«Ah evet» dedi; «Önce bir memlekete ihtiyacımız var. Türkiye oraya gitmemize müsaade edecek mi? Vaktiyle bizim olan bu memlekete girmemize müsaade edilmesinden daha âdil, daha tabii ne olabilir? Bir de büyük Avrupa Devletleri var, bu da bir mesele ve nihayet benim ırkdaşlarım, kavmim. Evet, Yahudilerin arasında bile benim projemin düşmanları

olduğuna inanmazsınız. Bir kısmı bunu anlamaz, bir kısmı anlamak istemez, bir kısmı benim bundan ne çıkarım olduğunu düşünür v.s. Fakat ne olursa olsun ben rüyama devam edeceğim. Bu rüya bana o kadar azizdir ki ona daima bir şekil vermek arzusu ile yanıyorum, bir roman haline getirebilirim, ırkımızın istikbali meselesi».

Birkaç gün sonra diplomatlar arasında Türkiye Hariciyesi'nin umumî kâtibi Nuri Bey'i gördüm. Konuşma konusu çeşitli idi, arada Siyonizm de vardı. Ekselans bana gülümseyerek bunun, hiç değilse şimdiki şekliyle bir rüyadan ibaret olduğunu söyledi. «Gerçekten Türkiye'nin toprakları geniştir. Yapabildiği kadar gelişme çabasındadır. Bu topraklarda daha milyonlarca kişiye bu kadar takibat ve işkencelerden uzak kalmak, kurtulmak isteyen Yahudilere de yer vardır. Fakat Mukaddes Topraklar onlara verilemez, Türk kanunları Yahudilerin o mahallere yerleşmelerini yasak dahi edebilir...»

M.I...

Nuri Bey'e mektup:

7 Kasım, Viyana

Ekselans,

Şimdiye kadar olup bitenleri kısa arzetmeme müsaade ediniz.

Basel'deki son kongreden sonra hareket yön değiştirerek Kıbrıs Adası'na teveccüh etmeye meyletti. Görünüşe göre Türk Hükümeti bize anlayış göstereceğe pek benzemiyor, bu sebeple arkadaşlarım İngilizlerin kontrolü altında bulunan ve bize daima verilebilecek olan Kıbrıs Adası'na yöneliyorlar.

Gelecek kongreye kadar ben duruma hâkim bulunacağım, fakat eğer o zamana kadar bir şey yapamazsam plânlarımız Kıbrıs'ın sularına düşecek demektir.

Durumu Türk devlet adamlarına anlatmak sizin elinizdedir. Filistin'e Yahudilerin yerleşmesine müsaade etmek karşılığında derhal muazzam mikdarda paraya kavuşacaksınız, bütün malî meseleleriniz halledilecek, modern bir filo, endüstri ve ticaret hayatına kavuşacaksınız, kısacası mükemmel bir imparatorluk olacaksınız.

Fakat Yahudilerin yerleşmesine müsaade etmezseniz oralara başkaları yerleşecek ve bu da size pahalıya mal olacaktır. «Dost milletlerin» oraya hicretine mani olamıyacaksınız. Bir anlaşmadan diğerine, her el sıkışta menfaatiniz karşılığı vermediğiniz yerleri karşılıksız terkedeceksiniz. Diğerleri sizin gittikçe daha zayıflamanızı istemektedirler, oysa biz bizi korumanız karşılığı sizi gittikçe daha kuvvetlendirmeyi istiyoruz.

Majeste Sultan Abdülhamid'in saltanatı bizimle kuvvetli ve devamlı olacaktır.

Yalnız kendi kavminin değil aynı zamanda Türkiye'nin menfaatini düşünen bu sadık dostunuzun sözlerine lütfen kulak veriniz. Siyonistlerin taşan sabırlarını teskin ve onları yeniden cesaretlendirmek için muhakkak surette Majeste Sultan tarafından kabul edilmem şarttır. En kısa zamanda tekliflerimi onun hakim nazarları önüne sermeliyim.

Ey iyi dileklerimin kabulünü rica ederim.

Sadık bendeniz
Th. Herzl

Sultan herhalde benimle konuştuktan sonra kararını verecektir.

* * *

8 Kasım

Şöyle düşünüyorum:

Dördüncü kongreye kadar Türk Hükümeti ile bir anlaşma zemini bulamazsam, en kısa zamanda Kıbrıs projesini hazırlayıp Londra'ya gider, Salisbury (Başbakan) ile konuşur ve bir müddet için Kıbrıs'a gitmek hususunda kongreyi ikna ederim.

Fakat ne olursa olsun, inanıyorum ki önümüzdeki kongreden sonra bir memlekete, herhangi bir memlekete gideceğiz.

25 Kasım

Jön Türkler

Bulgaristan İmar ve İskân Bakanı ve bizim teşkilât üyelerinden Carl Herbst'in bildirdiğine göre Genç Türkler (Jön Türkler) gazetelerinde bizim projeden bahsediyorlar ve böyle bir avantajdan faydalanmadığı için de hükümeti itham ediyorlarmış.

27 Aralık

İstanbul'dan hiçbir haber yok.

İstanbul'dan gazetelere gelen haberlere göre Bab-ı Âli ile Deutsche Bank arasında borç para konusunda bir anlaşmaya varılmak üzere, belki para ihtiyacının şimdilik ortadan kalkmış olması Yahudilerden bir müddet yüz çevirmelerine sebep oldu.

29 Aralık

Dün buradan geçmekte olan Amerika'nın İstanbul'daki Sefiri Oscar Straus ile konuştum.

Ona göre bizim Filistin'i ele geçirmemiz imkânsızdır. Grek ve Roma Katolik Kiliseleri buna imkân vermeyeceklerdir. Cevaben sadece Roma Kilisesi'nin muarız olacağını hesapladığımı, diğer millî kiliselerin Jerusalem ile doğrudan doğruya bir dinî bağa sahip bulunmadıklarını, yalnız Roma'nın tıpkı Yahudi dininde olduğu gibi ekumenik karakterde olduğunu söyledim.

Straus, Mezopotamya'yı ileri sürdü. Oraya yerleşmemiz konusunda hiçbir kilise ses çıkarmayacaktır ve nihayet orası İsrailoğulları'nın asıl vatanı mesabesindedir. İbrahim Peygamber orada zuhur etmiştir ve daha birçok mistik bağlantılar vardır.

Bu bana Nuri Bey'in Scheveningen'de iken açıkladığı bir fikirdi. Artin Paşa da hemen buna yakın şeyler yazmıştı. Artin'in Straus ile temas sonucu öyle yazdığını zannediyorum.

Straus kesin olarak şunu ifade etti: Bütün kuvvetler Yıldız Sarayı'nın içinde ve çevresinde toplanmıştır. Bütün kuvvetler Sultan'ın şahsında temerküz etmektedir. Nazırlar bir sürü aptal ve müfsit kimselerdir. Sultan bütün Türkiye'ye dahi kıymet vermez, bildiğini ve istediğini yapar.

Sefir bana ısrarla İstanbul'daki «aracı»mın kim olduğunu sordu ama ben de söylememekte ısrar ettim, merakta kalmasını istedim. Arkadaşça ayrıldık, bana zaman zaman «Mezopotamyalı» imzası ile haberler göndereceğine söz verdi.

* * *

12 Ocak 1900

İstanbul'daki ajanım Crespi *«İstanbul»* adlı gazeteyi satın almamız gibi manasız bir teklifte bulunuyor. Ramazan dolayısiyle işlerin biraz geri kalacağını bildiriyor.

Hiç değilse Ramazan'dan sonra biraz ilerleme ümidimiz var demektir.

30 Ocak

Cumartesi günkü gazeteler Nuri Bey'in yanında Turhan Paşa olduğu halde Hauge'dan dönmekte olduklarını yazdılar. Hemen Kremenzky'yi Hotel İmperial'a gönderdim, saatlerce beklemiş görememiş, Pazar sabahı gittiği zaman da ayrıldığını öğrenmiş.

Buraya geldiği halde aramaması midemi bulandırdı. Hemen Crespi vasıtası ile şu mektubu gönderdim:

Ekselans,

Crespi'den işittiğime göre Viyana'dan geçmişsiniz. Sizinle görüşmemiz olmaktan dolayı son derece müteessirim.

Projemiz hakkında ne düşünmeliyim?

Son derece kıymetli, zamanlar kaybetmekte olduğumuz kanaatindeyim, bu fırsat bir daha ele geçmeyecektir. Bay Crespi'nin son mektubunda öğrendiğime göre Sultan Hazretleri benim muhaliflerimin görüşlerini kabul etmemiştir. Beni bir kere dinlemek tenezzülünde bulunsun. Ben tekliflerimin imparatorluk için o kadar faydalı olduğuna kaniim ki başarı elde edeceğime yürekten inanıyorum.

Şimdi yeni ve çok kuvvetli bir delil daha var. Damat Mahmut Paşa ve Jön Türkler her tarafta halihazır hükümetin aczinden, yeni kaynaklar bulamamasından, bir filo tertip edememesinden bahsetmektedirler. Yardımınızla biz bütün bunları çok kısa zamanda gerçekleştiririz.

Lütfen bu konuda düşününüz. Mümkün olan en kısa zamanda bana randevu hususunda bilgi veriniz.

Sadakatımdan emin olmanızı rica ederim.

Th. H.

18 Mart 1900

Crespi'nin İstanbul'dan 15 Martta yazdığı mektup geldi. Çalışmakta olduklarını yazıyor.

Ona İzzet Bey'e verilmek üzere yeni bir mektup gönderdim:

Ekselans,

Belki size mektup gönderdiğim arkadaş vasıtası ile Filistin'e yapılacak bir Yahudi muhaceretinin sağlayacağı avantajlar konusuna muttali bulunmaktasınız. Şu hususa yürekten inanıyorum ki eğer bendeniz Sultan'ın ayaklarına yüz sürmek imkânı bulup da bütün Siyonist plânını açıklayacak olursam hüsnü kabul ile karşılanacağım. Bendenizi Sultan'ın üstün vasıfları ve rakik kalbi hakkında duyduklarım onun zavalla Yahudileri himayesi altına alacağına ve bu şekilde kendi imparatorluğunun menfaatlerini de koruyacağına inandırıyor.

Sizden istirhamım, Majeste Hükümdar Abdülhamid Han'dan bir randevu alarak bizim plânımızı bütün açıklığı ile teferruatı ile kendilerine arzetmeme fırsat bahşetmenizdir.

Bütün bunlar ancak şifahen anlatılabilecek hususlardır. Arkadaşlarım tarafından bazı büyük meblâğlara ihtiyaç gösteren konular da bildirilmiş bulunmaktadır. Eğer imparatorluğun bir donanmaya ihtiyacı varsa bunu ancak Avrupa'nın lutfu ve ağır şartlar karşısında elde etmek durumundadır. Halbuki tam aksine, bu memleketin zenginliğini ve Majeste Sultan'ın tebaasının artmasını temin edecektir. Türkiye'nin kavuşacağı imkânlar ve elde edeceği menfaatler her türlü şüphe ve tartışmanın üzerindedir. İnsan ancak arkasında şüpheli ve esrarlı şeylerin bulunduğu konularda şüpheye düşebilir.

Maamafih burada da «Arkada olan bir şey» var, o da Yahudi halkın içinde bulunduğu moral ve politik sefalettir, bunlara yapılacak bir yardımın karşılığını ödeyebilecek kadar zenginiz.

Bana Halîfe hazretleri ile konuşmak ve delilleri ifade etmek fırsatını veriniz.

Eğer bu gerçekleşecek olursa onun muhteşem saltanatının en parlak sahifesini teşkil edecek, hem imparatorluk ve hem de zavallı Yahudiler için en büyük iyilik yapılmış olacaktır.

Eğer Majesteleri benim karakterim ve Türkiye'ye teklif ettiğim plânın mahiyeti hakkında bilgi almak isterlerse bu kolayca temin edilebilir.

Bendeleri Almanya İmparatorluğu Kayzer Wilhelm tarafından tanınmak şerefine nail olmuş bulunuyormuş. Majeste Sultan bu kudretli arkadaşından bilgi alabilir.

Ekselans lütfen harekete geçiniz, istirham ettiğim randevuyu temin ediniz, saltanatınız için, güzel memleketiniz için ve temsil ettiğimiz mazlum halk için harekete geçiniz. Onlar artık sabırsızlanmaya başlamışlardır. Yerleşecek başka yer bulmak, Kıbrıs'a yerleşmek, Amerika'ya hicret etmek v.s. düşünmektedirler, Türkiye'nin anlayış göstermediği fikrindedirler.

Kim bilir belki de fırsat kaçtıktan sonra randevu temin edilecek ve çok geç olacaktır. O zaman sizin müslüman düşmanlarınız mevcut hükümete böyle bir fırsatı kaçırmış oldukları için hücumlarına bir yeni unsur daha eklemek fırsatı elde edeceklerdir...

Derin saygılarımla

Dr. Th. H.

* * *

Dr. Theodor Herzl, artık iyice kendi tarafına kazanmış olduğu Baden Grand Dukası ile sık sık görüşmekte ve onunla Dünya ve Avrupa siyaseti üzerinde konuşmaktadır. XX. Yüzyılın başında büyük devletlerin birbirlerine karşı durumlarını gözden geçirirler. Almanya sanayi sahasında ilerlerken bir taraftan da donanmasını güçlendirmektedir. Avusturya İmparatoru Franz Josef Berlin'e davet edilerek geçtiği cepheyi açıklaması istenmiştir. Almanya'nın gelişmesi ve kuvvetlenmesi İngiltere'nin işine gelmemekte fakat her iki taraf da yakın bir çatışmadan çekinmektedirler.

Dr. Herzl Avusturya Başvekili Koerber ile de temas kurmuştur. İngiltere'de Siyonistlerin durumu sağlam görünmektedir. Eğer Filistin projesi tahakkuk etmeyecek olursa kendisine en uygun gelen –şimdilik- kaydı ile Kıbrıs Adası'nı İngilizlerden istemek ve orada yerleşmektir. Filistin idealdir, ama olmayacak olursa herhangi bir bölgede bir Yahudi Devleti'nin kurulması, teşkilâtlanması ilerisi için büyük kuvvet olacaktır.

Sultan Abdülhamid nezdindeki teşebbüsler bir türlü olumlu sonuç vermemektedir. Bu teşebbüslerinden Grand

Düka'ya samimiyetle bahseder, İstanbul'da giriştiği faaliyetleri anlatır. Dük açıkça oradaki «adamının» adını sorduğunda hiç çekinmeden söyler: Hariciye Umumi kâtibi Nuri Bey.

Konuşma şöyle devam eder:

«Şimdi gelelim senin meseleye. Şimdi biz seni İstanbul'a tavsiye edecek durumda değiliz ama bunu İmparator Franz Josef pekâla yapabilir. Berlin ziyaretinden sonra Avusturya İmparatoru'nun tavsiyesi eskiden olduğundan çok daha büyük değer taşıyacaktır. Orta Avrupa'nın iki imparatorunun bir araya gelmelerinin tesiri başkadır».

Ben Avusturya Başvekili Koerber ile yakınlığını belirterek onun vasıtası ile İstanbul için bir tavsiye alabileceğimi, Sultan ile aramızı bulmalarını isteyebileceğimi söyledim.

Ama Avusturya siyaseti tamamen katolik tesiri altındadır. Her ne kadar Roma nezdinde bazı teşebbüslerim oldu ise de henüz netice almış değilim. Siyonizmi kendilerine anlatma çabası içerisindeyim, dedim.

İstanbul için Avusturya'nın tavsiyesini temin edebilirdim. Bu sırada Bağdat demiryolu hattında hatırı sayılır bir hissesi bulunan Rusya da Türkiye'ye sadece bir tek dosta (Almanya) dayanmanın sakıncalarını anlatmaktadır. Türkiye üzerinde şu sırada Rus nüfuzu gittikçe artmaktadır.

«İstanbul'a ne zaman gidiyorsun?» diye sordu.

«Henüz bilmiyorum majeste, önce Londra'ya gideceğim. Eğer Güney Afrika meseleleri başını çok ağrıtmamışsa bir fırsatını bulup Başvekil Lord Salisbury ile konuşacağım. Belki Siyonizme onun alâkasını çekebilirim. Alman himayesi olmaksızın, pür siyonizm fikrinin İngiltere'de çok taraftarı vardır, bilhassa kilisede. Bunun siyasî olduğu kadar içtimaî yönden de tesir edeceği kanaatindeyim». Tasvip ederek başım salladı. «Eğer Lord Salisbury'yi kazanmaya muvaffak olursam, Almanya'nın himayesini teminde bana faydası dokunur mu?»

— «O zaman Hariciye Nazırı Kont Bülow'un ikna edilmesi gerekir».

— «Maalesef Kont Bülow siyonist aleyhdarıdır» dedim.

— «Hayır o sadece çok temkinlidir, bundan başka öyle de olmak zorundadır».

— «Peki ben Lord Salisbury'nin Berlin'e yazılı olarak bizim plân aleyhinde bulunmadıklarını bildirmesini temin edersem, bu Almanya'nın davranışında lehde bir değişiklik meydana getirecek midir?»

— «Evet, o zaman değişiklik olabilir».

— «Londra'da yapacağım temasları ve aldığım sonuçları size arzederim» deyip ayrıldım.

Koerber'e mektup yazarak Grand Düka'nın İmparator Franz Josef hakkındaki sitayişkâr sözlerini naklettim ve İstanbul nezdinde tavsiye ricasında bulundum. Hemen Londra'ya hareket ettim.

Tanıdık muhitlerde arkadaşlarla müzakereler ve konuşmalarda bulundum, fakat Lord Salisbury ile mülâkat temin edemedim. Savaş tahlikelerini uzaklaştırmakla meşgul bulunuyor, benimle görüşmeyi reddetti.

* * *

Londra dönüşü Paris'te Bernard Lazare ile ayaküstü konuştum. Bu gazeteci ırkdaşım yakında Ajans Nasyonal adına İstanbul'a gideceğini, orada Fransız Sefiri Constans'ı bizim davamıza kazanabileceğim, kendisinin paraya son derece düşkün olduğunu, demiryolu, limanlı v.s. li bir Filistin plânından bu paranın bir kısmı kendi hissesine düşerse hoşlanacağını söyledi.

Lazare gelecek hafta beni Viyana'da ziyaret edecek ve daha etraflı olarak konuşacağız.

* * *

İstanbul'dan Rosenbaum'dan şifreli bir telgraf aldım. Viyana yerine «Valsler memleketi», Vambery[43] yerine Schleinger, Sultan yerine Schleinger, Sultan yerine «Cohn» ve benim yerime de Loebel isimlerini kullanarak Vambery'nin Sultan tarafından kabul edilmediğini, yakında yola çıkacağını karşılayıp konuşmamı bildiriyor.

Şimdi bundan sonraki adımımızın ne olacağını düşünüyorum. Türkiye aleyhinde çalışmaya mı başlamalı? Efkârı umumiyede mevkiimiz pek kuvvetli değil, ayrıca elemanlarımız da zayıf.

Halen bir tek plân aklıma geliyor: Türkiye'nin içinde bulunduğu şartlar her gün biraz daha kötüye gidiyor. Sultan'a karşı bir kampanya açmalı, bu iş için de sürgün edilmiş prensler ve Jön Türklerle temas kurmalı, aynı zamanda Yahudi sosyalistlerini faaliyete geçirip Avrupa Devletleri'nin Yahudileri kabul etmesi hususunda Osmanlı Devleti'ne baskıda bulunmalarını sağlamalı.

17 Haziran

Muhlbach'ta Vambery ile görüşen Hechler bugün geldi. Vambery Sultan'a Siyonizmden bir tek kelime ile bahsetmediği halde reddedilmiş. Bu ne iştir anlıyamıyorum. Bir anlaşmazlık var, en iyisi gidip Vambery ile kendim görüşeyim, zira Hechler'e her türlü yardıma hazır olduğunu söylemiş.

Hemen eksprese atlayıp düşündüğümü yaptım.

Vambery

Bu yetmişlik sabık Yahudi son derece enteresan bir adam, oniki dili rahatlıkla konuşuyor, şimdiye kadar beş din değiştirmiş ki bunlardan ikisinde bilfiil din adamı olarak da çalışmış. Bu kadar dolaştıktan sonra da gayet tabiî olarak ateistlikte karar kılmış. Bana bir sürü 1001 gece hikâyesi, Sultanla ahbaplığı v.s. anlattıktan sonra gayet açık hem Türklerin hem de İngilizlerin casusluğunu yapmış olduğunu itiraf etti. «Ben zengin bir adamım, senden para da istemem zira bana bol bol yetecek kadar var. Sırf bu davaya inandığım ve gerçekleşmesini istediğim için senin hesabına çalışırım» dedi. Sultan'ın şimdi kendisini Avrupa basınında Türkiye lehinde bir cereyan temin etmekle görevlendirdiğini anlatıp bu hususta kendisine yardımım dokunup dokunamıyacağını sordu. Müspet cevap verdim.

Ona şöyle hitabettim:

Vambery Amca, lütfen Sultan'a beni şu iki sebepten ötürü kabul etmesi gerektiğini yazıver. 1) Kendisine bütün dünya matbuatı nezdinde yardımcı olabilirim, 2) Sadece benimle görüşmesi dahi onun kredisini yükseltecektir. En iyisi de senin bana tercümanlık etmendir.

Fakat yazın seyahat etmekten hoşlanmadığı için bu teklifimi kabul etmedi.

Beni istasyona kadar teşyi etti, çocuğum ağır hasta olduğu için derhal dönmek zorunda idim.

Yarın Vambery'ye şu mektubu göndereceğim:

Aziz Vambery Amca,

Birbirimizi, derhal anlamamızdan belli ki her ikimizin de Yahudi tarafımız diğer hüviyetlerimizi bastırıyor. Bize değil, bana yardım edin. Benim Sultanla kongre toplanmazdan önce muhakkak konuşmam şart. Bu konuşmadan o da size bahsettiğim faydaları görecektir. Davamıza bu büyük hizmeti yapmanızı rica ederim. Bunu yaparsanız hatıranız aramızda daima yaşamaya devam edecektir.

21 Haziran

Vambery, Sultan ile mülâkat işinin yazışma suretiyle olamıyacağını bildiriyor, hemen mektup yazdım:

Aziz Vambery Amca,

Dediğini beğenmedim. Sen de sanki anadan doğma Türk imiş gibi işleri «yavaş» tutuyorsun. Ama benim kaybedecek vaktim yok. Mesele daha senin için yeni olduğundan bir sürü düşünüp, bir o kadar çubuk çekip işi biraz savsaklamaya karar verdiğini zannediyorum.

Bana daha başlangıçta; «Ben aptal bir öğretmen değilim» demiştiniz. Ben sizi bir aksiyon adamı olarak görüyorum, benim ırkımdan gelen bir kimse her türlü işin altından kalkmasını bilir.

Aziz amcacığım, gerçekten herşeyi yapabiliriz, fakat yeterki isteyelim.

Sultanla olan yakınlığınız size şöyle bir mektup yazma hakkını vermektedir zannederim: «Al, sana birisini gönderiyorum. Bu adam senin sıkıntılarına bir son verecektir, onu kabul et ve sözlerine kulak ver, ondan sonra da istersen defet gitsin».

İşte söyleyeceğin sadece bunlardan ibaret, ama istersen tabii daha fazlasını da yapabilirsin.

Hürmetlerimle

Th. Herzl

Dün büroda iken bir beyin sarsıntısı geçirdim, fenalaştım. Doktor birkaç gün istirahatın şart olduğunu söyledi. Ama nasıl istirahat edeceğim. Her taraftan heyecan verici, asab bozucu haberler geliyor. Romanya'dan kovulan Yahudiler yürüyerek yola çıkmış geliyorlar, nereye? Nereye gidecek bu adamlar?

24 Haziran

Nuri Bey'e yazıp kongreye Sultan'ın bir telgraf göndermesini temin etmesini isteyeceğim.

Büyük devletlerin Çin'e karşı davranışları Türkiye'ye ders olmalıdır.

1898 yılında Kayzer ile konuşurken «Çin Pandora'nın Kutusudur» demiştim, yanlış kehanette bulunmamışım.

25 Haziran

Romanyalı muhacirler gönderdikleri telgrafta kendilerini Macaristan hududunda karşılamamı istiyorlar. Ne yapacağız?

2 Temmuz

Dün Başvekil Koerber'le beraberdim. Avusturya hududlarını muhacirlere kapatmış bulunuyor. Hepsi ortada kalacaklar. Başvekile Sultan Abdülhamid nezdinde tavassutta bulunmalarını, bu zavallıları memleketine kabul etmesini rica etmelerini söyledim. «Hemen nasıl kiminle temas kurabiliriz? Calice bunu yapamaz. Shéhenyi vasıtası ile bir deneyelim» dedi, teşekkür ederek yanından ayrıldım.

Hemen Vambery'ye mektup yazmaya oturdum:

Aziz Vambery Amca,

Dün bu memleketin Başvekili ile konuştum, mahalli sefir vasıtası ile Sultan'ın bunları kabul etmeleri teşebbüsüne girişip girişemiyeceğini sordum. Bu konuda birşeyler yapmaya çalışacak. Bu işle uğraşan kimse tatilde bulunuyormuş, önce o çağrılacak v.s. v.s.

Şimdi amcacığım, hemen telgrafla harekete geçmeni rica ediyorum. Kullanacağın ifadeyi sen en iyi şekilde tespit edersin, hiç gecikmeden işe giriş. Bilhassa ona anlat ki, bu Yahudileri kabul etmekle insaniyetin hamisi bir büyük adam olarak tanınacaktır. Bütün dünya Yahudileri kendisini medhedeceklerdir. Aynı zamanda Yahudilerin dağılmış olduğu diğer memleketlerin de sempatisini kazanacaktır. Bütün bunlar apaçık hakikatlerdir.

Theodor

* * *

Crespi vasitesiyle Nuri Bey'e mektup:

Ekselans,

Zannederim her yerde güçlüklerle karşılaşıyoruz.

Bizim en iyi niyetli arkadaşlarımız bu mesele doğrudan doğruya Majeste'nin yüksek menfaatlerini ilgilendirdiği halde harekete geçmemektedirler. Bu durumda ben de başka bir cepheden harekete geçerek majestelerinden bir mülâkat teminine çalışmaya başladım. Şu dakikada başarıp başaramıyacağım hususunda bir fikrim yoktur. Fakat sizin ve arkadaşlarınızın başarısı hususunda güvenimden hiçbirşey kaybetmiş değilim.

Biz beraber olmak ve Türkiye'nin yüksek menfaatleri bakımından da bu beraberliği devam ettirmek zorundayız.

Size Efendinizin dikkatini bir hususa çekmenizi rica edeceğim, tamamen yeni bir hâdiseye:

Çin'de büyük kuvvetlerin giriştikleri işbirliğine.

Bu Türkiye için enteresan olduğu kadar da tehlikeli bir misaldir. Ne demek istediğimi anlıyorsunuz. Bu gibi durumlarda kuvvete kuvvetle, donanma ile karşı konulur ve bunu bizim yardımımız olmaksızın elde edemezsiniz.

Bir husus daha: Siyonist Kongreyi bu yıl Londra'da toplanacaktır. Başkanlık divanı her yıl olduğu gibi bu defa da Sultan'a bir bağlılık telgrafı gönderecektir. Lütfen bu telgrafta nasıl bir ifade kullanacağımız hususunda bana bilgi veriniz ve bu telgrafın derhal cevaplandırılmasını temin ediniz.

Derin hürmetlerimle

Th. Herzl

20 Ağustos

Dördüncü Siyonist Kongresi sona erdi. Kongrede bir «iş» görülmedi ama basında lehimize kullandığımız ve daha da kullanacağımız bir sürü makale çıktı. Asıl önemlisi bugüne kadar bizi dışarıdan takip eden bir çok büyük banker de saflarımıza katıldı. Rostschildlere karşı açacağım bir mücadelede tarafımızı tutacaklarını ifade ettiler.

Başvekil Lord Salisbury'nin sekreteri Mr. Barrington ile tanışıp gayelerimizi anlattım ve zannederim alâkasını çektim.

2 Eylül, Aussee

Sultan Abdülhamid'in tahta cülusunun yıldönümü münasebetiyle Siyonist Organizasyonu Başkanı sıfatı ile bir tebrik telgrafı çektim. «Saltanatın devamına duacı olduğumuzu» bildirdim.

18 Eylül

Vambery'yi Peşte'de ziyaret ettim. Sultan'ın beni mayıs ayı içinde kabul edeceğine dair şeref sözü verdi. Bu sözü bana neye dayanarak verdiğini bilmiyorum ama, inandım. Peşte'de çigan müziği dinlerken Sefir Ahmet Tevfik'in ziyarete gittim. Wilhelm ve Abdülhamid hakkında bir sürü gevezelik etti.

1 Ekim

Vambery'den bir haber yok, galiba uyumaya başladı.

Nuri Bey'e şu mektubu gönderdim:

Ekselans,

Sizi Hotel İmperial'de görmek şerefine nail olduğumdan beri bir yıl geçmiş bulunuyor. Ve o zamandan beri hiç, ama hiçbir şey olmadı.

İşittiğime göre İstanbul'da Hicaz yolu konusu ele alınmıştır. Eğer bize Şirket imtiyazı verilirse bu yolu yapmaya veya diğer herhangi bir ihtiyacı karşılamak için fon tesis etmeye hazırız. Eğer bu konudaki selâhiyet sahibi ile rabıtanız varsa teklifimizi iletiniz. Majestelerinin isteyeceği her türlü garantiyi verebilirim.

Müspet cevabınızı mümkün olduğu kadar çabuk bekliyorum.

Th. Herzl

Not: Sizi otelde «görmeye» gelen arkadaşım Kremenzky'nin Filistin'de Lut Gölü sahilinde bir fabrika kurmak gibi enteresan bir fikri var. Bana bundan birkaç defa bahsetti ama ben sizden bu sahillerin kimin imtiyazında olduğunu sormayı unuttum. O bu kimsenin müslüman olduğunu söylüyor. Lütfen bu hususta bilgi vermenizi rica edeceğim.

5 Ekim

İngiliz Siyonist Federasyonu parlamento adayları arasında bir anket yaptı. Çok akıllıca bir iş. Bunlardan 60'ı Siyonizm'in lehinde olduklarını açıkladılar.

Bugün Crespi aracılığı ile Nuri'den bir mektup aldım. Hükümetin 7-800.000 Osmanlı Lirasına acilen ihtiyacı olduğunu, bu borç karşılığı gümrük gelirlerini gösterip % 6 veya 6,5 faiz vereceğini bildiriyor.

Bu işe derhal yardım etmeyelim. Majeste Sultan beni kabul edecek demektir. Hemen şu cevabî telgrafı gönderdim:

«Mektubunuzda anlattığınız garanti karşılığında 700.000 i vereceğimizi bildiriniz, şu şartla ki ben n.c. 363 ile doğrudan doğruya temasa geçeceğim. Fakat lütfen şu hususu arzedin, ben 363 tarafından kabul edilmedikçe hiçbirşey yapamam».[44]

26 Ekim

Dün Türkiye'nin fahri başkonsolosu von Dirsztay Crespi'den yarı yarıya şifre ile yazılmış bir mektup getirdi. Asıl kendisinin kuvvetli olduğunu söyleyip iş yapabileceğini fakat daha önce Viyana'ya gelmesi gerektiğini yazıyor. Anlaşılan paraya ihtiyacı var. Fahrî başkonsolos da onun yazdıklarını teyid ediyor. «Eğer benim için ciddi pozisyon yaratacak olursa 1.000 frank olur» diye yazın dedim.

Galiba sonuca benim zannettiğimden daha yakındayız. Eve geldiğimde Crespi'nin telgrafını buldum:

«Bu telgrafı alır almaz % 6 faizle 700.000 in 200.000 ini depozit olarak hemen gönderirseniz ramazandan önce Zat-ı Şahane'ye durumu arz fırsatını bulurum, ümidim sizin o zaman Saraya resmen davet edileceğiniz şeklindedir. Telle bildiriniz. Crespi».

Crespi Beyoğlu postahanesinden, içinde «Sultan»ın adının açıkça geçtiği bir telgraf çekebildiğine göre durumda ciddi gelişmeler var demektir.

Hemen cevap verdim:

«Yüzde altıbuçuk ile konuşmaya başlamıştın, şimdi yüzde altıdan bahsediyorsun. Fakat bunun önemi yok. Ancak şahsen 363 ile konuşur ve bizi kabul edeceğini işitirsem, konuşmayı takibeden ilk hafta içinde 700.000 inin tamamını alırsınız».

Hemen bütün arkadaşlara mektup yazarak faaliyete geçmekte olduğumu, hazırlanmalarını, ilk partide 700.000 i temin etmelerini ve benim göndereceğim talimatı beklemelerini bildirdim.

Ben de hazırım.

13 Kasım

Dün bizim komite üyelerinden Oskar Marmorek'in evinde konuştuğum milyoner Reitlinger Türkiye'nin 4-500 milyon frank tutarındaki bütün dış borçlarını bir kalemde ödeyerek, karşılığında Filistin'i istememizi ortaya attı. Bu hususta düşünmeliyiz.

Wolffsohn da çektiği telgrafta Kahn'ın Türkiye'nin istediği parayı doğrudan doğruya göndermeyi teklif ettiğini bildiriyor. Bu doğru olmaz, talimatımı beklemeleri lâzım.

14 Kasım

Türkiye'nin bütün borçlarını devralmak fikri bana çok cazip görünüyor. Fransa ve İngiltere'ye bu konuda hazırlık yapmaları için yazdım.

15 Kasım

Bugün Crespi'ye tel çektim:

«Para hazır, niçin mütemmim malûmat göndermiyorsun?»

16 Kasım

Bugün Von Dirsztay telefon ederek Crespi'nin Çarşamba'ya geleceğini söyledi.

Wolffsohn telgrafla 700.000 in Kahn tarafından hazır halde bekletildiğini bildirdi.

Vambery mektup gönderdi: Sultan'a yeni borç hikâyesinin doğru olup olmadığını telgrafla bildirmesini söylemiş. Eğer bu rivayet doğru ise derhal İstanbul'a gitmek niyetinde, ben de onu takip edecekmişim. Projenin şansı düzeliyor.

24 Kasım

Crespi hâlâ gelmedi. Dirsztay telefonla daha onbeş gün gecikeceğini söyledi. Şu telgrafı çektim:

«Eğer faaliyetinizin sonucunu bana derhal bildirmezseniz 700.000 konusundaki teklifimi geri alacağım...»

Buna: «Birkaç gün daha sabrediniz, işler iyi gidiyor. Tafsilât göndereceğim» cevabını aldım.

30 Kasım

Crespi'den güzel bir mektup geldi. Meseleyi Sadrazam, Başkâtip ve Maliye Nazırı ile konuşmuş. İkraz Deutsche Bank'ın geçen yılki şartları çerçevesinde yapılacakmış. Başkâtip, Vambery'nin benim tekliflerimi Sultan'a aksettirdiğini söylemiş. Mamafih Başkâtip bir hususta endişe duyuyormuş: Biz resmen davet ediliriz de ondan sonra da ikraz işi gerçekleşmezse ne olur? Crespi buna karşılık, benim hakkımda Alman Kazyeri nezdinde araştırma yapabileceğini söylemiş.

Muhtemelen bu olayla dün bana telefon eden Alman Sefiri'nin davranışı arasında bir rabıta var. Şu ana, sabahın 11 ine kadar daha fazla tafsilât elde etmiş değilim.

3 Aralık

Dün sabah yanında Von Dirsztay olduğu halde Crespi evime geldi. Fahri başkonsolos tam bir levanten görünüşünde, ikinci veya üçüncü sınıf bir diplomat tesiri bırakıyor. Maamafih İstanbul'da söz sahibi kimseler hakkında açık açık konuşuyor. Bana telgraf alıp almadığımı sordu. Ona göre iki üç gün içinde resmî davet vaki olacaktır.

«Fakat» dedi; «Kabul esnasında sakın Siyonizmden bahsetmeyin. Sadece borç para bulmak hususunda yardım teklif edin. Çünkü bu bir ikraz değil bir mikdar borç para bulma meselesidir. Borç demek birkaç ay içerisinde ödenecek para demektir. Karşılık olarak da gümrük gelirleri gösterildiğine göre mesele yok demektir». Ona Kahn'ın teklifini isim zikretmeden anlattım. Bu teklifteki 80.000 sterlinlik fark ile hemen ilgilendi ve Nuri Bey ile Maliye Nazırı'na hemen bildireceğini söyledi.

Siyonizm mevzuunda, ona göre, Türklerin bütün endişeleri büyük devletlerdir. Eğer Yahudilerin Filistin'e hicretlerine müsaade edilirse «Düvel-i Muazzama» derhal donanmalarını Yafa'ya gönderecek ve Filistin'i işgal edeceklerdir. «Büyük Devletleri halletmek bizim vazifemiz» diye cevap verdim. «Eğer Sultan bu konuda ikna edilirse mesele halledilmiş demektir» cevabını verdi. «Sultan'ın yegâne endişesi budur». İstanbul'a giderken Vambery'yi yanıma alsam nasıl olur diye sorduğumda, çok iyi olacağını, onun her zaman için Sultan ile temas kurabileceğini, Vambery'nin tavsiyesinin birçok kapıyı açacağını söyledi. Başlangıçta onlar benim hakkımda Viyana ve Berlin'de araştırma yapmaya girişmişler, fakat tam o sırada Vambery'nin mektubu gelince bundan vazgeçmişler.

Şundan bundan daha epeyce konuştuk. Lut gölünde kurulacak tesisler için şu beyanda bulundu: Eğer bundan Sultan'a bir hisse verileceği garanti edilirse bu iş olur. Alman Kayzeri'nin himayesi konusundan bugünlerde Sultan da vazgeçmek zorundadır; çünkü bu konuda Şeyhülislâm muhalefet etmektedir.

Sultan ile bir konuşsam, içinde bütün nazırların bulunacağı bir komite kurarak Siyonist tekliflerini inceletmesini isteyeceğim.

Kremenzku Crespi'ye masrafları karşılığı 1.000 frankı ödeyince «Dostlarımıza ne kadar çabuk ve kolay ödemede bulunduğumuzu» söyledi.

4 Aralık

İstanbul'dan şu ana kadar bir şey gelmedi. Crespi'nin geleceğini bildirdiği telgraf öyle görünüyor ki boş lâftan ibaretti, Viyana'ya gelerek küçük bir macera yaşamak istemiş olabilir. Belki de benim nabzımı yoklamak istedi, şimdiden sonra da çalışacak.

Her ne ise, şimdiye kadar yaptıkları da bin franktan fazla etmezdi zaten.

Dün tekrar kendisini Dirsztay'ın yanında gördüm. Nuri Bey ve İstanbul'a ait bir sürü dedikodu anlattı ve «Kölem olacağına dair» söz verdi. Bu gibi herşeyi satmaya hazır kimseye çok nadir rastlanır.

Benim İngiliz hükümetine müracaat ederek Yahudilerin Transval'a liderliğim altında hicretine müsaade edilmesini istediğim şeklindeki haberin Sultan üzerinde çok müessir olduğunu anlattı.

Bugün telgraf çekip Montefioe'nin gerçekten böyle bir daveti İngilizlerden temin etmesini isteyeceğim.

Dün Crespi İstanbul'a birkaç telgraf çekti ama bir cevap alamadı. Ona göre kabine Pazar günü Sultan'ın riyasetinde toplanmış, fakat bana müracaat hususunda onu ikna edememiştir. Zira Sultan bilhassa para konusunda son derece gururludur. «Madem ki ben sizleri nazır yaptım, gerekli herşeyi temin etmelisiniz» diye düşünmektedir. Maliye nazırının ona yaptığı açıklamaya göre hazinede 10.000 altın bulunmaktadır. Gelmekte olan ramazan için 150.000, arkadan bayram için 130.000 altına ihtiyaç vardır.

Bir dedikodu daha: Viyana Sefiri Mahmud Nedim, Crespi aracılığı ile Bâb-ı Âli'ye haber göndermiş, birikmiş oniki aylık maaşının derhal gönderilmesini söylemiş, aksi takdirde Sefarethaneyi kapatmakla tehdit etmiş.

6 Aralık

Dün Crespi Dirsztay ile iki defa yanıma geldi. İstikbalde yapacağı hizmetler karşılığında para sızdırmak istiyor. Kesinlikle reddettim. Önce ne yapacağını, ne yapabileceğini göstermeli, bunu isbat etmeli ki benden para alabilsin. O zaman istediği parayı alır ama hiç'e ben de hiç ile mukabele ederim.

Öğleden sonra Dirsztay, Nuri'nin bir mektubunu getirdi. Deutsche Bank'ın istedikleri ikrazı % 75-78 eksiğine vermeye razı olduğunu, bunu kabul edeceklerini bildiriyor. Crespi hemen Sadrazama telgraf çekerek, «Bundan çok daha iyi şartlarla para bulabileceğini» bildirdi.

Bu durumda işler pek fena gitmiyor sayılır. Şimdi bu telgraftan Sultanın da haberi olacak ve çok daha iyi şartlarla bu paranın temin edilebileceğini bilecek. Eğer yine bir ses çıkmazsa Vambery'nin yazacağı bir mektupla Sultan «Nasıl soyulmakta olduğunu kesinlikle ve tafsilâtıyla» öğrenecek.

9 Aralık

Dün Peşte'ye gidip Crespi hakkındaki bütün hikâyeyi Vambery'ye anlattım. Bu vesile ile kısım Alman maliyecisinin daha doğrusu bankerinin kendisinden Sultan nezdinde tasavvut istediklerini öğrendim. Bunların arasında Başkonsolos Dirsztay'ın da ismini görmek beni şaşırttı. Gözlerimi dört açmam gerekiyor.

Vambery'ye göre benim dediğim gibi bir mektup yazmakla Sultan'ın çevresini derhal kendimize düşman yaparız. Benim Sultan'a bir teklif mektubu yazmamın daha doğru olacağı kanaatinde. Vambery'ye hitaben iki mektup yazacağım. Bunların birini herkese açıp gösterecek, ikincisi gizli olacak ve Sultan'ın eline ulaşacak:

«Aziz Üstad,

Sizin Türkiye ile ne kadar ilgili olduğunuzu bildiğim için son günlerde vuku bulan bazı olayları dikkatinize arzetmek istiyorum. Majeste Sultan'ın hükümeti ile irtibatı bulunan İstanbullu bir iş adamı Mösyö Crespi, Viyana Başkonsolosu M. de Dirsztay ile beraber bana gelerek Osmanlı Hükümeti'nin 700.000 liraya ihtiyacı olduğunu bildirdi. Dünyadaki diğer milletlerin Yahudilere karşı davranışının tam aksine onları şefkat ve merhametle bağrına basan ve ileride Filistin'e de mülteci olarak kabul edeceğine inandığım Majesteye dostluğumuzu isbat etmenin tam zamanıdır diye düşündüm. Her fırsatta bize iyilik eden Sultanın dostu olduğumu isbat etmenin tam zamanıdır.

Eğer ortada bir iyi niyet varsa bu her fırsatta izhar edilmelidir. Bunun için derhal faaliyete geçtim ve imparatorluğa bu parayı en uygun şartlarla temin yollarını araştırdım. Macaristan % 87,5 ile borç ararken Majestelerine % 90 dan teklif edilmesi imkânını sırf dostluk nişanesini olarak sağladım.

Şimdi büyük bir hayal kırıklığı ile Başkonsolos ve yarı resmi ajandan öğreniyorum ki bu teklif reddedilmiştir.

Daha iyi şartlarla yapılan teklifin reddedilmesinin ne mânaya geldiğini siz takdir edersiniz. İstanbul'daki rabıtalarınız size bunun sebebini tahkik imkânını verecektir zannederim.

Bana inanın, aziz üstad

Theodor Herzl».

İkinci mektup da şöyle:

«Aziz dost ve üstad,

Bugün olan acaip bir hâdiseyi size haber vermeliyim. Sizin Türklerin nasıl yakın dostu ve Sultan'ın sadık bendesi olduğunuzu bildiğim için yazıyorum. Türk Hükümeti'ne sırf dostluk nişanesi olarak teklif ettiğim bir hususun nasıl reddedildiği sizi de ilgilendirecektir. 700.000 Osmanlı Lirasına ihtiyacı olduğu hususu yarı resmî bir ajan olduğuna inandığım ve bana Viyana Başkonsolosu tarafından takdim edilen Mösyö Crespi tarafından söylenmişti. Maliyeci arkadaşlarının kâğıt üzerinde 800.000 Osmanlı Liralık bir borç karşılığı olarak % 90 ını yani 720.000 lirasını efektif olarak ödeme üzere bir teklif hazırlamışlardı. Bu bizim bankerlerimiz için cazip bir iş değildi. Zira Macar hükümeti daha birkaç hafta önce % 87,5 ile istediği halde teklifleri kabul edilmemişti. Arkadaşlarım ve ben sadece Sultan'a dostluğumuzu ispat için böyle davranmıştık. Fakat teklifimiz nazarı itibara alınmadı. Bundan daha iyi ve ayni mahiyette bir teklif yapılmış olabileceğine ihtimal vermiyorum.

Bunun iç yüzünü ancak siz anlıyabilirsiniz.

Samimi dileklerimle

Th. H».

11 Aralık

Akşam Crespi'den telgraf geldi:

«No. 73 (Sadrazam) No. 919 a (Berlin Sefirine) telgraf çekerek sizin malî kapasiteniz ve iş gücünüz hakkında bilgi isteyecek. Tatminkâr bilginin gelmesi için ne lâzımsa yapınız. Sizin cevabınız üzerine buradan telgraf çıkacak».

Aynı anda Wolffsohn'dan gelen bir telgraf onun yarın Berlin'de olacağını haber veriyordu. Ona yarın beni telefonla aramasını bildirdim. Kahn da yarın Berlin'de olacak.

12 Aralık

Crespi'ye aşağıdaki şifreli telgrafı çektim:

«Bunun önemli olduğunu bilmekle beraber No. 919 zaruretin neden ileri geldiğini takdir edemez kanaatindeyim. Teklifimi tamamen geri alırdım ama doktor müsaade etmeyip muhakkak 363 ile (Abdülhamid) konsültasyon yapılmasını istiyor. Hastanın ihtiyaçlarını görmek için 3 veya 4 güne ihtiyacı var».

Berlin'de Sefir Ahmed Tevfik ile konuşan arkadaşlarım gayet iyi karşılanmışlar. Bu arada Sefir sedaretten herhangi bir telgraf almadığını söylemiş. Acaba Crespi oyun mu oynuyor?

14 Aralık

Dün Crespi'den enteresan bir mektup geldi; Sadrazamla ve Tahsin Beyle yaptığı konuşma ve münakaşaları anlatıyor. Osmanlı Bankası hükümetin 2-3 milyonluk teklifine karşı sadece 100-150 bin verebileceğini bildirmiş. Ona göre bizim teklifimiz gittikçe kıymet kazanıyor.

Fakat ben levantinlere inanmıyorum.

* * *

Wolffsohn, Berlin Sefiri Ahmed Tevfik ile yaptığı konuşmalara dair rapor gönderdi. Ahmed Tevfik ona da bana iki yıl önce söylediklerini söylemiş: Bizi Filistin dışında herhangi bir yerde mülteci olarak görmekten memnun kalırlarmış, benim «Yahudi Devleti»m hükûmeti korkutmuş –benim için ne şeref-, eğer bir kere Filistin'e yerleşecek olursa çok yakın istikbalde oranın da başına Balkanların başına gelenler gelirmiş. Buna Wolffsohn mükemmel bir cevap vermiş.

«Eğer Balkanlarda Yahudiler olsaydı oralar bugün Türkiye'nin olurdu. Zira Balkan Devletleri Büyük Devletler dostudurlar, ama Yahudilerin tek dostu Türklerden ibarettir».

* * *

Crespi gönderdiği telgrafta acele olarak bir Fransız veya Alman bankerinin isminin bildirilmesini istiyor. Buna karşılık 700.000 i vermeye hazır olan Kahn'ın adını veremezdim. Bunun çeşitli mahzurları olurdu. En basiti aradan beni çıkaracak saray entrikaları ile borcu doğrudan doğruya ondan almaya, komisyonculuk etmeye kalkarlardı. Halbuki ben bunu karşılıksız yapamazdım.

«Arkadaşlarıma ricanızı ilettim, onlar sizinle temasa geçecekler» şeklinde sudan bir cevap gönderdim. Yarın da arkadaşlarımın böyle namüsait şartlarla doğrudan doğruya temasa geçmeyi reddettiklerini bildireceğim.

Crespi bir oyun oynamak, hiç değilse kontrol etmek istiyor, ama bu oyuna düşmeyeceğim.

15 Aralık

Crespi mektubunda Sadrazamın bizim tarafımızda olduğunu bildiriyor. Kabine toplantısında Osmanlı Bankası'nın durumu görüşülmüş ama Sadrazam bu konuyu şimdilik gündemden çıkartmış. Önce benim hakkımda tahkikat yapmak istiyormuş. Şu telgraf meselesi.

Vambery'ye bu mektubun suretini gönderip aracılık etmesini istedim. Yazdığı cevapta açıkça 700.000 lik işte 5.000 altın komisyon alacağını bildiriyor.

Verdiğim cevapta kendisinin böyle küçük hesaplar peşinde koşmaması gerektiğini, 5-10 binin hiçbir değeri olmadığını, yaptığı vazifenin eski kavmine karşı tarihî bir önem taşıdığını anlattım. «Sadrazam meseleyi Sultan'a açmak için senin, benim hakkımda yazacağım mektubu bekliyor. Lütfen Türkler gibi «yavaş» hareket etme, Allah aşkına harekete geç ve yarından tezi yok şu mektubu yaz» dedim.

28 Aralık 1900

Vambery gerçekten gereken mektubu yazdı. Bunun üzerine ben de kendisine bankerlerin bana yazdıkları muvafakat mektuplarının orijinallerini gönderdim: «Madem ki sen bana inanıp yazdın, işte ben de sana yalan söylemediğimi, gerçekten bankerlerle münasebette olduğumu ve bana selâhiyet verdiklerini tevsik eden vesikaları gönderiyorum. Almanya'da olanı tam seksen senelik bir bankacılık müessesidir ve resmî mahfillerdeki kredisi de sonsuzdur. Bütün talepleri tek başına bile karşılayabilir» diye yazdım. Malûm sebeplerden ötürü bu isimleri kimseye açıklamamasını da ricayı unutmadım.

* * *

Vambery 29 Aralık günü yazdığı bu mektupta çok mühim bir noktayı işaret ediyor. «Veda etmek için Sultan'ın yanına girdiğimde bana –politikacı deyimiyle- metelik vermedi, bütün istediği para ve kuvvet» diyor. Bunun üzerine kendisine uzun bir mektup yazıp bilhassa şunları bildirdim:

«Ocak ayının ortalarına doğru bir seyahate çıkacağım ve mali çevrelere tesir ederek Türk Hükümeti'nin bütün bu kaynaklarla alâkasının kesilmesini temin edeceğim. O zaman benim yabana atılacak bir kimse olmadığımı anlamış olurlar. Fakat bunu yapmazdan önce bu yerleşmenin dostça yapılması için son bir teklifte bulunacağım. Şimdiye kadar birçok vesilelerle Türklere dost olduğumu göstermeye çalıştım. Türk-Yunan savaşı sırasında sağlık heyetlerinin gönüllü olarak cepheye gitmesini, yaralı askerler için Avrupa'nın çeşitli bölgelerinde kampanya açılmasını ben temin ettim. Her Siyonist kongresinden önce gayet hürmetkâr ifadelerle telgraf çektim. 700.000 e ihtiyaçları olduğunu söylediklerinde en uygun şartlarla elde etmelerini ben sağladım. Fakat bir tek teşekkür cümlesi dahi bana çok görüldü, esirgendi. İçlerinden birisi Türklerin Yahudilerin Filistin'e girmelerine, onlar orada bir Yahudi Krallığı kuracağı için müsaade edemezler deyip çıktı. Bu çok safça bir şey. Yahudilerin istedikleri sadece mesut yaşayabilecekleri, çalışabilecekleri ve Sultan'a tâbi olacakları bir memlekettir. Sultan'ın bütün İmparatorluğu da bu yerleşmenin semeresini en yakın zamanda görebilecektir. Fakat bunu istemediler. Pekâla. Kimse onları Yahudilerle dost olmaya icbar edemez elbette. Fakat Yahudiler sizden bir şey beklemiyorsa siz de onlardan bir şey beklememelisiniz.

Bu itibarla Ocak ayının ortalarına kadar çağırılmamı bekleyeceğim. Bir ses çıkmadığı takdirde yukarıda bahsettiğim seyahate çıkacak ve en acil ihtiyaçlar için dahi Türk Hükümeti'nin on para borç bulamamasını temin edeceğim. Sonra da muhaceret konusunda bize uygun teklifleri olan Kanada ile müzakereye oturacağım.

Dostlarınıza söyleyiniz. Beni bir kere dinlesinler sonra istedikleri kararı versinler.

İşte böyle amcacığım. Eğer Sultan 15 Ocak tarihine kadar beni çağırmazsa bahsettiğim seyahate çıkacağım».

7 Ocak

Vambery benim son mektubumdan Sultan'a bahsettiğini yazıyor, fakat bir sonuç beklemediğini de ilâve ediyor.

* * *

Dr. Herzl, Vambery'ye yazdığı gibi faaliyete geçer ve önce Avusturya Başvekili Koerber ile konuşur. Sonra Paris'e gider. Daha yolda iken Osmanlı Bankası'nın Londra'daki «sahiplerini» bu bankanın eski bir müfettişinden öğrenir. Gayesi Osmanlı İmparatorluğu'nun malî işlerini yöneten bu bankayı toptan satın almak, bu yoldan Sultan Abdülhamid üzerinde baskı yapmaktır. Önce Londra'da kendi adamları ile buluşup müzakerelerde bulunur. Osmanlı Bankası idarecilerine verilecek 50 milyonluk bir garanti ile Türkiye'ye akan musluklar kökten kesilebilecektir. Bu arada Rotschildler'le temasa geçer, münasebetleri eskisi gibi değildir. Tam anlaşmaya varmasa da artık zıt kuvvetler veya düşman kamplarda bulunmak durumundan kurtulurlar.

Bu arada İstanbul'daki ajan Crespi'den birkaç defa mektup gelir, Sadrazamın ikna edildiğinden, şu kadar milyona acele ihtiyaç bulunduğundan v.s. bahsedilir, fakat hepsine red cevabı verir.

Bankerlerin sırt çevirmeleri Bâb-ı Âli'yi sıkıntıya düşürmeye başlamıştır. Bir taraftan da Rusya'daki adamları vasıtası ile harekete geçen Herzl, Yafa'dan itibaren Hicaz istikametinde yapılacak olan demiryolunun Rusya'daki hisselerini satın alma kampanyasına girişir. Hisseleri ile geçirmek suretiyle Filistin'de inşa edilecek bu demiryolu konusunda söz sahibi olmak istemektedir.

Nisan başlarında Sultan Abdülhamid Vambery'yi İstanbul'a çağırır, niyeti İngiltere Kralı ile arasının düzeltilmesi işinde aracı olarak onu kullanmaktır. Bu daveti Vambery Dr. Herzl'e haber verir. O da eski ricalarını tekrarlar ve muhakkak bir randevu temin etmesini ister. Vambery büyük samimiyetle onun hesabına çalışmaktadır.

8 Mayısta İstanbul'dan dönen Vambery iyi haberler getirmektedir. Dr. Herzl Crespi'nin telgrafı üzerine Viyana'dan Peşte'ye kadar gidip Orient Ekspres'ten inen dostunu karşılamıştır.

«Sultan seni kabul edecek dostum, ama bir Siyonist olarak değil de dünyadaki Yahudilerin lideri ve meşhur bir gazeteci olarak» dedikten sonra şöyle devam etti: «Onunla Siyonizm hakkında konuşmamalısın. Bu bir fantasmagoryadır.[45] Kudüs bu adamlar için Mekke kadar mukaddes bir şehirdir. Mamafih Siyonizm, Hıristiyanlığa bakış ehveni şerdir. Ben orada bulunduğum sürece seni kabul etmeyi reddetti, ama sonra razı oldu. Sana iki mektup vereceğim. Birisi Başkâtip Tahsin Bey'e hitaben –ki kendisi benim sadık arkadaşımdır-, diğeri de Wellisch adlı iyi bir Yahudi. Ama sen sabırlı olmalısın, bu iş bir iki hafta uzayabilir».

Beni kapıya kadar geçirdi, orada öpüşerek ayrılırken, iki gün sonra gelip mektupları ve gerekli bilgileri almamı söyledi. Aklıma gelen şu soruyu sordum: «Sultan konuşma arasında bana şahsen atıfta bulundu mu?» Cevap olarak; «Senin adını bile bilmediğine eminim» deyip kesti. Bu mümkün olabilir mi?

Her ne hal ise, nihayet Sultan Abdülhamid ile konuşmak şerefine nail olacağım.

Eğer Filistin'i bana satmak isterse malî yönden sıkıntıya düşeceğim. Parayı da temin etmeyelim.

* * *

13 Mayıs, İstanbul

Beş yıl sonra İstanbul'da ve aynı oteldeyim. Hatta Newlinsky ile vaktiyle kaldığım aynı odadayım. Değişmiş bir adam olarak pencereden hiç değişmemiş olan Haliç'e bakıyorum. Güzellik beni pek ilgilendirmez, benim için dünya görünüşten ziyade iradedir.

* * *

Dr. Wellisch aslında Macar Yahudisi ama Türk Devleti'nin hizmetine girmiş, bizim için gerçekten faydalı bir insan. Tam bizim muvasalâtımızda geldi ve kendisini tamamen bizim işlerimize vakfetti.

Sonra bizim «makas-bileyicisi» Crespi geldi, bunu artık defedeceğim, ama arkadaşça ve güleryüzle karşıladım ve yarın uğramasını söyledim.

İkinci gün (dün sabah) Vambery'nin bir telgrafı ile geldi: «Herşey yolunda». Onun fikirlerini öğrenmek istedim. Ben ondan daha çok şey biliyorum. Sonra açıldı, rüşvet verilecek kimselerin bir listesini verdi. Tabiatiyle bu listeyi şüpheli kabul ediyorum. Fakat bunlara Wolffsohn'un ödeme yapmasını sağlayacak ve bu müessir kişileri elde edeceğim.

Sabah saat 10.30 da Wellisch'le bir arabaya binip Yıldız Sarayı'na gittik. Vaktiyle Newlinsky ile geçtiğimiz yollardan geçtik, yine muhafızlar, askerler, kapıcılar...

Tahsin Bey'in dairesine gidip güzel manzaralı bir salonda bekledik. Tahsin Bey'e kartımızı gönderdik, az sonra gelen bir görevli Tahsin Bey'in çok meşgul olduğunu bildirdi.

Wellishc ona bir tezkere yazarak, bende Vambery'nin bir mektubu olduğunu bildirdi. Bunun üzerine gelen başka bir görevli benim mesleğimi sordu:

— «Yazar, edebiyatçı» dedim.

— «*Neue Freie Presse*'in müdürü mü?»

Wellisch'e, bir gazetenin temsilcisi olarak değil, sadece bir yazar olarak takdim edilmek istediğimi söyledim.

Birkaç dakika sonra tekrar gelen görevli Tahsin Bey'in yanına götürdü.

Kara sakallı, gözleri sanki yarı yarıya kapalı uzak tefek bir adam. Biz girince ayağa kalktı, elini uzattı, yazı masasının karşısında yer gösterdi ve Türkçe bazı nezaket cümleleri ile, hoşgeldiniz dedi. Wellisch bunları bana tercüme etti, ben de aynı soğuk nezaket cümleleri ile teşekkür ettim. Gösterdiği hüsnü kabulden memnun olduğumu, bu güzel şehre ilk defa gelmediğimi, 1898 yılında burada Alman Kayzeri tarafından kabul edildiğimi ve Sultan'ın sadık bir dostu olduğumu söyledim, sonra onun bir suali üzerine burada 3-4 gün kalacağımızı bildirdik ve ayrıldık.

* * *

Dünkü bu olaylardan sonra şimdi bekleme durumundayım.

14 Mayıs, İstanbul

Dün Wellisch Yıldız'a gidip bizim işlerin iyi gittiği haberi ile döndü. Kendisine de bana verilen nişan verilecekmiş, bunu tebliğ etmişler. Ona kendimin nişanını gösterdim. Ziyaret sırasında nasıl giyinmem gerektiğini sordum. Bugün bu hususta bir karar verecek. Tahsin Bey Cuma selâmlığına davet etti. Ondan sonra Sultan'ı görüp göremiyeceğimi öğreneceğim. Görünüşe göre Sultan beni debdebeli saltanatlı bir şekilde kabul etmek arzusunda.

* * *

Öğleden sonra Kapalıçarşı ve Ayasofya'ya gittik. Akşam da yalnız Taksim Bahçesi'ne gittim, oradan Boğaz çok şahane görünüyor. Bu sıralarda hayat görüşüm değişiyor. «Dünya bir rüyadır»lardan geçip «Dünya bir mücadeledir»e geliyorum.

Öğle vakti Oskar Marmorek'i Crespi'ye gönderdim ve Nuri ile Crespi'nin evinde bir buluşma tertip etmesini söyledim. Nuri bana imkân bulamadığını zira kendisinin daimî göz altında tutulduğunu bildirdi.

Akşam Anadolu Hanı'na gittim, sadık arkadaşım Wolfsohn hâlâ hasta idi. Ayrılırken beni merak ediyordu. Şaka ettim: Eğer sabah geri dönmeyecek olursam beni Crespi'nin ininde ararsınız.

Crespi beni Anadolu Han'ın pasajında bekliyordu. Önünden geçerken kendisiyle evinde konuşmak istediğimi söyledim. Peşimden geldi. Eski, harap evi Anadolu Han'ın arkasındaki bölge idi, döşemesi de hayli pejmürdeydi. Çalışma odasına Viyana'nın aristokrat havasını vermişti. Duvarları gazete başlıkları ile süslenmişti.

Konuşmasına mahçup başlıyor, sonunda yüzsüzlüğe varıyor, beş franktan milyon altına geçiyordu. Daha önce bana söylenen kötü şeyler konusunda ürkek konuşuyordu.

Sanki hiçbirşey bilmiyormuşum gibi davranıyordum. Vambery bana bu grubun hiçbirşey yapamıyacağı gibi herşeyi yapacağını da söylemişti. Şimdi bununla alâkayı kesebilirdim, ama istikbalde bunları yine kullanabilirim, onun için o yola gitmeyeceğim. Bana Dirsztay'dan aldığı bir mektubu gösterdi, eğer randevu gerçekleşirse Crespi'nin benden her ay 1.500 frank alacağını bildiriyordu. «Evet» dedim, «Eğer ben bütün plânı Sultan'a sunarsam ve o da bunu tetkik etmek üzere bir komite kurarsa».

Fakat şimdi alâkayı bütün bütün kesmek de doğru olmazdı, Kongre toplanmazdan önce bana bir oyun oynayabilirdi. Onun için kendisine şimdilik ayda 1.000 frank vereceğime söz verdim. İleride komitenin kararı ile bu 1.500 olacaktı.

Bu arada Nuri'nin tıpkı Viyana'da verdiği makbuza benzer bir makbuzu aldığı paralar karşılığında vermesi şartını ortaya attım. Tahsin Bey'in; «Üçtebir»ini bu arada zikretmedim, onun üzerinde de düşünmek lâzım. İzzet Bey kanadına mensup Nuri grubunu elde tutmak 10.000 frankla mümkün rafları arkadaşlarıma haber vermeyelim.

Crespi bu arada galiba ilk defa doğru bir lâf etti, Sultan tarafından kabul edilmeden önce hiçbir şey yapmaya muktedir olmadığını söyledi. Nuri Bey de bana verilmesi söz verilen Nişan'ın daha büyük derecesinin verilmesini dahi temin edecek durumda değildir. Ama ben verilecek İkinci Sınıf Mecidiye nişanını kendim reddedemez miyim?

Bu sabah Wellisch'e Tahsin'e gidip, benim nişan meraklısı olmadığımı, beş sene önce ben istemediğim halde Üçüncü Sınıf nişanı evime kadar gönderdiklerini, nezaketen onu reddetmediğimi, şimdi ille bir nişan vermek istiyorlarsa ancak birinci sınıfını kabul edebileceğimi söylemesini istedim.

15 Mayıs, İstanbul

Bugün yine boşuna bekleme ile geçti. Her an Sultanla konuşmanın ne şekiller alabileceğini düşünüyorum. Günün olayları:

Akşam Taksim Bahçesi'ne gittim. Orada Nuri Bey bir Avrupalı ile oturuyordu, ben varınca mendilini çıkarıp sakalını silip yüzüne tuttu, ben de bunun üzerine kendisini görmemiş gibi davrandım. Wolffsohn ve Marmorek'e çıkarken bakıp onu tanımalarını ve bizim rüşvetlerin nereye gittiğini bilmelerini söyledim.

17 Mayıs, İstanbul

Bugün belki büyük bir gün olacak, belki çok küçük bir gün veya hiç. Hâlâ kabul edilmedim.

Eğer kabul edilmezsem Vambery'ye bir telgraf çekeceğim, öyle bir telgraf ki buradakiler de okuyup anlayabilsinler.

Sabahleyin *Neue Freie Presse*'ye göndereceğim «Şavuot Hikâyesi»ni düşündüm: Güneş, bir diplomatın son aşkı, Tarabya'da ifade edilmiş bir aşk, ayaklarının dibinde Boğaziçi'nin suları... v.s.

Sonra Sultan Abdülhamid'i düşündüm, belki o tam tahayyül ettiğim gibi bir «Patron»dur.

Aynanın karşısında sanki huzurda imiş gibi konuşuyordum: «Majesteleri bendelerinin açıkça, samimiyetle ve ciddi konuşmalarına müsaade ederler mi?»

«Ben küçük hizmetler için değil büyük işler için geldim».

«Bir gazete makalesine 50 ilâ 500 Lui Altını verilir, ben ise satmam, kendim veririm».

«Androclus ve Arslan hikâyesi v.s.».

Bunların ne kadarını gerçekleştirebileceğim?

19 Mayıs, İstanbul

Herşeye kavuştum.

Dün hiçbirşey yazmaya fırsat bulamadım, zira sabahtan Saray'a çağrıldım ve akşam geç vakte kadar heyecanla bekledim. Sultanla yaptığım bu ilk konuşmayı hemen yazamadığım için de tazeliğini kaybetti.

Cuma sabahı saat 10'da dikkatle tuvalet yapıp, frağımı giyip Mecidiye nişanımı takıp Wellisch ile birlikte arabaya binip Yıldız Sarayı'na gittik. Hava oldukça ılık olmasına rağmen paltomu ve içeriye toz dolmaması için pencereleri sıkı sıkıya kapadım. Selâmlıkta bulunacak olan birlikler yürüyorlar; atlılar, görevliler vazife başında bulunuyordular.

Selâmlık sırasında fevkalâde emniyet tedbirleri alınıyor ve o bölgeden kuş uçurulmuyor, ama bütün kapılar sanki sihirli imiş gibi önümde açılıyordu. Derhal içeri alınıp Birinci Kâtip Tahsin Bey'e götürüldük, yani Fuat Paşa vardı. Tahsin Bey pek memnun görünüyordu, beni Fuat Paşa'ya takdim etti. Ondan sonra Merasim Nazırı İbrahim Bey tarafından çağrıldım. Kır sakallı, yuvarlak omuzlu bir adam bu İbrahim Bey. Orada da muhteşem bir şekilde karşılandık, sonra beş yıl önce Newlinsky ile birlikte bulunduğumuz yabancılara mahsus seyr mahalline alındık.

Bu defa eskisi kadar kalabalık yoktu Cuma selâmlığında. Saat bire kadar orada dikilmekten de pek hoşlanmadım doğrusu.

Sanki gölge bir yerde oturma arzum anlaşılmış gibi, bir yaver gelerek Sefirlere mahsus kabul odasında oturmak ister miyim diye sordu. Orada diplomatik erkân da bulunuyordu. Bunlar yakın mesafeden uzakta olduğundan daha aptal görünen kimselerdir. Kadınları bile pencereden, uzaktan zarif görünürler, ama yakından bakınca böyle değildirler. Diplomatların tâbiri ile güzel «Osmanlı operası» selâmlık merasimi çabuk geçti. Her Cuma aynı şey. Birlikler yürümeye başladı, saray mensupları, prensler, hanımlar, paşalar... herkes yürüyüp geçti. Sonra müezzin minareden öğle ezanını okudu, padişah arabası ile gelip girdi. Buradan sonraki yarım saat oturup çirkin diplomatları seyretmekle geçti. Sonra Majeste'nin mabeyncisi misafirlere hoşgeldiniz dedi. Bana, Birinci kâtip Tahsin Bey tarafından kabul edilmek üzere beklendiğim söylendi.

Bu sırada, elinde bir kutu ve yanında, limandaki Rus Filosu'nun amirali ile göründü. Amirale nişan takılacaktı. Amiral biraz kızararak büyük bir iftiharla nişanı ve tebrikleri kabul etti. Ben bir köşede olanları seyrediyordum. İbrahim Bey bana doğru gelerek, Sultan'ın İkinci Sınıf Mecidiye nişanının bana verilmesini emrettiğini söyledi. Son derece nazik cümlelerle teşekkür ederek, beş yıl önce bu nişanın Üçüncü Sınıfının bana tevcih edilmiş olduğunu, nezaketen o zaman reddetmemiş olduğumu, eğer Birinci Sınıfı tevcih edilirse kabul edebileceğimi arzettim. İbrahim Bey de son derece nazik cümlelerle durumu Sultan'a arzedeceğini söyledi.

Nihayet herkes odadan çıktı ve ben yalnız kaldım. Bir müddet sonra hizmetkârlar geldiler ve çakıl yollardan yürüyerek başka bir köşke geçtik, orada önce İbrahim Bey tarafından kabul edildim. Beşuş bir çehre ile Majeste'nin bana Mecidiye Nişanının Büyük Kordonunun tevcihine emir buyurduklarını haber verdi. Birkaç dakika sonra başka bir odaya alındım, buradan girilince kabul odası geliyordu.

«Sultan» tam resimlerinde gördüğüm şekilde duruyordu: Biraz kısa, zayıf, büyük kemerli burunlu; düzgün sakallı, titrek sesli. Üzerinde selâmlık merasiminde giydiği Büyük Üniforma vardı. Nişanlarını takmıştı, ellerinde eldiven vardı. Bana elini uzattı ve oturduk. Az sonra sandalyeme iyice yerleşip rahat bir şekilde oturdum. O bir divana oturmuş, kılıcını iki ayağı arasına almıştı. İbrahim ayakta dikiliyordu. Sanki onun veya benim ağzımdan çıkacak kelimeleri kapacakmış gibi duruyordu.

Sultan, İbrahim'e hitaben konuşurken kendisini dikkatle tetkik ettim, aynı şeyi ben Fransızca konuşurken o yaptı.

O söze selâmla başladı, ben de öyle yaptım. Neue Preie Presse gazetesini daima okuduğunu söyledi. Bir kelime Almanca bilmediği halde nasıl okuduğunu merak ettim. Transval, Çin v.s. hususunda bu gazete vasıtasiyle bilgi aldığını söyledi. Ben de verilen nişana teşekkürlerimi ifade ettim. Sonra bizim memleketler arasındaki (yani Türkiye ve Avusturya) dostane münasebetlere işaret etti. İmparator Franz Josef'in iyi olup olmadığını sordu, daha bunun gibi şeyler.

Ben bu konular üzerinde durmadım ve İbrahim Bey vasıtası ile kendilerine Yahudilere karşı davranışları dolayısiyle medyunu şükran bulduğumu söyledim. Bütün dünyadaki Yahudiler bu sebeple kendisine minnettar bulunuyordular. Bilhassa kendisine büyük hizmetlerde bulunabileceğimi, küçük hizmetleri herkesin görebileceğini anlattım. Bugünkü konuşmamız hakkında bir tek satır dahi yazmamış olduğum hususu üzerinde tekiden durdum. Benimle tamamen gizli kalacak şekilde konuşabileceğini söyledim.

Bana teşekkür etti, gümüş bir kutudan iki sigara aldı, birini bana verdi, diğerini kendisi aldı. İbrahim Bey'in sigara içmesine müsaade edilmiyordu, o önce Sultan'ın sonra benim sigaralarımı yaktı. Sonra Sultan şöyle dedi:

«Ben öteden beri Yahudilere dostluk gösterdim. Gerçekten sadece müslümanlara ve Yahudilere itimat ederim. Diğer tebaamla aynı şekilde hiçbir zaman samimi olmamışımdır».

Bunun üzerine ben Avrupa memleketlerinde Yahudilerin uğradıkları haksızlıkları ve zulümleri anlattım. İmparatorluğunu Yahudi mültecilere daima kapısı açık bir melce olarak tuttuğunu söyledi.

Şöyle dedim:

«Profesör Arminus Vambery bendenizi majestelerinin kabul edeceklerini haber verdiği zaman Androclus ve Aslan adlı eski hikâyeyi düşündüm.[46] Majesteleri arslan ve bendeleri de belki köle Androclus, ve belki de kurtulacak bir taht var».

Bu komplimanı tebessümle karşıladı.

Açık ve teferruatlı şekilde konuşabilir miydim? evet, buna müsaade ve rica etti.

«Görüşüme göre hikâyedeki taht sizin devlet borçlarınızdır. Eğer Türkiye bundan kurtarılırsa inanıyorum ki şimdiki kudretinin ve hayatiyetinin iki mislini kazanır».

Sultan içini çekti ve iç çekerek tebessüm etti. İbrahim Bey söylediklerini tercüme etti: «Daha saltanatın başlangıcında Majesteleri tahttan uzaklaştırılmaya boşuna uğraşılmıştır. Bu taht büyük ecdadı tarafından kurulmuş ve ona intikal etmiştir ve kendisinden uzaklaştırılması imkânsız görünmektedir. Eğer bu konuda kendisine yardımcı olursam iyi olacaktır.

«Evet» dedim, «Bunu yapabileceğime inanıyorum, fakat birinci şart herşeyin son derece gizli kalmasıdır».

Haşmetmeâb gözünü kaldırdı, elini göğsüne koydu ve mırıldandı: «Gizli gizli».

Bu ısrarımın sebebini anlattım. Büyük Kuvvetler Türkiye'yi daima tesirleri altında tutabilmek için onun gittikçe daha zayıf olmasını istemektedirler. Bunu temin etmek için ne mümkünse yapacaklardır.

Bunu anladı.

Ben konuşmama bilhassa bu hususu başa alarak devam ettim. Bu şekildeki faaliyeti bütün Avrupa borsasını ellerinde bulunduran arkadaşlarımı Haşmetmeâbın tarafına çekerek önleyebilirim. Maamafih, zamanı geldiğinde bunun karşılığında bazı ölçüler dahilinde dostluk izhar edilir.

İbrahim Bey Majestelerin söylediklerini âdeta içer gibi dinledi ve bana mesut bir yüzle tercüme etti: «Majestelerinin bir saray mücevhercisi vardır, kendisi Yahudidir. Ona Yahudiler hakkında bazı uygun şeyler söyleyerek basına intikal ettirmesini söyleyebilirler. Bir de buradaki Yahudilerin Baş Rabbisi vardır, Hahambaşı. Ona da bazı şeyler söyleyebilirler.»

Ben bunu reddettim. Arkadaşım Dr. Marcus, benim adım geçtiği zaman bu Hahambaşı'nın suratını ekşitip yere tükürdüğünü söylemişti.

«Hayır» dedim; «Bu bizim maksadımıza hizmet etmez. Bize faydalı olacağı anlaşılmadan dünyaya açıklanmamalıdır. Bunu ne zaman yapacağımızı bendeniz tespit edip sonra Haşmetmeâba arzederim. Ben dünya Yahudilerinin Türk İmparatorluğu için fiilen çalışmalarını temin edeceğim. Bu şekildeki bir beyanname de empoze edici bir karakter taşıyacaktır. Hahambaşı ile konuşulanlar sadece Türkiye'de kalacaktır».

Majeste söylediklerimi hep tasvip ediyordu, devam ettim:

«Bütün bu memleketin ihtiyacı bizim kavmimizin endüstri maharetidir. Avrupalılar buraya sırf kendilerini kısa zamanda zengin etmek ve dönmek için gelmektedirler. Bir müteahhit kazanç sağladığı memlekette yaşayacak, orada kalacaksa namuslu davranmak, zorunda kalacaktır».

Majeste bunları da tasvip etti ve İbrahim Bey bunu neşe ile bana nakletti ve şöyle dedi:

«Bizim memleketimizde hâlâ el sürülmemiş hazineler bulunmaktadır. Yalnız bugün Haşmetmeâb Bağdad'dan bir telgraf aldılar, bunda orada bulunan petrolün Kafkas petrollerinden daha üstün kalitede olduğu bildirilmektedir». Eğer burada uzun süre kalabilecek olsaydım Majesteleri Anadolu Demiryolları tarafından yapılan çalışmaları bir görmemi isterdi. Hattın sağında ve solunda cennet gibi araziler uzanmaktaydı. Madenler, altın ve gümüş madenleri bulunmaktadır. Majesteleri'nin selefleri zamanlarında altın madenleri işlenmiş, külçe ve para haline getirilmiş ve askerî masraflar böylece karşılanmıştı.

Gerçekten Haşmetmeâbın konuşması sırasında iki elini açarak havada çokluk işareti yaptığına dikkat etmiştim.

Sonra sürprizli şeyler vaki oldu. Haşmetmeâbın İbrahim Bey aracılığı ile bana, memlekette yeni kaynaklar meydana getirebilecek dirayetli bir maliyeciyi tavsiye etmemi rica etti. Bundan pek ağır vergi de alınmazdı, meselâ kibrit vergisi gibi olurdu.

Bu gizli davranma gösterisinden son derece ümide kapıldım. Fakat dedim ki: «Bu beni büyük mesuliyet altına sokar, çünkü tavsiye edeceğim kimsenin dürüstlüğü yanında bir de kiyafeti mevzubahistir. Bu sebeple araştırma yapmam ve Majestelerinin tam aradığı adamı bulmam lâzımdır, bunu en kısa zamanda yapabilirim. Anladığıma göre bu zat son derece gizlilik içinde yalnız malî mevzularda çalışmalı, vardığı neticeleri bana vermeli, ben de ondan aldığım bilgilere istinat ile ekonomik kalkınmayı gerçekleştirecek bir plân hazırlayalım».

Fakat Sultan başka fikirde idi. Görüşünü kendisini dikkatle dinleyen İbrahim Bey'e anlattı o da bana nakletti: «Zat-ı Haşmetpenahileri bu şahsa resmî bir hüviyet vermenin daha iyi olacağı kanaatinde bulunuyorlar, öyle olursa az alâka çeker fikrindeler. O kimseyi Nezaretinde herhangi bir yere tayin ederler, o da size muntazaman raporlarını verir. Haşmetpenah sonra sizinle gizli ajanlar vasıtası ile temas ederler».

Bu fikrin son derece doğru olduğunu teslim ettim ve mektuplarımın Zat-ı Haşmetpenahilerinin eline nasıl ulaşabileceğini sordum, zarfın üzerine koyacağım özel bir mühür veya işaretle mi?

Majeste İbrahim Bey aracılığı ile benim kendi mührümün kâfi olduğunu, benim tarafımdan mühürlenecek mektupların Tahsin Bey vasıtası ile doğrudan doğruya kendisine getirileceğini söyledi.

Bundan sonra Haşmetmeâb muallakta duran millî borçların konsolide edilmesi konusuna geçti. Ben bunun ne demek olduğunu sordum. Majeste bunu bana nakletmek üzere İbrahim Bey'e anlattı. Konsolidasyon, eskisini kapatmak için verilen yeni bir borçtur, bir yıl önceki zararı kapatmak için 1'e ve 1,5 milyon lira verilir ve tamamı düzeltilmiş olur.

Ben omuz silkerek; «Ne, bu kadar az mı?» deyince Majeste de müteessif bir eda ile omuzlarını silkti ve hazin hazin gülümsedi.

Bütün konsolidasyon projesi hakkında bilgi verilmesini rica ettim, büyük işlerden birisini başarabilmek için bunu halletmenin nasıl mümkün olabileceği konusunda düşünmek için bu lâzımdı. Konsolide etmek belki iyi belki kötü

Sonra konuşmamıza devam ettik. Onun alâkasını çeken her konuda konuşuyorduk. Bu benim de ilgimi çekiyordu. Kaba hatları ile istikbal hakkındaki bir program çizdim. Bunların hepsi bu muhteşem şehir ve İmparatorlukta gerçekleştirilebilir hususlardı. Birer nişan vermek vesilesiyle arkadaşlarım Wolffsohn ve Marmorek bu işlerde kullanılabilirdi. Yeni gelir kaynakları düşünülebilir, meselâ bir elektrik enerjisi monopolu kurulabilirdi.

Majesteleri, İbrahim Bey vasıtasiyle, sarayında bir elektrik tesisatı olduğunu, kendilerinin ışıktan hoşlandıklarını ve diğerlerinden ziyade bu konunun ele alınmasının iyi olacağı kanaatinde olduklarını bildirdi.

Ben şehirde yapılması mümkün gelişmeleri anlattım. Meselâ altından en büyük gemilerin bile geçebilecekleri (Marmorek'in fikri idi) bir köprünün Haliç'in ağzına yapılmasını ileri sürdüm.

Majesteleri benim bu projeler üzerinde zamanla durabileceğimi, önce devlet borçlarından kurtulma konusuna kendimi hasretmemi İbrahim Bey'in aracılığı ile rica etti.

Yorulduğumu hissettim. Konuşmamız iki saatten fazla zamandır devam ediyordu. Konuşma tam istediğim yolda cereyan etmişti. Şimdi benden daha fazla teferruat üzerinde bilgi isteyeceğinden emindim. Bu sebeple konuşmayı tavsattım. Majeste de söyleyecek başka bir şey bulamadı ve ayağa kalkarak bana elini uzattı. Ben biraz durup konuştuklarımızın anlaştığımız gibi tam bir gizlilik içinde kalmasını rica ettim. Majeste de tekrar etti: «Gizli, gizli».

Bizim Kongreyi düşünerek, bu arada bir deklerasyonla Yahudilerden bahsedilmesi arzusunu izhar ettim ve bütün detayları ile konsolidasyon projesi ve malî durumun bana bildirilmesini istedim. Bu hususların yerine getirileceğini söz verdi.

Sonra Sultan kapıya doğru birkaç adım attı, İbrahim Bey ve ben eğilerek geri geri çekildik, Sultan'ın her dönüşünde eğildik ve çıktı.

Daha önce yazmayı unuttum, konuşmamız arasında Sultan kendisinin Yahudilerin dostu olduğunu söylediği sırada yerimden kalkmış ve önünde eğilmiştim.

İbrahim Beyle kendi odasına gittik. Orada bana içinde Büyük Kordon'un bulunduğu kırmızı kutuyu verdi. Selâmlık sırasında Rus Amirali Kriger'e verilenin aynısı idi. Salondan çıktım, giriş kısmında bahşiş isteyen bir sürü elin bana uzandığını gördüm. Birkaç altın para saçıp geçtim.

Sultan'ın Sarayından dışarı çıktığımda beni dışarıda kim bekliyordu? Crespi! Onu benim yanımda görürse İbrahim Bey'e karşı çok mahçup duruma düşecektim, fakat Crespi bir yana itilecek gibi değildi, benimle ta kapıya kadar geldi.

Kapıda bir grup bahşişçinin hücumuna daha uğradım. Bir grup arabamın etrafını çevirmişti, cebimde ne varsa çıkardım ve Crespi'yi Wellisch'i almaya gönderdim. Arabaya güçlükle bindim ve o sırada Wellisch'in gelmekte olduğunu gördüm ve aynı anda saraydan çağırıldığımı işittim. Çağıranın İbrahim Bey olduğunu zannettik, ama İzzet Bey idi ki kendisini beş yıldır görmemiştim. Kabul köşkünün önündeki fundalıkların yanında dikilmiş birisi ile konuşuyordu. Geçerken beklediğini belirten bir gülümseme ile bana baktı. Dairesine girdim.

Orada bilmediğim bir kişi vardı, yanında da bana Cuma Selâmlığı sırasında Sefirler odasında oturabileceğimi ve sonra da Birinci Kâtip tarafından beklendiğimi söyleyen görevli vardı.

Bunların manası ne idi?

Bir süre bekledim. Bütün bu bekleme süresinin en güzel tarafı görünen pembe ve mavi manzara idi. Nihayet İzzet Bey geldi, gözünde vahşi bir hayvanın bakışları, dudaklarında bir arkadaşın tebessümü vardı. Bana bir sigara ikram etti, bir tane de kendisi aldı ve çok eski bir arkadaş gibi davrandı.

Sanki yegâne arzum bu imiş gibi; «Sizinle ne zaman konuşabilirim?» diye sordum.

«Niçin şimdi olmasın» cevabını verdi.

Çok yorgun olduğumu söyledim. Sultanla yaptığımız uzun konuşma bütün gücümü tüketmişti. Yarına kadar bekliyelim, o zaman herşeyi konuşabiliriz, dedim.

O sondaja devam etti: «Borçların konsolidesi ile ilgili» dedi, sanki herşeyi biliyor ve Sultan'ın konuşmasına devam ediyordu.

Yorgun gözlerle pencereden bakmaya başladım. Konuşmadan çok yorgun çıktığımı, düşünme ve konuşmaya iktidarımın kalmadığını söyledim. Nezaketle, bana yarın için (yani dün) bir randevu vermesini rica ettim. Saat 12 için anlaştık ve ayrıldım.

Arabada beraberimde gelen Wellisch nişan ve uzun konuşma sebebiyle heyecanlı, ben ise başarılı olduğum zamanlardaki gibi gayet sakindim. Wolffsohn ve Marmorek otelin penceresinde sabırsızlık ve endişe ile beni bekliyorlardı. Daha uzaktan, arabadan elimi salladım. Kucaklaştık. Normal zamanlarda bile heyecanlı olan Marmorek, sabırsızlanıyor, Wolffsohn teferruatı anlatmamı bekliyordu. Fakat bu seyahat sırasında en aziz arkadaşlarıma bile fazla açılamazdım.

«Size bir şey söylemiyeceğim, bir kelime bile. Dönüşte trene bindiğimiz zaman bazı şeyleri öğrenirsiniz. Bu sizi sır saklama zahmetinden kurtaracaktır.»

İyi arkadaş olduklarından bana hak verdiler.

Crespi göründüğü zaman zor kurtulup yerime gidebildim. O ve suç ortağı Nuri, Vambery'nin vaadettiği mükâfatın peşinde idiler. Bana beraberce Nuri Bey'e gitmemizi teklif etti, fakat ben yanaşmadım. Şimdi çok daha dikkatli olmalı ve bir arada görünmemeliyiz, dedim. Yarım saat sonra Nuri Bey'e gittim, herşeyi kendisi yapmışçasına mühim adam pozları alıyordu. Onu hayal içinde bıraktım. Büyük lordların sanatlarından biri de kendilerini soydurmaktır. Bir hırsız gibi, ki öyledir, sevinsin biraz.

Benim tercümanlığımı yapan Merasim Nazırı İbrahim'in kendi listesinde bulunup bulunmadığını sordum.

«Hayır, o yok» diye cevaplandırdı Ekselans Nuri. Kim olduğunu bilmek istiyordum. Ona bir güzel araba ile bir çift atı Crespi vasıtasiyle gönderecektim (ne fikir ya). Bu ve diğer hususlarda bana tavsiyelerinin neler olduğunu –sanki hepsine inanmışçasına- sordum. Bilhassa İzzet Bey'e ne miktar vermeyi düşündüğünü sordum.

«7.000 veya 8.000 frank» diye yalan söyledi, gözlüğünün arkasından bakarak; «İzzet benim en yakın arkadaşımdır» dedi.

Fakat kendisine bugün İzzet Beyle görüştüğümü, yarın yine konuşacağımı söyleyince, bana ciddiyetle; dikkatli olmamı ihtar etti.

«Nasıl olur? O sizin en yakın arkadaşınız değil mi?»

«Evet, benim iyi arkadaşımdır, öyledir, ama sen onu kendi mevzuunla ilgili olarak görmemelisin, yoksa Tahsin Bey'in düşmanlığını kazanırsın» dedi.

«Peki, Tahsin Bey'e ne kadar vermeyi düşünüyorsun» diye saf saf sordum.

«Takriben aynı miktar» diye yalan söyledi. «Tahsin çok kudretlidir, ama İzzet'ten sakın. O sıkılmış limon gibidir. Bana inanmalısın çünkü onun arkadaşıyım. Onun seni dairesine çağırması bir tuzaktır. Bunu bütün saraya yayacaktır. Senin Sultanla konuşman hakkında kendisine açıklamada bulunduğunu işae edecek ve herşey mahvolacaktır».

20 Mayıs, İstanbul

Ayın 18 ve 19'unda geçenleri ancak şimdi yolda yazabiliyorum.

18'i sabahı tam Sultan'a beni bir daha kabul etmesi hususunda mektup yazmak üzere iken, İbrahim Bey'in saat 10.30 da sarayda bulunmamı isteyen tezkeresi geldi. Wolfsohn ve Oskar bankaya 40.000 frank almaya gittiler. Wolfsohn otelde benim saraydan dönüşümü bekleyecek. Oskar da gidip Nuri'ye Woflffsohn'un beni beklemek zorunda olduğunu bildirecekti. Ancak ben dönünce Nuri gelip 50.000 frankı alabilecekti.

Biraz huzursuzluk hissediyordum. Burası çok çabuk değişmelerin vaki olduğu bir memleketti. Dün Mecidiye nişanının Büyük Kordonunu alırken bugün belki de bir kenara atılıverirsiniz.

Bu hava içinde Yıldız'a vardım. İbrahim Bey tarafından kabul edildim, bana dostça fakat nâfiz nazarlarla bakıyordu.

Dairesinde karşılıklı oturduğumuz zaman teklifsiz bir hava içinde kendisinin mükemmelen bildiği hususlar hakkında bana sorular sordu. Dün beni tekrar saraya davet etmek istemişler fakat bulamamışlardı. Bunun üzerine benim nerede bulunduğumu dün kabul köşkünden çıktığımda bana refakat eden centilmenden sormak istemişlerdi, ne idi onun ismi?

Gayet soğukkanlı, «Crespi» dedim.

«Evet, öyle ya Crespi ve ondan sonra da İzzet Bey'le beraberdiniz».

«Evet efendim, beni çağırttı. Onu beş yıldır görmedim ve temas etmekten de kaçındım. O benimle Sultan ile konuştuğumuz hususlarda konuşmak istedi, fakat ben çok yorgun olduğumu söyledim ve ancak Majesteleri'nin müsaadeleri dahilinde malûmat arzedebileceğimi ifade ettim».

İbrahim Bey memnun bir şekilde başını salladı. Bu anda o ne tarafa mensuptur bilemem, İzzet Bey'den mi Tahsin Beyden mi taraf?

«Kendimi tamamen Majesteleri'nin emrinde gördüğüm için bugün öğle vakti buluşmak için verdiğim sözü özür dileyerek iptal ettim ve gelemiyeceğimi bildirdim».

İbrahim tekrar memnun oldu.

Zaman zaman raporlar geliyor ve o notlar alıyor, tezkereler yazıyordu. Mühürlerken gösterdiği ihtimamdan bu mektuplardan ikisinin Sultan'a ait olduğunu anladım.

Diğer dairelerden birkaç dedikodu haber geldi. Türk memurlar çok, ama çok yavaş tonda konuşuyorlardı. Bu benim Türkçe bilip bilmediğimden tam emin olmadıklarından ileri geliyordu.

Öğle oldu, İbrahim Bey yemeği beraber yememizi teklif etti. Bir odada mükellef bir yemek hazırlanmıştı. Bir sürü tabak gelip gidiyordu, her gelen bir evvelkinden daha yerli birşeydi.

Yemek sırasında kapı açıldı ve İzzet Bey sanki Saray'ın sahibi imişçesine bir uğursuzluk nişanesi gibi içeri girdi. Derhal oturdu ve yemek yemeğe başladı. Yemek esnasında başka garip bir olay daha oldu. İbrahim Bey bana mavi bir zarf verdi. Zarf Zat-ı Haşmetmeâbdan geliyordu.

Heyecanla teşekkür edip açtım. Dostluk hatırası bir kravat iğnesi idi. Altın sarısı bir mücevher.

Sofrada yalnız ben şarap içiyordum, diğerleri su içiyorlardı. Kadehimi Majeste'nin sıhhati için kaldırdım, onlar da ayağa kalkıp su kadehlerini kaldırdılar.

Yemekten sonra kahvenin üzerine İzzet Bey kendisinin konsolide edilecek borçlar hakkındaki plânı bana açıklamakla görevlendirildiğini söyledi.

Bu aşikâr olarak hırsızların bir plânı idi. Bir gurup bu borcu borsaya intikal ettirmek için 30 milyon liraya ihtiyaç gösteriyordu. Tam saçmalık. Gayet sakin sonuna kadar dinledim ve bu konu üzerinde düşündükten sonra fikrimi açıklayacağımı söyledim.

İzzet, vahşî hayvan bakışları ile kalkıp gitti, ben de İbrahim Bey'e geldiğimi Sultan'a haber vermesini rica ettim. İbrahim Bey bunun en iyisi İzzet Bey vasıtası ile yapılması olduğunu söyledi ve o anda anladım ki kendisi İzzet'in grubuna mensuptur. İzzet Bey çıkarken bir işaret yapmıştı, daha o zaman işin menfileştiğini anlamalı idim.

İbrahim Bey'in yanında bir müddet daha kaldım, bana Neue Freie Presse'deki durumumu sordu, ben de üzerine bastıra bastıra, sadece bu gazetenin edebiyat köşesinin editörlüğünü yaptığımı söyledim. Fakat onlar beni ille umumi editör görmek eğilimindeydiler. Bunu düzeltmem üzerine müstehzi bir şekilde: - «Herhalde bu müessesenin bir idare müdürü vardır?» dedi, ben de «Evet vardır, Mösyö Bacher'dir» cevabını verdim. Bunu söylediğim sırada benim Büyük Kordon'dan sıkılır oldum. İbrahim'in ifadesi de belirli şekilde kötüleşti.

Daha orada iken Sultan'dan cevap geldi. Çok meşguldü ve beni şimdi görememekten müteessir idi.

Sarı mücevher sadece günlük sonuçtu. Daha sonra Nuri yanında adamı Crespi olduğu halde otele geldi. Wolffsohn makbuz konusunda güçlükler çıkardı. Yazı masası başında Nuri'nin açıkça bir makbuz vermek istememesi üzerine münakaşa çıktı. Wolffsohn ona kartviziti üzerine bir makbuz yazmasını teklif ettiğinde hatırı kırılmış bir masum insan tavrı ile kaldırıp yere attı. Ben araya girerek istediği bir şekilde imza vermesini söyledim. Sonra hâlâ bozulmuş olarak kalktı ve kalın banknot destesini almayı reddetti, «Crespi'ye veriniz onu» dedi. Giderken elini gayet soğuk bir şekilde Wolffsohn'a uzattı ve beni işaret ederek: «Bu centilmen buralarda fazla iş yapmayacak» dedi. Ben hürmetkâr bir şekilde kendisine kapıyı gösterdim. Merdivenlerde: «Bu 40.000 frankı o bankaya teslim edeceğim, size şunun için itimat ediyorum» deyip bileğimi tutarak farmason işareti yaptı. Ben: «Siz beni bilirsiniz» diyerek aynı işaretle mukabele ettim.

* * *

19 Mayıs, Pazar

Sefil bir gün. Sabahleyin Wolffsohn'u Wellisch ile Saraya gönderdim. Wolffsohn'a kapalı bir mektup verdim, içinde Sultan'a hitaben yazılmış ve İbrahim Bey'e verilecek bir mektup vardı. İkinci bir mektupta ise Tahsin Bey'e verilecek 10.000 frank bulunuyordu.

Akşam saat 7'ye kadar görünmediler. Çok heyecanlandık. Beklerken Oskar'ın çektiği sıkıntı ve ıztırap beni de sinirlendirdi. Nihayet odama çekilip kapıyı kilitledim, ondan ancak bu şekilde uzaklaşmaya imkân buldum ve saatlerce yatağa uzanarak bekledim.

İkisinin bu kadar uzun müddet kaybolmaları çok esrarengiz ve karanlıktı. Belki Tahsin para meselesinden gürültü çıkarıp fırtına yaratmıştı. Başka ne olabilirdi?

Nihayet döndüler. Tahsin onları hiçbir fiata kabul etmeyeceğini bildirerek yanına kabul etmeyi reddetmişti. Onlar da bu zamana kadar İbrahim'i beklemişlerdi.

Sultan'a ana hatları ile şöyle bir veda mektubu göndermiştim:

21 Mayıs 1901

«Efendimiz,

Zat-ı Haşmetpenahilerinden ayrılırken tahtınıza olan sadakat ve kalbî minnetlerimi bir defa daha teyid etmek isterim.

Viyana'da ancak zaruri olan zaman sürecinde kalıp gerekli projeleri en geç bir ay içerisinde hazırlayacağım.

Seyahatlerim sırasında sizinle derhal ve çok gizli olarak temas etmek zorunda kalmam muhtemeldir, bu itibarla Zat-ı Haşmetpenahileri Viyana, Paris, Brüksel, Londra, Hague, Berlin, St. Petersburg ve Roma sefirlerine vereceğim dökümanların şifreli telgraf ile Zat-ı Haşmetpenahilerine ulaştırılması konusunda direktif verirlerse uygun olacaktır.

Viyana Sefiri vasıtası ile bu yol haberleşmemin uygun olup olmadığı hususunu bildirmek lûtfunda bulunmamızı istirham ederim.

Gelecek haftalar faaliyetle dolu olacaktır. Allah Haşmetmeâblarının hizmetinde bendelerine muvaffakiyet ihsan etsin.

Sadakatımı arzederim efendimiz,

Zat-ı Haşmetpenahilerinin sadık bendesi
Dr. Theodor Herzl».

İbrahim Bey'e de şunları yazmıştım:

«Ekselans,

Size Majestelerine hitaben yazdığım veda mektubunu takdimle kesbi şeref eylerim. İçinde göndereceğim raporların emniyeti ile alâkalı hususlar vardır.

Zat-ı âlinizden bütün yazışmalar için kullanacağımız şahsî adresimi not etmenizi rica edeceğim. Şöyledir: Haiizngergasse 29, Wahrang, Vienna.

Derin hürmetlerimin kabulünü rica ederim.

Ekselanslarının sadık bendesi
Th. Herzl».

* * *

21 Mayıs, «Principessa Maria» gemisi

Yıldız Sarayı'nda göründüm, bu gerçek, bu hususu tarih kayıt için enteresan bulacaktır.

Hatıralarımda bazı olayların zorlaması sonucu olaylar hakkındaki gerçek görüş ve hükümlerimi bazan zamanında, intibaları taze iken kaydedemedim. Fakat şimdi Karadeniz'de bu Romen gemisinde kendimi tam serbest, emniyette, tıpkı Yafa'dan ayrılırken bindiğim Dundee Gemisi'ndeki gibi hissediyorum.

Bu itibarla burada Sultan Abdülhamid hakkında yazacaklarım gerçeğin tam ifadesi olacaktır.

Gayet tabiidir ki bana verdiği Mecidiye Nişanı'nın Büyük Kordonu ve sarı mücevher bana en küçük şekilde tesir etmiş değildir. Böyle şeylere karşı tamamen soğuk kalmışımdır. Benim için bunlar sadece politik değeri olan şeylerdir. Böyle şeylerin hareketin faydasına bir kapital değeri olduğuna inanırım. Bunlar bize kuvvet verir, daha çok otorite kazandırır ve bu otorite ile daha büyük işler yapabiliriz.

Sultan Abdülhamid hakkındaki intibaım, onun zayıf, korkak fakat iyi tabiatlı bir insan olduğudur. Bana göre o ne zalim ne dessas bir kimsedir; fakat kendi adına haris, rezil bir entrikacılar zümresinin cümle habaseti icra ettikleri, tamamen çember içine alınmış bir mahpustur.

Eğer Siyonist hareketini takip etmek zorunda olmasaydım, şimdi oturur bir eser yazar ve bu zavallı mahpusu hürriyetine kavuştururdum. Sultan İkinci Abdülhamid Han birçok sahtekârlar tarafından memlekette emniyet ve saadeti yok eden bir kimse olarak tavsif edilmiştir. Ben böyle hayasız bir çetenin bulunabileceğine asla ihtimal vermemiştim. Sarayın kapısından başlayıp onun kapısının ağzına kadar devam eden rüşvetçi grubun mevcudiyeti onun kabahati değildir. Herşey bir iştir ve her vazifeli veya fonksiyonu olan herkes bir dolandırıcı durumundadır. Hiç değilse benim her yerden duyduğum ve bizzat gördüklerimden sonra bunun bir iftira olmadığına inandım.

Bu anonim tufeyliler zümresini ancak zehirli yılanlar sürüsü ile mukayese edebilirim. En zayıf, en hasta ve en az zehirli yılanın başında küçük bir taç vardır, fakat bu yılan sürüsünün öyle özel bir kuruluşu vardır ki herşeyi yapan ve zehirleyen olarak sadece o taçlı yılan görünür.

Yıldız Sarayı'nın bu sefilleri gerçek bir çete hüviyetindedir. Bir rezaleti icra ettikten sonra hemen dağılıyorlar, ortada dolaşan çete efradından bir kaçı hiçbir zaman mesul görünmüyor, bütün mesuliyet, iş adına yapıldığı için Sultan'a yükleniyor.

Ve tahta telkinde bulunularak işlettirilen bütün kötülüklerin, zalimane cürümlerin nefreti gayet kurnazca, aslında mücrimler tahtın etrafında bulundukları halde- bu isim üzerine toplanmaktadır.

Onu hâlâ gözümün önünde imiş gibi görebiliyorum, hırsızlıktan çökmekte olan bir imparatorluğun Sultanı. Küçük, belki Selâmlık merasimi için haftada bir taranan sakalı ile pejmürde bir kılık. Uzun bir palyaço burnu, uzun sarı bir fes ve arkadaşlarla eğlenirken kullandığım bir sözü burada hatırladım, sanki bu fesi yere düşmekten korumak için yapılmış iri iki kulak, beyaz biraz büyük boy eldivenler içinde zayıf eller ve kaba kumaştan yapılmış rengârenk bir elbise. Meler gibi bir ses, her kelime üzerinde bir zorlama ve her bakışta bir ürkeklik. Ve bu adam hükmediyor, hiç şüphesiz sadece satıhta ve ismen hükmediyor.

Peki bu zavallı Sultan'ın grotesk maskesinin arkasındaki asıl alçak kim?

Birinci kâtip Tahsin Bey mi? İkinci kâtip İzzet Bey mi? Yoksa o daha benim henüz tanımadığım ve bataklıklar arasında, Yıldız Sarayı'nın ihtişamı içinde çalıların arkasında saklanmış biri mi?

Tahsin soğuk ve pasif bir adam, İzzet her an saldırmaya hazır bir kaplana benziyor.

Bu defa gördüğüm en iyi iş galiba bu kaplan İzzet'i ehlileştirmiş olmamdır. Gerçekten ilk fırsatta beni parçalamaya hazırken aldığı hediyeden sonra kuyruğunu bacağı arasına kıstırıp hırlamayı kesti.

Dün olanların hikâyesi de şöyle:

Sabah ilk iş olarak bavul ve eşyamızı öğle vakti yola çıkacak şekilde hazırladık. Son dakikada da olsa Orient Ekspresе yetişmemiz için gereken hazırlıkları Oskar Marmorek yaptı. Bu defasında yanıma Wellisch'i almadım, zira Wolffsohn'dan dün onun bir gün önce mektubu Tahsin'e verirken mübalâğalı hareketlerde bulunduğunu işitmiştim. Saraya giderken yanıma Wolffsohn'u aldım, içinde 10.000 frank bulunan zarf ayarlanacak uygun bir vesilede verilmek üzere onda duracaktı. Ben Tahsin'i elde etmek istiyordum fakat bir skandala sebebiyet vermek veya reddedilmek istemiyordum. Duruma göre zuhur edecek fırsatı kollayacaktık.

Saat 9.00 da Saraya vardığım zaman İbrahim Bey'i, beni bekler buldum. Wolffsohn'u bekleme odasında bırakarak onunla birlikte dairesine girdim. Önce Sultan'ın bir mesajını verdi ki kendileri bu defa beni kabul edemiyecek kadar meşgullerdir fakat istediğim herşeyi İbrahim Bey'e söyleyebilirim.

Majesteleri benim dünkü mektubumu, daha doğrusu İbrahim Bey tarafından yapılmış tercümesini derhal okumuşlardı. Zat-ı Haşmetpenahileri dün öğle sonrası yürüyüşlerinde benim mektubumla alâkalanmak tenezzülünde bulunmuşlardı. Majesteleri benim ileri süreceğim teklifleri tecessüs buyuruyorlardı. Malî durum saltanatlarının başlangıcı sıralarında daha da kötü bir durumda idi. Majesteleri birkaç defa da benim arslan hikâyesini zikretmişlerdi. Görüşlerimi niçin İbrahim'e anlatmıyordum. O bunları derhal not eder ve Zat-ı Haşmetmeâba takdim ederdi.

Bunun üzerine ben başladım, o da not aldı. Meseleyi, Sultan'ın zayıf kafasını düşünerek sistematik bir şekilde ortaya koydum. Şifahi olarak meseleyi iki kısımda mütalea ettim, ben söyledim zavallı İbrahim de yazdı.

I. Menfi Kısım

a) İzzet Bey'in konsolidasyon plânının tatbik kabiliyeti yoktur, buna teşebbüs etmek bile zararlı olur.

b) Borçların hali hazır durumunda bir şey tavsiye edilemez, zira şimdiki halde Türkiye çok ağır şartlarla para almış durumdadır.

II. Müspet Kısım

a) İtimat edilir bir şirket tarafından «borçlar» büyük bir gizlilik içerisinde borsa'ya intikal ettirilmeli ve üç yıl içerisinde en uygun şartlar temin edilmelidir.

b) Bu arada acil ihtiyaçlar karşılanmalı, bilhassa 1 Ekimde karşılaşılacak olan 1,5 milyon liralık zararı karşılamak için şimdiden gerekli adımlar atılmalıdır.

c) Bu zaman zarfında gelir kaynakları araştırılmalı ve olgunlaştırılmalıdır.

III. Ana Prensipler

Biz Yahudiler dünyada bir koruyucuya muhtacız ve biz bu koruyucunun tam güçlü olmasını isteriz.

İbrahim yazdı, yazdı ve sonra Türk usulünce dizi üzerinde bunları bir de temize çekti. Bu arada Tahsin Bey'e veda etmek üzere kabul edilmenin teminini istedim. Tahsin tekrar meşgul olduğunu bildirdi ve Majeste Sultan tarafından çağırıldı.

Saat 11 de İbrahim Bey işini bitirdi, raporu ihtimamla mühürledi ve Zat-ı Şahaneye gönderdi.

Kısa bir müddet sonra Sultan tarafından çağırıldı, bunu ceketinin düğmelerini ilikleyiş şeklinden anladığımı söyleyebilirim. Çok geçmeden döndüğünde Tahsin de yanında idi, müspet ifadeyle bana baktı, elimi sıktı, tebessüm etti, bana ayıracak zamanı olmadığına üzüntü duyduğunu, fakat en kısa zamanda beni tekrar İstanbul'da nasıl olsa göreceğini söyledi.

Tekrar kısa bir müddet bekledim. Vakit geçiyordu ama yine de trene yetişebilirdim. Birden kapı açıldı ve habis panter İzzet içeri sıçradı. Elinde hemen tanıdığım bir kâğıt vardı, bu son derece gizli olarak hazırladığım, İbrahim'in de tercüme ederek Sultan'a takdim ettiği rapordan başka bir şey değildi.

Eski Amerikan Sefiri Straus bana vaktiyle Viyana'da Sultan Abdülhamid'in alçağın biri olduğunu söylemişti. Bana; «Gizli,

gizli» diye gözlerini devirerek verdiği sözün sonucu bu mu olmalıydı?

İzzet raporu elinde muzafferane sallıyor ve sanki bana şöyle diyordu: «Ne? Yahudi köpek, senin entrikanı anlayıp önüne geçeceğimi aklıma getirmezdin değil mi?»

O faaliyete geçmişti, ben de öyle yaptım.

Asabi bir şekilde: «Beyefendi, konsolidasyon plânı ne bakımdan zararlıdır?» diye söze başladı. Anlıyorum ki benim teklifim onun hırsızlık plânlarına set çekiyordu.

Önce onun saldırmasına müsaade ettim. Nazik olmaya çalıştım. «Ben bu fikir iyi değildir demiyorum» dedim.

«Eh, öyleyse iyidir değil mi?» dedi müstehziyane ve İbrahim'e dönerek bağırdı: «Yaz».

Böylece İbrahim belli ki Sultan'a takdim edilecek ve yalanla dolu olacak bir metni yazacaktı. Bu «Yaz» emir ve İzzet'in bakışları bana tehlikeyi bütün vüs'atiyle gösterdi. Şimdi o beni harap edip Sultan'ın gözünden düşürme faaliyeti içindeydi. Bir an içinde mücadele ruhumu kazandım ve gayet soğukkanlı İbrahim'e hitabettim:

«Evet ekselans, yazınız: Fikir güzel ve uygun, tam hırsızlık etmeye müsait».[47] İzzet'in gözlerine aniden sinsi bir bakış geldi. Hangi manayı kastediyordum? Uçmak mı, çalmak mı? Nazikâne dikteye devam ettim:

«Havada uçmak. Fakat mevcut şartlar içerisinde bu imkânsızdır. Havada uçmak imkânsız olduğuna göre buna girişirseniz düşer ve birşeyler kırarsınız. Bu fikir zararlıdır. Bu gayretin bir tek neticesi borsada Türk tahvillerinin fiyatını yükseltmek olur, proje bütünü ile gayrı kabili tatbiktir. Rehinden kurtulmak için başlangıçta lüzumlu olan 30 milyon lirayı hiçbir zaman bulamazsınız. Bulsanız bile tahvillerin fiyatı bunun üzerine derhal yükselecek ve bu 30 milyon lira yine kâfi gelmeyecektir».

Haydut teslim olarak; «Ben bunu kasdetmedim» dedi. Dün söylediğinden ötürü böyle davrandı.

Tekrar aynı konuya gelerek onu güç duruma düşürmedim. Nihayet kendisini kazanmak istiyordum. Ellerini bağladıktan sonra onu bakışlarımla yola getirmeye çalıştım.

İbrahim yanımızda olduğu sürece ona bir şey söyleyemezdim. Sadece derin derin gözlerinin içine baktım ve şöyle dedim: Bizim işbirliğimizle her türlü malî problem Haşmetmeâbın lehine olarak halledilebilir. İşbirliği yaparsak siz şunları şunları yaparsınız v.s. Daha bir sürü sözler, imalar ortaya attım.

Saatime baktım. Treni kaçırmıştık. Sonra bir hata yaptım, büyük bir hata. Dışarı çıktım ve Wolffsohn'a otelde hazırladığımız zarfı derhal Tahsin Bey'e vermesini söyledim. Bu mektupta ona dün Wolffsohn'dan almayı reddettiği mesajı Vambery vasıtası ile göndereceğimi söyledim.

Tekrar daireye girdiğimde İbrahim ve İzzet, Türk âdetlerine göre beni ayakta bekliyorlardı.

Konuşma devam etti. İzzet daha nazikti. Bulunacak yeni gelir kaynakları üzerinde konuştuk. Majeste bana beş monopolun işletmesini teklif ediyordu. Madenler, petrol yatakları v.s. Muhtemelen bu parayı bizim bulacağımız anlamına geliyordu, bizi sömürmekten hoşlanacaklardı. Arkadaşça baktım: Peki, bunlar yapılacaktı.

Sonra İzzet ağzından kaçırdı:

«Çok yakın istikbalde dört milyon liraya ihtiyacımız var. Harp gemisi v.s. sipariş ettik. Sözün kısası dört milyon lâzım, bunu bize bulabilir misiniz?»

«Zannederim mümkündür. Arkadaşlarımla istişare etmem lâzım. Herşey Zat-ı Haşmetmeâbın Yahudilere karşı davranışına bağlıdır».

«Böyle bir ikrazın gerçekleştirilmesi hususunda sizin düşünceniz nedir?» diye İzzet sordu.

Ben hâlâ İmtiyazlı Şirket konusuna girmek niyetinde değildim, onların bu konuda çalışmalarını istedim, arkadaşlarımla istişareden sonra üç veya dört hafta içinde sonucu yazacağımı söyledim.

Zannederim işte tam o anda idi ki içeriye Tahsin'in gizli ajanı İsmail Hakkı Bey girdi ve içeride İbrahim ve can düşmanı İzzet Beylerin bulunmasından ötürü son derece hasmane bir tarzda bana, mektupta bahsettiğim masajın ne cins bir mesaj olduğunu, Tahsin Bey'in o mesajı kendisi vasıtasiyle göndermemi istediğini söyledi.

İzzet hemen kulak kabarttı ve İbrahim'e, benim de gördüğüm bir göz kırptı. Onlar paranın kaynadığını zannettiler. Ben ne olduğunu anlıyamıyordum. Tahsin benim rüşvet verdiğimi ortaya koymak istiyordu? Yoksa sadece parayı mı istiyordu? Durumdan emin olmadığım için ve burada da düşman gibi görüldüğümü düşünerek, gayet soğukkanlılıkla bunun Profesör Vambery'nin yazmamı istediği bir husus olduğunu, ayrılmazdan önce de yazacağımı söyledim.

İsmail Hakkı kızgın odayı terketti.

Maamafih biz konuşmaya devam ettik, şimdi beklenmeyen bir hava ortaya çıkmıştı.

Sultan Abdülhamid, İzzet ve İbrahim vasıtasiyle bana şunu sormuştu: «Bu veya şu şekilde Türkiye'de iş yapmak isteyecek Yahudilerin vatandaşlık durumları ne olacaktı?»

İzzet kaba Fransızcası ile: «Yahudiler buraya gelebilirler ama Osmanlı tebaasına girmeyi kabul etmek şartiyle tabii. Meselâ siz Devlet Borçları tahvillerini geri satın aldığınız zaman, bu alıcılar Zat-ı Haşmetpenahilerinin tebaalığını da kabul etmelidirler. Aynı şey kolonist olarak gelenler için de varittir. Onlar sadece Türk tabiiyetine girmekle kalmamalı, eski tabiiyetlerinden de vazgeçmeli ve bunu kayda geçirtmelidirler» dedi.

İbrahim Bey de: «Eğer Zat-ı Haşmetpenahileri çağıracak olursa askere de gideceklerdir» dedi. İzzet bir sırtlan sokulganlığı ile devam etti: «Bu şartlar altında her memleketteki Yahudileri kabul edebiliriz».

Kendi kendime düşündüm: «O kadar çok yaşarsınız!» İzzet Bey ve şürekâsının işine bizim bir sürü yağma edilecek zengin ve fakir getirmemiz pek elveriyordu. Fakat şimdi bunlara herhangi şekilde muhalefet etmek faydasız olacaktı. Daha sonra «İmtiyaz» alındığında bunlar bölüm bölüm satın alınacaktı.

Bunun için Abdülhamid Han'ın yüksek himayesinin bizim için kâfi olduğunu, detaylara geçmeye hazır bulunduğumu ifade ettim.

«Bir şey daha var, kolonizasyon kitleler halinde olmalıdır, meselâ beş âile şu bölgeye gelmişse diğer beşi başka bir bölgeye yerleştirilmeli ve aralarında irtibat bulunmamalıdır».

Kendi kendime; «Böylece onları daha kolay ve rahat şekilde yağmalayabilirsiniz değil mi?» diye düşündüm. Ve bunu da tasvip ettiğimi hareketlerimle anlattım.

Bu şekilde bir dağıtılmaya ben muarız olmasam bile teknik ve ekonomik sebepler karşısına çıkacaktır. Bildiğiniz gibi, geçen yıl Zat-ı Şahane Anadolu'da bir kısım toprağı Romanya Yahudi muhacirlerine lutfedeceklerdi. Bütün bu cömertçe yapılmış ihsana rağmen ben ekonomik temelden mahrum kalacak böyle bir dağınık yerleştirilmenin halen dahi aleyhinde bulunuyorum. Bunu kabule imkân yok. Ne yapılabilir? Büyük bir arazi şirketi kurulur, işlenmemiş topraklar bu şirket tarafından tespit ve temin edilir, sonra da oralara halk iskân edilir. Filistin'de bu maksat için kullanılabilecek kâfi miktarda arazi bulunmaktadır. Hiç şüphesiz bir Osmanlı şirketi olacak olan böyle bir şirket toprağı ekime elverişli hale getirir, insanları yerleştirir ve vergi verir. Bu şirketin müstakbel gelirleri nazarı itibara alınarak şimdiden para ödenebilir. Böylece bir gelir kaynağına derhal kavuşmuş olursunuz».

İlk defa olarak ve Sultan'ın temsilcilerinin önünde «İmtiyaz» konusunu ortaya atmış ve telkinlerimi yapmış bulunuyordum.

Meseleyi daha sonraki müzakerelere bırakmanın tam zamanı idi. altının yardımı ile İzzet ve benzerleri süpürülüp atılacaktı.

İzzet gözden kayboldu, görünüşe göre anlattıklarımı Majeste'ye anlatmaya gitmişti. Bir müddet sonra Zat-ı Şahane'nin iyi yolculuk temennileri ile döndü. Benim tekliflerimi bir ay içinde bekliyordu.

Böylece «İmtiyaz» konusundaki müzakerelere fiilen girişmiş olduk. bundan sonra herşey talihe, maharete ve paraya bağlı.

Şimdiki durumda «İmtiyazlı Şirket»e bizim Osmanlı İmparatorluğu'na olan sempatimizi uyandıracak bir karakter vererek ileri sürüyorum. Bundan sonra neler olur, göreceğiz.

* * *

24 Mayıs, 1901, Viyana

Dün akşam eve döndüm. 19 Mayıs günü Sultan'a gönderdiğim mektup şu idi:

«Efendimiz,

Bendelerini Zat-ı Şahaneleri'nin kabul buyurmakla gösterdikleri teveccühle kalbî minnetlerimi arzetmeme müsaade buyurunuz. Bendenizi en sadık köleleriniz arasında sayınız.

Viyana'daki işlerim sebebiyle Pazartesi günü Orient Ekspresle ayrılacağım için bu hissiyatımı ifade için tekrar kabul buyurulmamı istirham eylemiştim.

Zat-ı Şahaneleri'nin iradeleri üzerine ekselans İzzet Bey bana proje meselesinde etraflı ve tatminkâr izahat verdiler. Bunlar üzerindeki görüşlerimi acizane arzedebilmem için acaba Zat-ı Şahaneleri daha önceki istirhamımla ilgili bir işarette bulunurlar mı? Eğer bu yapılırsa çok muvafık olacaktır.

Bendelerinin Zat-ı Hakîmanelerine arzedeceği çok gizli bir plân daha bulunmaktadır. Fakat Majesteleri teferruata inmek isteyeceklerinden izahı uzun saatler sürebilir.

Arslanın tacını kurtaracağı saat belki de gelmiştir. Her şeye kadir olan Allah'ın izniyle Türkiye tarihinin bir dönüm noktasına gelmiştir, Haşmetli Sultan İkinci Abdülhamid Han'ın saltanatı hem müslüman hem Yahudi tebaasını saadete garkedecek, yeni bir ihtişam devri başlayacaktır. Bu samimi görüş ve fikirlerimi arzetmekten büyük heyecan duymaktayım.

Sizin sadık ve vefakar köleniz olmakla şeref duyuyorum efendimiz.

Dr. Theodor Herzl».

27 Mayıs, Viyana

Dün veya bugün Baron Hirsch'i ziyaretim ve bir Yahudi Devleti kurma faaliyetine geçişimin altıncı yılıdır.

Crespi'ye mektup:

Viyana, 28 Mayıs 1901

«Muhterem Efendim,

Birkaç hafta için Viyana'dan ayrılıyorum. Daha Haziran gelmemekle beraber o aya ait istihkakınız 1.000 frankı çek olarak gönderiyorum. Lütfen mektuplarınızı çift zarfa koyarak «Dr. Kokesch, Tuclauben 17, Vienna I» adresine gönderiniz.

İyi haberlerinizi bekliyorum, saygılarımın kabulünü rica ederim».

29 Mayıs, Ekspreste,
Vambery'ye giderken...

Dün sabah Sefir Mahmut Nedim Bey'e gittim, beni «Tebrikler efendi» diye karşıladı. Ve hemen sonra bütün dertlerini ve ahmaklıklarını bana açıklamaya koyuldu. Bu da diplomat ha? O diplomat ise ben neyim?

Yanında çalışan kâtiplerinden şikâyet etti. Hepsi casusluk ediyor, kendisi hakkında iftiralar uyduruyor ve hiçbir iş görmüyorlar imiş. Bir sürü yalancı ve şantajcıdan başka bir şey değillermiş. Sefaretin birinci kâtibi İstanbul'a raporlar gönderip kendisinin devamlı içki içtiğini, gündüzleri bile sendeleyip gezdiğini bildiriyormuş, dört ayak üzerinde geziyor diyormuş. Dört ayak üzerinde demiş eşek herif... Bu solo komedi birkaç dakika sürdü. Sonra İkinci Kâtibe geçti. O da sabah saat 9.30 da metresinden gelir, büroda birkaç sigara içer ve hiçbir iş görmeden saat 11'de çıkar gidermiş. Sonra müsteşarı ele aldı. Okuyup yazması olmayan bir Mısırlı olan bu zat, müslüman olan karısını kısa kollu elbiselerle toplantılara götürürmüş. Kadın Hidiv'in kız kardeşi imiş ve bir defasında onu İmparatora takdim etmek istemiş, ama erkek kardeşi dine bağlı bir insan olduğu için bunu şiddetle reddetmiş. Bunları Yahudi dininden bir misal göstererek izah etti: Bu tıpkı bir cumartesi günü bir hahama domuz eti yemesini ve sigara içmesini teklif etmek gibidir.

Sonra Türkiye'nin içinde bulunduğu şartlara geçtik, bunları idaresizlik ve alçaklıkla tavsif etti. Kendisine hâlâ 4.500 sterlin borçlu durumda imişler, maaşının % 10 unu tefecilere ödemek zorunda kalıyormuş v.s. bütün bunlara kulak tıkadım.

«Şeytanî deha» diye adlandırdığı İzzet'ten de tenkitkâr şekilde bahsetti. Bir zaman gözden düşmüştü, bu gerçekti, ama Sultan sırlarının ortağı olan birisini uzaklaştırıp atmamıştı. Eğer ortadan kalksa Sultan herhalde dört kandil dikermiş.

Tahsin ondan daha iyi imiş ama, Sultan'ın iki iradesine rağmen kendisine 4.500 ü ödettirmediği için ona da kızgındı. İzzet ve Tahsin Beyler ne isterlerse yapabilirler imiş ama Tahsin biraz daha meşru şekilde hareket edermiş.

Sultan tarafından uzun bir süre kabul edilip koştuğumu söylediğimde pek mütehassis oldu. Konuştuklarımız hakkında bir şey anlatamıyacağımı, İbrahim Bey vasıtası ile mektuplaşmamı tavsiye ettiğini söyledim. Mektuplarımı sefaretin kuriyesi vasıtasıyla göndermek ricam üzerine, böyle bir kuruluşları olmadığını, her sefirin mektuplarını normal posta ile gönderdiğini, ama Tahsin'e yazdığı kod anahtarından benim de faydalanmama müsaade edebileceğini söyledi. Anlaşmamıza göre o şifreli telgraf ve mektuplarına «Dym» ben ise «İhtiyar adam» işaretini koyacaktık. Ayrıldık.

Öğleden sonra İcra Komitesi'ni evimde toplantıya çağırdım, bulunmadığım günler vukuatı hakkında bilgi aldım.

29 Mayıs, akşam
Innsbruck-Münih arasında trende

Trende Vambery ile buluştum, ona olanlar hakkında rapor verdim. Ona göre İmtiyaz'ı bu sene içinde ele geçirebiliriz. Eylül içinde tekrar İstanbul'a gitmeyi düşünmektedir. Bana bu konuda bir teklif hazırlamamı söyledi, bu teklifi hiçbir Kâtip veya Nazır'ın haberi olmaksızın doğrudan doğruya Sultan'a arzedip imzasını sağlayabileceğini ileri sürdü.

Bunun karşılığı olarak kendisine 300.000 guilder ve dünya tarihinde bir medhiye temin edeceğime söz verdim. Her ikisini de kabul etti.

Oskar ve Wolffsohn'a birer tane ikinci sınıf nişan almasını söyledim.

Bundan başka Tahsin Bey'e mektup yazarak benim kendisinin ve Sultan'ın dostu olduğumu, Filistin konusunda çıkabilecek pürüzleri halletmek üzere çeşitli başkentleri dolaşmakta bulunduğumu bir taraftan da Sultan'ı basın yoluyla desteklemek için gerekli temaslara giriştiğimi bildirecekti.

* * *

Dr. Herzl, Almanya'daki temaslarından, bilhassa Grand Düka ile Rusya'nın Filistin meselesindeki müstakbel tutumunun ne olabileceğini münakaşa ettikten sonra Paris ve Londra'ya geçer. Rusya Uzakşark ve Balkanlar'da o kadar meşguldür ki Filistin konusunda ciddi rol almasına imkân yoktur. Bu olsa olsa dinî çevrelerde bazı aksülâmellere sebep olabilir, ama Kudüs için düşünülen idare şekli onları fazla kızdırmayacaktır.

Paris'te ve Londra'da belli başlı adamları ve zenginlerle konuşur. İlk ağızda 1.500.000 altın lira lâzımdır, ama ümidettiği kişiler hemen bu parayı vermeye yanaşmamaktadırlar. Bir arkadaşını Amerika'ya gönderip bu mikdarı Carnegy'den istemeyi bile düşünür, sıkıntılı günler sonucu bir beyin kanaması geçirir. Sonra uygun haberler gelmeye başlar, Güney Afrikalı Yahudiler bütün Osmanlı borçlarına ait tahvilleri borsadan kaldırmaya hazırdırlar...

Sultan'a mektuplar yazmaya devam eder:

Paris, 6 Haziran 1901

«Efendimiz,

Zat-ı şahanelerinin arzuları üzerine derhal çalışmalara başlamış bulunuyorum.

Bu günlerde işlerin de iyi gittiğini bildirmekle memnunum. Buradaki arkadaşlarla yaptığım ilk görüşmelerden edindiğim intibalara göre size kat'î teklifleri bu ay içerisinde arzedebileceğim. Fakat benim görüşlerimi paylaşmayan Yahudilerin de mevcudiyetini haber vermek isterim. Bu gibi kimselerin hangi maksadlara hizmet etmekte oldukları Zat-ı Hakîmane tarafından herhalde bilinmektedir.

İlk adım olarak Osmanlı maliyesi hakkında müspet kanaatler uyandırma faaliyetine girişeceğim. Bu gaye için gelecek hafta Londra'da şeref üyesi olduğum bu kulüpte konuşma yapacağım. Her yerde olduğu gibi Londra'da da benim şahsî alâkalarla konuşmayacağım bilindiği için sözlerim şüphesiz tesirli olacaktır.

Muhtemelen Yahudi ve gayrı Yahudi düşmanlar Osmanlı İmparatorluğu'nun başarısı konusunu bahane ederek bana hücumda bulunacaklardır, ama Allah'ın izniyle ve Zat-ı Şahaneleri'nin bendelerine olan itimadına güvenerek üzerime aldığım işi başaracağım. Çok kısa zamanda size muvaffakiyet haberlerini arzedebileceğim ümidindeyim.

Arslan tahtını kurtaracaktır.

Bana cesaret, gurur ve sürur veren teveccühlerinizin devamını niyaz ederim efendimiz.

Zat-ı Şahaneleri'nin sadık kölesi
Dr. Th. Herzl».

17 Haziran, Richmond

Biraz dinlenmek ve Sultan'a mektup yazmak üzere dünden beri buradayım.

Zangwill'i Carnegy ile benim adıma görüşmekle vazifelendirdim. Amerikan Sefiri General Porter veya Rudyard Kipling bu temasta aracılık edebilirler.

Sultan'a mektup:

«Efendimiz,

Gayretlerimin neticelerini arzetmeme müsaadelerinizi istirham eylerim.

Bendelerine tevcih buyurulan ilk iş, gayet acele olarak Ekim ayı başına kadar konsolidasyon işi için elzem 1,5 milyonu en ehven şekilde temin etmekti. Benim faaliyetim ve arkadaşlarımın çalışmalarının sonuçları şöyle hülasa edebilir:

1,5 milyon, hemen bir gelir kaynağının yaratılması ile elde edilebilir. Fakat bu kaynak aynı zamanda sizin Yahudilere kendileri için ne kadar pederane şefkatler beslediğinizi gösterecek şekilde bir kaynak olmalıdır. Bu şekilde bütün müstakbel gelişmeleri de nazarı dikkate alarak zemini hazırlayacağız.

Bu yakınlarda arkadaşlarım 5 milyon altın sermayeli bir şirket kurmaya hazırlanmaktadırlar. Bu şirketin gayesi Küçük Asya, Suriye ve Filistin'de ziraat, endüstri, ticaret, kısaca iktisadî hayatı geliştirmektir. Lüzumlu imtiyazlar. Zat-ı Şahaneleri tarafından lütfedilince şirket majestelerinin hükümetine her yıl 60.000 altın yıllık yardım yapacak ve bu ödemeye dayanılarak kumpanyanın garanti edilen kapitali 81 yılda amorti edilmek üzere bu miktar ikraz derhal temin edilecektir. Bu ikrazın karşılığı hiçbirşey olmayacaktır, zira tahvilleri şirket alacaktır. Hükümet gayet basit şekilde birbuçuk milyonu çekecektir:

Şirket şüphesiz Türkiye'de ve gelecek Yahudi göçmenleri derhal Türk tabiyetine geçer geçmez kurulacaktır. Bu kimseler Majesteleri'nin emri altında askerlik hizmetlerini de ifa edeceklerdir.

1,5 milyon ile beraber diğer gelir kaynaklarının da etüdü zamanı gelecektir. Majesteleri bendelerine kibritten bahis buyurmuşlardı. Arkadaşlarım arasında bunu ele alabilecek birisini buldum. Bu konuda da Majesteleri'nin hükümetine her türlü yardım ifa edilecektir. Öyle ki kibritten elde edilecek gelir, vergi mükelleflerinin yükünü hafifletmek için hemen bir ikaz daha tesis edecektir. İşletilecek maden ve petrol yatakları için de durum aynı olacaktır.

Bu diğer projeler üzerindeki çalışmalar sona erer ermez teferruatı ile Zat-ı Şahaneleri'ne arzedilecektir. Kibrit işine derhal girişebilir, fakat diğerleri üzerinde daha etüdlerde bulunulması icabetmektedir.

Şunu da belirtmeliyim ki bendelerinin hasbî olarak hizmet ettiği bütün bu projelerin idaresi Zat-ı Şahaneleri'nin ellerinde bulunacaktır, Majesteleri şimdi faydası olmadığı kanaatinde bulunsalar bile, burada Büyük Osmanlı-Yahudi Kumpanyası'ndan bahsetmek isterim. Herşeyden önce şunu ifade etmeliyim ki majesteleri bendelerinin şahsında sadık bir hizmetçiye malik bulunmaktadırlar. Ben sadece Zat-ı Şahane'nin saadet ve şerefi uğruna çalışmaktayım, çünkü inanıyorum ki Osmanlı İmparatorluğu'nun Yahudilerin ekonomik kaynaklarını kendisine cezbedeceği ve böylece talihsiz kavmimi kurtarıp himayesine alacağı günler yakındır.

Bunun yanında Yahudilerin tek dilekleri Türkiye'yi kuvvetli ve ilerlemiş görmektir, bu benim hayatımın idealidir.

Osmanlı-Yahudi kumpanyasının bütün Yahudilere vereceği işaretin dışında bir faydası daha bulunmaktadır. Vergi alınabilecek maddeler, yani şahıslar ve emlâk, bu kumpanyanın çalıştığı bölgelerde büyük bir artış gösterecektir. Bizatihi kumpanya günden güne artan iş hacmi dolayısiyle gittikçe artan artan miktarda vergi ödeyecektir. Yahudi sermayesi her köşeden akıp gelecek ve İmparatorluk içerisinde kalacaktır. Aynı zamanda bu iş o kadar sessiz ilerleyecektir ki imparatorluğun kötülüğünü isteyenler dahi bunu farketmeyeceklerdir.

İlâve edilecek bir husus var. Eğer Zat-ı Şahane 1,5 milyonu hemen Ekim başında temin etmek arzusunda iseler kaybedecek hiç vakit bulunmamaktadır. İşadamları ve maliyecilerin daima müspet delil ve emarelerle iş gördüklerini unutmamalıyız. Sermayenin temininden en az üç ay önce işe girişmeliyiz. Eğer majesteleri Ekim ayı başında 1,5 milyonu temin için müzakerelere girişmenin tam zamanı ve fırsatı olduğuna karar verirlerse, Büyük Kumpanya için konuşmalara Temmuz başlarında girişilmelidir. Eğer İstanbul'a gelmem emredilirse derhal emre icabet ederim. O takdirde Majesteleri'nin sadık dostu olan ve memleketi ve şartlarını iyi tanıyan Profesör Vambery'nin de davet edilmesi yerinde olacaktır.

Bilmiyorum, bu hususu daha işaret etmeme müsaade buyurulur mu? Herhangi şekilde Majesteleri'nin canını sıkmak ihtimaline binaen bunu istemiyerek yazıyorum. Birisi bana gelerek Paris'te Majesteleri'nin hükümetine yaptığı hücumlarla tanınmış bir yazardan bahsetti, Adı M. Ahmed Rıza.[48] Bana, bu zatı susturmanın mümkün olduğunu söylediler. Bunlar benim işlerim olduğu için sadece durumu arzetmekle iktifa edeceğim, sadece Zat-ı Haşmetpenahilerine yardım arzusundayım. Emir almadan hiçbirşey yapacak değilim, hatta emirsiniz bu zatı görmeye dahi gitmeyeceğim tabiidir. Fakat Zat-ı Şahane bunun faydalı olduğuna inanıyorlarsa meseleyi ele alayım. Bunu halletmek bendeleri için şeref olacaktır.

Naçiz ve sadık bendeniz
Th. Herzl»

Londra, 18 Haziran

Sultan'ın mektubunu koyduğum zarfı, İbrahim Bey'e yazdığım aşağıdaki mektubun içerisine koydum:

«Ekselans,

Zat-ı Şahane'ye arzedilmek üzere ilişikteki mektubu takdim etmekle şeref duyarım. 25 Hazirana kadar Londra'da kalmak zorundayım. Buradan Alt-Aussee'ye gidip ailemin yanında birkaç gün kalacağım. 25 Hazirana kadar Zat-ı Şahane'nin bir emirleri olursa «Hotel Cecil-Londra», Haziranın 30 undan sonra da «Alt-Aussee, Styria-Avusturya» adreslerine bildiriniz.

Bu akşam oğlunuzu görmeye gideceğim.

Ekselans lütfen derin hürmetlerimi kabul buyurunuz».

Londra, 25 Haziran

Akşam Banker Seligmann'ı görmeye gittim. Daha ben «İmtiyazlı Şirket'ten» bahsettiğim zaman yardım vaadetmişti. Bu söz şimdilik bana yeter, şimdi Sultan bana bir cevap vermeli.

Benim müphem izahatımla bana hemen para vermelerini tabii ki beklemedim. Paris ve Londra'ya sırf Sultan'a Paris ve Londra'ya gelmiş olduğumu gösterecek mektuplar yazmak için geldim. Şimdi mektuplarda yazdıklarımı ben daha İstanbul'da iken kendisine söyleyebilecek durumda idim.

26 Temmuz, Alt-Aussee

Vambery'nin 15 inde yazdığına göre Sefir Constans Sultan'a 4 milyon frank (o kadar az mı?) teklif etmiş, fakat malî tertip entrikacılar tarafından sonuçsuz bırakılmış. Vambery Londra'da inanılır kaynaklardan şunu duymuş: Bizi desteklemek üzere Fransız-Rus kombinezonu arasına bir Yahudi hançeri sokacaklarmış. Kendisi Eylülde Sultan'ı görüp biraz harekete geçmesini temine çalışacakmış.

Wellisch, İstanbul'da malî durumun yine çok vahim olduğunu bildiriyor.

Crespi de Rotschild'in temsilcisinin yine aleyhimizde faaliyete başladığını bildiriyor.

28 Temmuz

Londra'da iken Güney Amerika Madenleri Müdürü Cecil Rhodes ile konuşmuştum. Onun Güney Afrikalıları bütün Osmanlı borç tahvillerini şahsen borsadan toplayabilirler. O zaman ben de Sultan'a gidip: Filistin'i teslim etmen karşılığı işte sana borçlardan kurtulma imkânı ve dönüp Yahudilere de şöyle derim: İşte size $x+y$ karşılığı. Filistin. x Güney Afrikalıların ödedikleri para, y de bunun karşılığında elde edecekleri menfaattir.

* * *

C. Rhodes'un fikrine göre Asyalı Türkiye Almanya'ya yanaşmak mecburiyetindedir, zira İngiltere bütün dünyayı idare edemez ve Rusya ile arasında tampon bir bölgeye ihtiyacı vardır.

6 Ağustos

Bugün Türkçe öğrenmeye başladım.

22 Ağustos

Vambery vaadettiğim komisyon üzerinde çalışmaya başladı. Ondan çok garip bir mektup aldım. İzzet'i kaydırıp yerine geçmek istiyor.

Yoksa Abdülhamid'i mi düşürmek niyetinde? Şu mektubu yazdım:

21 Ağustos 1901

Aziz Vambery Amcacığım

Sizin gençlik ve enerji dolu mektubunuzu zevkle okudum. Siz gerçekten Allah'ın lûtfuna uğramış bir şahıssınız, Allah muhafaza buyursun. Hazırladığımız taslağı gönderiyorum. Fransızca'ya tercüme etmeye lüzum yok zannederim.

Sultan Filistin'i ne İngiliz ne de başka bir milliyete sahip bir şirketin idaresine vermeye razı olmaz. Esasen bu diğer «Kuvvet»lerle büyük diplomatik anlaşmazlıkların çıkmasına sebep olur. Oysa biz projenin tahakkukunu düşünmek zorundayız. Bu sebepledir ki başka bir yol aramaya girişmiş bulunuyoruz. Ben aptal değilim, bunu anlamışsınızdır, Sultan'a Londra'dan gönderdiğim bir mektupta kabul edilebilecek tipte bir teklifte bulundum. 18 Haziran tarihinde Londra'dan bu teklifi gönderdim (Yukarıya dercettiğim teklifleri sıraladım).

«İmtiyaz» mevzuunda teferruata inmedim, ilk adımda bunu yapmak doğru olmazdı. Şu hususa da dikkati çekeceksiniz: Ben herşeyi daha başlangıç olarak yapmış durumdayım. 1,5 milyon Sultan'ın bütün meselelerini halletmez bunu ben de biliyorum ama fiilen öyle bir durumdayım ki eğer iyi niyetini izhar ederse bundan çok daha fazlasını temin edebilirim.

Fakat plân nasıl tatbik edilecek? Herşeyden önce «Yahudi Koloni Tröst»üne «Küçük Asya, Suriye ve Filistin'de Osmanlı-

Yahudi Şirketi» adı altında «İmtiyaz» vermelidir. Herşeye tamamen malî bir karakter verilmelidir. «Yahudi Koloni Tröst» ü her türlü garantiyi temin edecektir. Fakat ciddi bir garanti almadan bu tekliften açıkça bahsetmeyiniz, zira en küçük bir emniyet şemsesi olsa hemen el atmaktadırlar.

Size gönderdiğim kabataslak plânı Sultan olumlu karşılarsa ben Sultan'ın genel durumunu yeniden organizeye girişeceğim ve 5 milyon sermayeli şiddet teşekkül edecektir. Ben bu organizasyonu üç yıl içinde gerçekleştiririm. Bunu kendisine söyle ve bunu bu şartlar altında yapacak ikinci bir adamın bulunmayacağını anlat. Burada size büyük vazife düşüyor; kavmimizi kendinize minnettar kılabilirsiniz.

İyi haberlerinizi bekliyorum.

Th. H.»

30 Ağustos

Sultan'ın doğum günü münasebetiyle bir tebrik telgrafı çektim. İbrahim Bey aracılığı ile cevap aldım.

2 Eylül

Dünkü gazetelerde İbrahim Bey'in oğlu Said Bey'in geçirdiği bir ameliyattan sonra Karlsbad'da öldüğünü öğrendim. İyi, yakışıklı bir gençti, 29 yaşında idi. Londra'da bir defa yemek yemiştik.

Teati edilen telgrafların suretlerini de zarfa koyarak Vambery'ye mektup yazdım:

«Şurası gerçek ki Sultan, Ramazan için kendisine hemen lâzım olan 200.000 altını henüz bulamamıştır. Son dakikada tefecilere veya borsa cambazlarına baş vurup temine girişebilir. Ben kendisine bu parayı hemen bulabilirim. Ama sen bu mektubu alır almaz gidip münasip bir dille şunları söyle: «Arkadaşım sana Ramazan için gerekli parayı getirebilir, hem de hiçbir tefeciyi araya koymadan. Fakat bunun için senin muayyen bir plân hususunda, senin malî durumunu üç yıl içinde düzeltebilecek plân konusunda olumlu davranman şart. Bunun için de Eylülün ikinci yarısı içerisinde ona haber vermelisin, zira onun da işleri tanzim için zamana ihtiyacı vardır. Arkadaşım kendisi ile beraber beni de çağırmanı istiyor ki aranızdaki müzakerelerde sizi anlaştırabileyim.» Şimdi kendi kendime soruyorum, acaba sizin mektubunuza cevap verilmemesi, o mektubu İkinci Kâtibin görmesinin tevlit ettiği bir netice midir? Şimdi ne olacak bakalım?»

23 Eylül, Alt-Aussee

Haftalardır Sultan'ın bana gerekli telgrafı çekmesi için İbrahim, Nuri ve Vambery aracılığı ile uğraşıyorum, sonuç yok. Birkaç gündür Sultan'a bir mektup daha yazmak istiyorum ama o bana hiç göndermediği için ifadede güçlük çekiyorum.

Gölün kenarına oturup düşünüyorum. Satranç tahtamdaki yeni elemanlar şimdi İskoçya dönüşünde konuştuğum Cecil Rhodes, yeni Amerika Reisicumhuru Roosevelt (Amerika'daki başhaham ve Siyonist lider G. Gottheil aracılığı ile), İngiltere Kralı (Ribon Bişop'un aracılığı ile) ve Rus Çarı (General Von Hesse aracılığı ile) v.s.

Bankamız Ekimde tam kapasite ile faaliyete geçebilecek. Gotheil'in satrançta vezir rolü oynaması fena olmayacak, Sultan'a «Kuvvetler» ile temasında esaslı bir aracı teklif edeceğim: Gottheil.

Sultan'a mektup:

«Efendimiz,

Yüksek müsaadelerinizle tekrar doğrudan doğruya Zat-ı Şahaneleri'ne başvurup birkaç kelime ile Zat-ı Şahaneleri'nin dikkatlerini oldukça ciddi bir duruma çekmek istiyorum.

Efendimiz, Osmanlı İmparatorluğu'nu çok sıkıntılı günler beklemektedir. Hazırlanmakta olan bir ittifak değil fakat bir tarafsızlık anlaşmasıdır. Şu anda kuvvetlerden biri harekete geçmiş durumdadır. Zat-ı Şahaneleri ümid ettiği yerlerin birbirinden hiçbir yardım alamıyacaklardır. Beklenen yardım çok korkunç bir kaynaktan geleceğe benzemektedir.

Hazırlanmakta olan durum budur, ama henüz bunu önleme fırsat ve imkânı mevcut bulunmaktadır.

Ben majestelerinin adına işe girişerek bütün bunları önleyebilecek ve hiçbir çevrede hiçbir şekilde şüphe uyandırmayacak birini tanıyorum. Fakat mevzu o kadar hassastır ki bunu Zat-ı Şahaneleri'ne ancak şifahen ve başbaşa olmak şartiyle arzedebilirim.

Bu plânın ilk şartı zaman kazanmaktır. Sonra yeni gelir kaynakları yaratılır ve imparatorluğun direnme gücü arttırılır. Osmanlı İmparatorluğu'nun büyüklüğü ve kuvveti Yahudi milletinin tek ümit kapısıdır ve mümin bir Yahudi olarak sizi kendi adıma değil kardeşlerim adına ve Halife'ye beslediğim iyi niyetin sonucu olarak ikaz etmek isterim.

Eğer Zat-ı Haşmetmeâbları beni dinlemek arzu buyururlarsa birkaç gün için İstanbul'a gelmek bendeleri için kolay olacaktır.

Sadık ve itaatkâr köleniz
Dr. Th. Herzl».

İbrahim Bey'e:

«Ekselans,

Derhal arzedilmesi ricasiyle Zat-ı Şahaneleri'ne çok mühim bir mektubu ilişikte takdim ediyorum.

Bu hafta tatile son verip Viyana'ya dönüyorum. Maamafih bu pek tatil sayılmaz, ancak çalışma masamı değiştirmiş oldum. İşlerim burada da bir an için yakamı bırakmış değildir.

Türkiye'nin işlerinin iyi gitmediğini öğrendim, bundan samimiyetle üzüntü duyuyorum. Allah sizi muhafaza etsin...

Th. H.»

Sultan'a yazdığım mektupta kastettiğim şahıs Gootheil'dir.

8 Ekim, Viyana

Peşte'ye gidip Vambery'yi gördüm, Sultan'a sert bir mektup yazmasını, arkasından da gidip görüşmesini söyledim.

Nuri'ye de yazıp habis İzzet'i bizim lehimize çevirmesini isteyeceğim:

«Ekselans,

Ne bizim ne Türkiye'nin işlerinde bir ilerleme var.

Kanaatımca İzzet Bey'i elde edip faaliyete geçirmek lâzımdır. İzzet Bey'in zekâsı bize çok faydalı olacaktır. Bizim iyilikseverliğimizi sizden dolayı bilir zannediyorum, herhal sizi zevkle dinleyecektir.

Ramazandan önce bir miktar paraya ihtiyacınız olacak değil mi?

Size bazı tavsiyede bulunmama müsaade ediniz: Mümkün olduğu kadar çabuk İzzet Bey'i görmeye gidiniz, kendisiyle bizzat bildiğiniz şekilde konuşunuz.

Yakın zamanda sizden haber almak ümidiyle saygılarımı sunarım.

H.»

Not: Bir müddet önce Profesör (Vambery)i gördüm. Yakında Avrupa'da vukuu muhtemel ciddi şeyler hususunda bilgi vermek temayülünde. Bu mektubu yazanın onun muhteviyatı hakkında hiçbir bilgisi yoktur. 8 Ekim 1901.

23 Ekim, Viyana

İstanbul'dan müspet veya menfi hiçbir haber yok.

1 Kasım, Viyana

Arıtk her ay 1.000 frank göndermekten bıktığım namert Crespi'ye aşağıdaki mektubu yazdım:

Muhterem Efendim,

Yüksek zekâsına rağmen 363 (Sultan) içinde bulunduğu kötü durumu anlamamaktadır. Aksi halde kendisine faydalı olabilecek yegâne kimse olan bana yazması gerekirdi. Bu durumda da tabiatiyle bir tek ileri adım atabilmiş değiliz. Sizi temin ederim ki bütün münasebetlere son vermeyi ciddiyetle düşünüyorum. Size iyi münasebetlerimizin bir sonucu olarak bu aydan itibaren ayda 500 frank fazla göndereceğim, ancak bunun karşılığında bana her hafta yazmanızı ve beni uzaktan dahi ilgilendirebilecek her türlü havadisi vermenizi istiyorum.

345 (Nuri Bey) e 125 (İzzet Bey) ile konuşmasını yazmıştım. Sen ve 345 bana 125'in ben orada iken verdiğim mikdarı aldığını söylemiştiniz, fakat niçin bir cevap almadığımı anlamıyorum.

Arkadaşımıza beni nezaketle hatırlatınız, zannederim hiçbirşey yapmadığı için müteessif bulunmaktadır.

Herzl».

Sultan'a mektup:

«Efendimiz,

23 Eylül tarihli mektubumda arzettiğim hususlar tahakkuk etmek üzere bulunmaktadır. Zat-ı Şahaneleri bendelerinin makul tavsiyelerini nazarı dikkate alırlarsa bunlar önlenebilir. Diğer felâketlerin zuhuru da yakındır ve bunlar ancak maliyenin kuvvetlendirilmesiyle tesirsiz bırakılabilir.

Kendimi hâlâ bu işe vakfetmek arzusunda olduğumu arzetmeme müsaade buyurunuz. Bugün, yarın, altı ay sonra, majesteleri ne zaman emir buyururlarsa bendelerini sadakatını ispata hazır bulacaklardır.

Herzl».

İbrahim Bey'e de kısa bir mektup yazarak zarfa koydum ve İstanbul'a gönderdim.

* * *

Dr. Herzl, 20 Aralık 1901 tarihinde Sultan Abdülhamid'e bir mektup daha yazarak Basel'de toplanacak Siyonistler Kongresi'ne bir telgraf göndererek (daha doğrusu Kongre Başkanı olarak kendisinin çekeceği telgrafa cevap vererek) Yahudilerle alâkası konusunda bir işaret ermesini istirham eder. İbrahim Bey'e yazdığı mektupta da Amerika'da özel olarak bir Türk klavyeli daktilo makinesi imâl ettirdiğini, birkaç haftaya kadar hazır olacağını, onu Viyana Sefiri Mahmud Nedim aracılığı ile mi göndermesinin uygun olacağını yoksa bizzat getirmesinin mi daha iyi olacağını sorar. Bu, eski Türk harfleri ile yapılmış ilk daktilo makinesidir.

Kongre Ocak'ta Basel'de toplanır, gerçekten Abdülhamid, Herzl'in Başkan olarak çektiği bağlılık telgrafına teşekkür eder ve bu kongrede onun durumunu kuvvetlendirir, dedikoduları önler...

* * *

5 Şubat 1902, Viyana

Dün eşim yüksek ateşle yatarken Yıldız'dan şu telgraf geldi:

«Lütfen projelerinizi açıklamak üzere derhal İstanbul'a geliniz – İbrahim».

Kremenzky'ye hazır olmasını haber verip aynı gece; «Birkaç gün gecikmenin bir mahzuru var mıdır, Cumartesi veya Pazar günü yola çıkabilirim» şeklinde bir telgraf çektim. Wellisch'e de hemen telle, «Kimin tarafından çağırıldığımı tahkik etmesini» bildirdim, «Davet eden bizzat Sultan'dı».

* * *

15 Şubat, İstanbul

Newlinsky'den beri dördüncü defadır İstanbul'dayım. Aynı kadîm şehir, renkler, renkler ve havlayan köpekler.

Gemiden iner inmez bir arabaya atlayıp Wellisch'le beraber doğru Saray'a gittim.

Maalesef Romanya gemisi fırtınadan tam zamanında Tophane'ye gelemedi. Elbisemi değiştirip hemen hareket etmeme rağmen saraya geldiğimizde zannederim Cuma günü ikinci vakti saat 3,5 u bulmuştu.

Artık iyice tanıdığım İbrahim Bey'in dairesine alındık. Merasim nazırının ilk muavini Galip ve Memduh Beyler sessizce refakat ettiler. İbrahim Bey'in benim gelişimi Sultan'a haber verdikten sonra dönmesi yarım saat kadar sürdü, nihayet geldi:

«Selamlık merasimi kendisini bugün çok yormuştu, bu sebeple beni derhal kabul edemiyecekti, yarın sabah (yani bugün) Saray'a gelecektim». İbrahim Beyle saat 11'i kararlaştırdık. İbrahim Bey bana bazı iradelerin de tebliğ edilebileceğini söyledi, sessizce eğildim, bundan başka Sultan burada kendisinin misafiri olmamı istemişti. Tekrar hürmetle eğildim.

Sonra havadan sudan konuştuk. Zat-ı Şahaneye hediye olarak bazı meyvelerden getirdiğimi söyleyince İbrahim ve Galip gözlerini açtılar. Bura âdetlerine göre böyle bir hediye getirilemezdi, tabii ben bilmediğim için mazurdum, öyleyse kendilerinin kabul etmelerini rica ettim.

Beyoğlu'nda «Büyük Cadde» de (İstiklâl Caddesi) Crespi ile karşılaştım, otele kadar bana refakat etti. Mektupta yazdıklarımı bir daha tekrarladım.

Ve günlerden beri ilk defa rahat uyudum.

15 Şubat, öğleden sonra.

Birinci raund bitti.

Sonuç müspet değil.

Saat 11 de yanımda Wellisch olduğu halde Saray'a gittim. Kapıda arabalarımız kontrol edildi ama kolay geçtik. İbrahim'in dairesinde bir müddet onu bekledik. Geldiğimizi Sultan'a bir tezkere ile bildirdi. Sonra önceden hazırlandığını tahmin ettiğim bir şekilde konuşmaya başladık.

Bana Siyonist Kongresi'nin gayelerini sordu. Ona bizim Yahudi muarızlarımızın sadece Yahudilerin diğer milletler tarafından absorbe edilmesini önlemek diye tarif edilebilecek milliyetçi siyonizm görüşlerini açıkladım.

İbrahim benim Kongre'de Sultan'ın Yahudilerin Filistin'e göç ederek orada bir Yahudi Krallığı kurmama müsaade ettiği bir beyanda bulunduğum şeklinde bir rapor aldıklarını ve bu sebeple Sefaret kanalı ile tekzip neşrettiklerini söyledi.

(Böyle bir tekzipten hiç haberim yoktu).

Kendisine Kongredeki beyanatımın metnini verdim. Sadece Mayıs'ta Sultan'ın bana ifade ettiklerini ve sonra kendilerine yazdığım mektupları anlatmıştım.

İbrahim daima olduğu gibi tebessüm etti. «Dr. Herzl'in aslı olmayan şeyleri söyleyeceğine ihtimal vermeyiz biz, aksi takdirde Sultan sizi misafir olarak davet etmezdi» dedi.

Sonra yemeğe gittik. Hep Türk yemekleri vardı. O arada Tahsin Bey geldi ve İbrahim Bey'le gizli birşeyler konuştu, benim ise elimi bile sıkmadı.

Yemekten sonra İbrahim Bey bana İzzet Bey'i görmeye gitmemi söyledi. Dışarı çıktığımda tekrar çağırıp İzzet'in arzularını şahsî olarak kabul etmemi fısıldadı. «Bunu söylemeye lüzum yok» deyip gittim. İzzet'le Sultan'ın beni kabul ettiği yerin önündeki avluda karşılaştım, samimi şekilde selâmlaştık ve sonra yine İbrahim Bey'in yanına geldik. Geçen mayısta oturduğumuz aynı koltuklara yerleştik, Konuşma da aynı noktadan başladı; önce İzzet söz aldı:

«Geçen mayıstaki ziyaret maksadınız ne idi?»

«Bunu o zaman arzetmiştim. Eğer isterse Türkiye'ye yardım etmek. Biz Yahudiler kuvvetli bir Türkiye'ye muhtacız v.s. ki Zat-ı Şahaneye mektuplarımda müteaddit defalar arzetmiş bulunuyorum.»

«Evet» dedi İzzet; «Kavminiz hem basın hem malî çevrelerde hâkim durumda olduğuna göre sizin tasarınızda hem maddî hem manevî malzeme var demektir; bu anlaşılıyor, fakat hiçbirşey gerçekleşmedi. Bütün yaptığınız Londra ve Basel'de beyanatta bulunmaktan ibaret kaldı».

«Bunda zaruret vardı» diye cevap verdim. «Bütün dünya Yahudileri arasında Zat-ı Şahane hakkında iyi bir iklim yaratmak şarttı ve inanıyorum ki bunda da muvaffak oldum, zira büyük ölçüde sempati tezahürlerine şahit oldum».

«Pekâlâ, her iki tarafa düşenleri tespit edelim» diye söze başlayan İzzet şöyle devam etti: «Sana açıkça söyleyeceğim. Zat-ı Şahane imparatorluğunun kapılarını bütün dünyadan gelecek Yahudi muhacirlere açmaya hazırdır. Ancak bu gelenler Osmanlı tebaasına girmeyi ve askerlik hizmetini ifa etmeyi başlangıçta kabul ve beyan edeceklerdir».

Cevaben; «Tamam» dedim. O devam etti:

«Memleketimize girmeden önce eski tabiiyetlerini bırakıp derhal Osmanlı tabiiyetini iktisap edeceklerdir, bu şartlarla memleketin isteklerini yerinde –Filistin hariç olmak üzere– yerleşebileceklerdir».

Kirpiğimi bile kıpırdatmadım ve anladım ki bu daha ilk tekliftir ve pazarlığa oturacaklardır.

«Karşılık olarak» diye İzzet devam etti: «Zat-ı Şahane bir sendika kurmanızı ve borçları konsolide etmenizi ve halen mevcut olan ve bundan sonra da bulunacak olan bütün madenleri işletmenizi istiyor».

«Hangi madenler?» diye sordum.

«Burada bulunan bütün madenler, altın ve gümüş, kömür madenleri ve petrol kuyuları. Kuvvetli bir Türkiye istediğinizi bildiğimiz için, sizlerin bizi istismar etmeyeceğinize ve bunları işleteceğinize itimat etmek istiyoruz. Maamafih bu bir Osmanlı Şirketi olacak ve İdare Meclisi'nde hem Yahudiler ve hem de müslümanlar bulunacaktır».

«Bu konuda düşünmek için müsaadelerinizi rica ederim» dedim, «Zat-ı Şahaneye şu hususu arzetmenizi istirham edeceğim, her halü kârda değişmeyecek bir şey varsa o da bendelerinin sadakatı ve iyi niyetidir. Önce bu prensibi ortaya koyalım. Teferruatın şöyle veya böyle olmasının ehemmiyeti yoktur, anlaşırız».

Yarına kadar bu konuda bir memorandum hazırlamamı istedi.

Kendisine hediye olarak getirdiğim enfiye kutusunu verdim, çok memnun oldu ve enfiye kutusu meraklısı olduğunu söyledi. Ayrılmadan önce İbrahim'e birşeyler fısıldadı, bunu az sonra İbrahim bana açıkladı. İbrahim otele bana gizli ajanını gönderip «Şahsî arzularını» ifade edecekti.

«Muvafık» diye cevap verdim; «Türkiye'ye zannederim milletin yapabileceğinden daha çok iyilikte bulunabilirim, fakat buna karşılık benim Yahudilerim için elle tutulur birşeyler verilmelidir». Bu sözlerim İbrahim'i mütehassis etti.

Birisini Tahsin Bey'e göndererek kabul edilmemi istedim. «Çok meşgulüm» cevabı geldi.

16 Şubat,

Güneşin doğmasından önce yatakta
Sultan'a vereceğim cevap hazır, şöyle:

«Efendimiz,

Dün Ekselans İzzet Bey vasıtası ile göndermek lütfunda bulunduğunuz hususlara tam bir hulus ve samimiyetle cevabımı arzediyorum.

İzzet Bey'in getirdiklerini iki mantıkî kısma ayırmak kabildir:

1) Endüstriyel kısım,

2) Siyasî-Malî kısım,

1- Zat-ı Şahaneleri imparatorluk hudutları içerisinde mevcut ve bundan sonra bulunacak bütün madenleri kuracağım bir şirketle işletmemi temin etmekle bendelerini görevlendirmektedir. Bunu prensip olarak kabul ediyorum, zira bu bendelerine Zat-ı Şahaneye hizmet imkânını bahşedecektir. Teferruat tabiatiyle sonraki kararlara iktiran edecektir.

2- Zat-ı Şahaneleri bütün dünyadaki Yahudilerden hicret edecek olanlar şefkat-i pederane ile imparatorluk hudutları içerisine Osmanlı tabiiyetini kabul etmeleri ve önceden kararlaştırılmış bir yere toplu olarak yerleşmemeleri şartı ile kabul buyuracağınızı ifade ediyorsunuz. Bunun karşılığında da devlet borçlarını konsolide edecek bir sendika teşekkülünü arzu buyurmaktasınız.

Bu haliyle teklifin realizesi hayli güç görünmektedir. Bunun tahakkuku için işin âleniyete dökülmesi gerekmektedir, bunun ise son derece kötü tesirleri olacaktır. Bunun yanında pratik sebepler de bulunmaktadır. Borçları tasfiye edecek olan fakir kolonistler değildir, gerekli büyük sarmeyaleri temin edecek olanlar da bunlar olmayacaklardır. Naçiz kanaatime göre devlet borçları ile Yahudi kolonizasyonu arasında bir bağ kurmak lâzımdır, bu bağ sayesinde ortaya büyük Osmanlı-Yahudi şirketi çıkacak ve her türlü güçlük halledilecektir.

Sadakat, samimiyet v.s.

17 Şubat

Herşey berbat oldu.

Gün güzel başladı, fena bitti.

Sultan'a cevabi mektubumu bitirdikten az sonra araba ile Yıldız Sarayı'na gittim. Mektubu İbrahim'e verdim, Galip Beyle birlikte oturup edebî bir tercümesini yaptılar. Bundan sonra oturup bir sürü konuda bilhassa Siyonizm hakkında gevezelik ettik. İbrahim ateşli bir siyonist olduğunu ve Yahudilerle hem tecavüzî hem de tedafüî bir anlaşmaya taraftar bulunduğunu beyan etti. Buna bakarak –zira İbrahim daima efendisinin görüşlerini aksettirir- rüzgârın müsait esmekte olduğu sonucunu çıkardım... Sonra öğle yemeğine oturduk. Yemekler bu defa biraz daha iyi idi.

Yediğimiz yemekleri hazmımızı –oldukça fırtınalı bir hazım- kolaylaştırmak için İzzet Bey yine göründü. Benim verdiğim cevabı okumuştu, Yahudi-Osmanlı Şirketi bir yer seçecek, yani iskan için herhangi bir yerde toprak satın alacak ve Yahudileri oraya toplayacak mıydı?

«Evet» dedim, «Bu zaruridir. Biz sadece şahsî himaye ile iktifa edemeyiz, zaten buna bütün dünyada sahibiz, millî bir himaye lâzımdır».

Bununla ne demek istediğimi ekselansları sordular.

İzah ettim: Bizim yararımıza büyük bir resmî jest, meselâ tahditsiz bir şekilde muhacirleri davet demek istiyorum.

Bunun üzerine İzzet benim mektubu Sultan'a götürdü.

Beklerken İbrahim ve Galip istikbal hakkında hayal kurmaya, iyi günlerden bahsetmeye başladılar; Yahudiler gelince ne kadar iyi olacaktı. Gelişmiş bir ziraat ve endüstri, yabancı menfaatlere hizmet etmeyen bankalar v.s. tahayyül ediyorlardı.

Fakat İzzet Sultan'ın menfi kararı ile döndü. Sultan, Türk tabiiyetini kabul edecek bütün Yahudilere bütün imparatorluğunu açmayı arzu ediyordu, ancak her muhacir grubu geldiğinde nereye yerleştirilecekleri hükümet tarafından tespit edilecek ve Filistin bu bölgelerin dışında kalacaktı. «Yahudi-Osmanlı Şirketi»ne Mezopotamya, Suriye, Anadolu, sözün kısası Filistin dışında her yerde kolonizasyon müsaadesini tanıyacaktı.

Filistin'siz bir imtiyaz. Derhal reddettim.

İzzet şöyle dedi: «Ne bekliyordunuz? Hayat böyledir, önce siz bin mil öteye gittiniz ve sonunda anlayışsızlıkla karşılaştınız».

Cevaben: «Korkarım ki hayır. Bu mesele üzerinde yarına kadar düşüneceğim. Ama bir hal şekli bulamayacağımdan endişe ediyorum».

İzzet: «İnşallah diyelim, bir yol bulacağınızı ümit edelim».

Ben: «Yazık, eğer yarına kadar bir hal şekli bulamazsam, Zat-ı Şahane'den ayrılmak için müsaade isteyeceğim».

Böylece müzakere birdenbire ve olumsuz bir şekilde sona ermişti. Sultan'ın arzusu üzerine konuşmalar zapta geçirildi, İzzet ve İbrahim Beyler tarafından imzalandı.

Çıkmaya hazırlanırken yavaşça İbrahim Bey'e eğildim ve İzzet Bey'in gizli ajanı «Caporal» ın beni görmeye ne zaman geleceğini sordum. İbrahim İzzet'le konuştu ve bana cevabını getirdi: Buna şimdilik lüzum yoktur. Bundan müzakerelerin ne kadar kötü gittiği daha iyi anlaşılıyordu. İbrahim'in kulağına eğilerek şunları fısıldadım: İkili bir anlaşmaya gidilebilir, yani açıklanan anlaşmaya göre Sultan himayeye muhalif kalır, bir de benimle ve arkadaşımla anlaşma yapar ki bu gizli kalır.

İbrahim bundan İzzet'i derhal haberdar etmemi söyledi, ona da söyledim, İzzet gözlerini kırpıştırarak:

«Bu mümkün değildir. Nazırlar bunu istemiyeceklerdir. Onların bazıları vardır ki ikna edebilirsiniz, fakat bazılarını hiçbir fiyata ikna edemezsiniz».

Ayrıldım.

* * *

Mesele üzerinde düşündüm ve sonunda Sultana şu mektubu yazdım:

«Efendimiz,

Mevcut şartlar içerisinde Zat-ı Şahaneleri'ne hizmet edememekten samimi olarak teessür duyuyorum. Artık ayrılmaya hazırlanıyorum.

Zat-ı Şahaneleri'nin ifade buyurdukları karar önünde hürmetle eğilirim.» dedikten sonra eğer imparatorluk hudutları içerisinde Yahudilerin iskânı konusunda «tahdit»ten vazgeçilirse merkezi İstanbul'da ve belli başlı şehirlerde şubeleri olan büyük bir banka kurabileceğimi, ekonominin bundan büyük menfaat sağlayacağını anlattım. Mümkünse bugün bir veda ziyareti için kabul etmesini istedim. Eğer kabil olmazsa hediye olarak takdim ettiğim bir takım felsefî kitaplarla iki hafta sonra gelecek olan daktilo makinesinin lütfen kabul buyurulmasını diledim. Bundan sonra dahi kendisinin sadık bir hizmetkârı olarak kalacağımı bilmesini söyledim.

* * *

19 Şubat, trende

Mektubu bitirince hemen Wellisch'e vererek Yıldız'a gönderdim. Bu arada çarşıya çıkıp İbrahim ve Galip Beyler için mücevherle işlenmiş birer altın kalem satın aldım, sonra Saray'a gittim. İbrahim Bey mektubun tercümesini bitirmişti, Memduh Bey'i çağırarak tercümeyi Sultan için temize çekmesini söyledi. O Türk usulü diz çöküp sol eline aldığı kâğıda sağ eliyle yazarken İbrahim Karlsbad'da ameliyat sırasında ölen oğlundan bahsetti. Said ile Haziran içinde Londra'da ben de karşılaşmıştım. Zavallı baba ağladı.

Memduh işini bitirince mektup Sultan'a gönderildi, bir süre sonra da şimdi benim samimi arkadaşım olan İzzet Bey tarafından çağrıldım.

Sultan'ın benim karşımdaki durumunu tekrar etti, konuştu, ben de tekrar reddettim. Ya tahditsiz muhaceret olur ya hiç olmazdı.

Sultan, kendisi istese dahi benim Arazi Şirketi'nin idaresi altında hudutsuz hicrete müsaade veremiyeceğini bildirdi. Zira böylece tebaasının ekseriyetinin değil ekalliyetinin bile itimadını kaybedeceğini ileri sürdü. İzzet bu noktada şuna işaret etti: En mutlak idarenin dahi istediğini yapmak serbestisine sahip olmadığı bir gerçektir.

İzzet birden esrarlı bir havaya büründü ve bana arkadaşça tavsiyelerde bulundu:

«Bu memlekete maliyeci olarak giriniz, sonra ne isterseniz yapabilirsiniz.» (Bununla şunu demek istiyordu: Biz sizin ne istediğinizi biliyoruz ve buna muhalefet edecek değiliz. Ne Sultan ne de etrafındaki iş adamları para bulabiliyorlar, dikkatli davranmak zorundayız, aksi halde alaşağı ediliriz). Devam etti:

«Maliyemizi elinize alınız. O zaman patron olursunuz. Önce en mükemmel iş olan maden işine girişiniz. Bizim cevap bile vermediğimiz yüzlerce, binlerce talep var bu konuda. İmparatorlukta mevcut bütün madenlerin işletilmesi size teklif edildi, kabul etmez misiniz?»

«Ondan sonra bankacılığa el atarsınız. Lüzumlu bütün imtiyazlar size verilecektir. Bu öyle bir şekilde yapılacaktır ki Osmanlı Bankası hiçbir şeyden şüphelenmiyecektir. Sonunda sizin kolonizasyon talebiniz hususunda ne yapılabileceğine karar veririz».

Eğer benim samimi tavsiyemi isterseniz şöyle yapmalısınız: Yarın gidin, arkadaşlarınızla konuşun, istediğimiz sendikayı kurun. Gerekli miktarda depoziti bankaya yatırın, imtiyazın verildiği ilân edilince, kullanılabilecek şekilde dursun. O zaman sizinle kontrat yapmaya girişebiliriz.. Faraza filân maden imtiyazı için bir milyon frank yatırıp gerekli fermanı beklersiniz, v.s.»

Bu fikir bana son derece parlak göründü. Zira gözlerinin önüne paraları sürmek için bana fırsat veriyordu. Son derece çekingen bir tavırla şunları söyledim:

«Sizin arkadaşça konuştuğunuzu görüyorum. Arkadaşlarımın sizin tavsiyelerinizi kabul etmeleri için elimden geleni yapacağım. Ama bana söyleyeceklerini biliyorum: Sen bize istemediğimiz halde iş getiriyorsun, tekliflerde bulunuyorsun, oysa biz iş aramıyoruz, bize istediğimizi yani Kolonizasyon Kumpanyası'nı getirmiyorsun. Aynı şekilde burada Zat-ı Şahane ve her seviyeden arkadaşla mutabakata varmaya uğraşacağım. Sizin ne demek istediğinizi iyi anlıyorum: Birisi başarı kazanmak istiyorsa diğerinin alâkasını çekmelidir, bu sebeple üç fermanın çıkarılması gerektiğine kaniim. Birisi madenler, birisi banka ve üçüncüsü de Kolonizasyon Şirketi için. Bu, çeşitli gurupların alâkasını daha kolay cezbetmemi temin edecektir. Bazıları birinci, bazıları ikinci ve diğerleri de üçüncü fermandan faydalanacaklardır. Böylece üç sahanın adamları bir arada olacaklardır. (Bunu söylerken ona davetkâr şekilde baktım.) Beni anlıyor musunuz?»

Gayet mütevazi bir şekilde.

«Anlıyorum, bu fena değil» dedi. Ben devam ettim:

«İbrahim Bey, sizin gibi ajanınız Caporal'ı bana göndermek istediğinizi söyledi. Niçin öyle olsun? Biz arkadaş olduğumuza göre aramıza bir üçüncü kimseyi sokmaya ne lüzum var. Doğrudan doğruya konuşalım, bu daha iyidir».

Bu açık ve samimi konuşmamdan pek hoşlanmıştı, muhabbet dolu bakışlarla şöyle dedi:

«Haklısınız». Sonra efendisinin arzularını tekrar dile getirdi: «Hükümetin şu anda bir milyona ihtiyacı var, (Hicaz Demiryolu işi herhalde), bize bunu verebilir misiniz?»

«Evet» dedim çabucak; «Bana hudutsuz kolonizasyon müsaadesini verin ve en kısa zamanda bir milyonu alın. Sadece bu husus için gelmediğim için diğer konuları arkadaşlarımla görüştükten sonra cevaplandırabilirim».

«Şu anda bu mümkün değil» diye cevap verdi.

«Konuşurken aklıma bir fikir geldi» dedim, «Ben tahditli bir muhacerete muvafakat edemem ama eğer muhacirlerin sayısını tahdit etmezseniz istediğinizi yapabiliriz. Yahudi-Osmanlı Şirketi istediği sayıda muhaciri getirebilme selâhiyetine haiz olmalıdır».

«Meselâ ne kadar?»

«Bu konuda yeteri kadar düşünmedim. Bu fikir aklıma hemen geliverdi. Bu hususta ne düşünürsünüz?»

«Fena sayılmaz. Bunun üzerinde sonra durabiliriz, önce malî hususa girişmelisiniz».

O sırada içeriye girip kahve ve sigara içmeye başlayan saray mensupları yüzünden konuşmamız burada kaldı. İzzet Bey beni koridorda görerek yarın sabah tekrar saraya gelmemi, o zaman belki Sultan'ı da görüp veda edebileceğimi söyledi.

Otele döndüm.

* * *

Dün sabah çok erken kalkarak saraya gitmeye hazırlandım, zira gemi saat 10'da kalkacaktı. Bagajlarımız akşamdan hazırlanmıştı. Sultan'ın misafiri olduğum ifade edilmekle beraber Saray'dan kimse gelmediği için otelin hesabını ödedim. Adamıma ben gelmeden bagajları gemiye çıkarmasını tembih ettim. Çünkü Sultan'ın ne yapacağı belli olmazdı, belki de ayrılıp gitmeme müsaade etmezdi. Burada beklenen ile olanlar hiç birbirine benzemiyor. Maamafih olaylar bambaşka cereyan etti. Muhtemelen ileride ben bu imtiyazı elde edeceğim, bunun ne zaman olacağı daha belli değil. Belki de Türkiye, «Kuvvetler» tarafından taksim edilmeden ele geçiremiyeceğiz.

İbrahim ve İzzet, müzakerelerin Türkçe ve Fransızca birer zabtını hazırlamışlardı, onları imzaladık. Ben de bir memorandum hazırladım ve Türkçe'ye tercüme edildi:

18 Şubat 1902 tarihini taşıyan bu memorandumda, konuştuğumuz hususlar madde madde yer alıyordu. Bu irade-i seniyeyi hürmetle karşılamakla beraber kabul etmeme imkân bulunmadığını arzettim.

İzzet Bey bu hususta yazılacak pasajı dikte ederken Sultan'dan gelen birisi bana Zat-ı Şahane'nin yolculuk masrafı olarak 200 lira ihsanda bulunduğunu bildirdi ve parayı verdi. Büyük bir hürmetle aldım ve bir hayır kurumuna verebilip veremiyeceğimi sordum. İzzet tebessüm ederek; «Makbuzu imzalayınız da sonra ne isterseniz yapınız» dedi. «İmparatorluk hazinesinden yol masrafları olarak 200 lira teslim alındı – Dr. Theodor Herzl» diye yazıp imzaladım.

«Beyler, resmen herhangi bir sonuca varmamakla beraber yine görüşeceğimizi ümidederim. Tavsiyelerinizi tutacak ve memleketiniz ve Yahudiler için, hayırlı olacak hususları gerçekleştirecek kimseleri bulmaya uğraşacağım» dedim.

«Allah yardımcınız olsun, bizler sizin tarafınızdanız» dedi İzzet Bey, İbrahim Bey de aynı şeyleri «İkimiz de sizin tarafınızdanız» diye tekrar etti. Sağ elimle İzzet'in elini sıkarken sol elimi de İbrahim'in eline verdim...

* * *

21 Şubat, Viyana

Londra gazetelerinin benim Sultan'dan imtiyazı aldığım haberini verdiklerini öğrendim. Bunun Saray tarafından tekzip edilmesi iyi tesir etmezdi. Hemen Mahmut Nedim'e giderek vaziyeti şifre ile bildirmek istedim, ama bana karşı durumda olan Tahsin bu teli alacağı için vazgeçip «*Daily Mail*» ve «*Daily News*» gazetelerinin muhabirlerini bularak bu haberi şahsen tekzip ettim. Yarınki gazetelerde bu yayınlanacak.

Reitlinger ile madenlerin işletilmesi imtiyazı hususunda konuştuk. Her maden imtiyazı için 100-120 bin altın rüşvet vermek gerektiğini, meselâ bir tek maden imtiyazının verilmesini temin eden Fuad Paşa'nın[49] bu iş karşılığı 100 bin altın aldığını söyledi.

6 Mart

İzzet'e mektup:

«Ekselans,

Size ekli iki Londra gazetesini sunmakla şeref duyarım.

15 Mart günü benim adıma üç bankaya birer milyon yatırılacaktır. Bu bankalar Paris'te Credit Lyonnais, Londra'da Lloyds Bank ve Berlin'de Dresdener Bank'tır.

Size bir hafta içinde daha kat'i malumat arzedeceğim.»

13 Mart

İstanbul'dan fena haberler geliyor. Wellisch benim mektubumu İzzet'e verdikten sonra kendisini İbrahim Bey çağırtmış ve «Yeni bir iş'ara kadar bir şey yapmasın» talimatını göndermiş. Neler olup bitiyor? Sisler içindeyim yine... Bugün *Neue Freie Presse*'de çıkan iki haber bana ciltler dolusu yazı kadar manidar göründü:

1- Sultan Abdülhamid Fransız Sefiri Constans'ı kabul etmişti.

2- Borçların konsolide edilmesi için Rouvier projesini tasdik etmişti.

İki haber arasında olduğu kadar benim İstanbul'a gidiş gelişim arasında da irtibat bulunduğu meydanda.

Türkler hayatlarının kurtarılması için Fransız hırsızlarında medet umuyorlar. İstanbul daima bir «harikalar diyarı» dır ve bu diyarda halen Fransızlar gözde durumunda bulunuyorlar.

Dr. Herzl bir taraftan İzzet ve İbrahim Beylerle mektuplaşırken bir taraftan da Osmanlı devlet borçlarını konsolide etmeyi üzerine almış olan Rouvier ile Crespi'nin temas kurmasını ister. Onunla bu işi «kendi hesabına» yapması hususunda anlaşma çarelerini araştırır. Tahsin Bey onun üç bilyon emrinizdedir şeklindeki mektubuna, Viyana sefaretine «Bu Dr. Herzl kimdir, nedir, ne iş yapar araştırıp sonucu bildirin» şeklinde talimatla cevap verir. Anlaşılır ki Tahsin Bey, Herzl'in menfaatlerinin aleyhinde çalışan «gruba» mensuptur. Bu talimatin iki mânası olabilir, ya Tahsin yapılan konuşmalardan gerçekten habersizdir ve soruyu samimiyetle sormaktadır, yahut da doğrudan doğruya Sultan'ın talimatı ile öyle hareket etmektedir. «Dr. Herzl Viyana'da sevilen, hürmet edilen bir şahıstır, profesyonel yazardır. Yahudi malî mahfillerinde tam tesire sahiptir, her türlü malî işi başarabilecek evsaftadır» şeklinde bir telgraf sureti hazırlayarak gönderilmek üzere Mahmut Nedim'e verir.

Nisan ayı başlarında Tahsin Bey'den Viyana sefarethanesine gelen bir mektupta «Bir yanlış anlaşılma olduğu» ifade edilir. İstanbul'dan Herzl'in özel ajanları Crespi ve Wellisch işe şimdi Fransızlarla anlaşma çabalarının devam ettiğini, bir müddet beklemek ve hiçbir faaliyette bulunmamanın iyi olacağını bildirirler. İzzet Bey'in tavsiyesi bu merkezdedir.

* * *

3 Mayıs, Viyana

Sultan'a Mektup:

«Efendimiz,

Zat-ı hakîmanelerine şu teklifi arzetmekle şeref duyarım. Türkiye'de gençlerin yüksek tahsil yapma imkânlarının tam sağlanamaması yüzünden bu gençlerin bir kısmının dış memleketlere gittiklerini ve orada ihtilâlci fikirler öğrenip o tesirlerle döndüklerini biliyorum. Halihazır durum tam bir çıkmaz manzarası göstermektedir: Ya bunlara muasır bilgiler verilmeyecek yahut muzır bilgilerle techiz edilmelerine göz yumulacaktır.

Buna bir hal çaresi bulunabilir. Biz Yahudiler bütün dünya üniversitelerinde söz sahibi bulunmaktayız. Bütün memleketlerdeki üniversitelerde birçok Yahudi profesörler ve ilmî araştırıcılar mevcuttur. Zat-ı Şahaneleri'nin emirleri olursa imparatorluk içerisinde meselâ Kudüs'te bir İbrani Üniversitesi kurabiliriz.[50] O zaman Osmanlı talebeleri dışarıya gitmek mecburiyetinden kurtulur, kendi memleketlerinde tahsil imkânına kavuşmuş olurlar.

Yahudi Üniversitesi her ilim dalında profesörü derhal temin ederek ayrıca teknik ve ziraat sahalarında da öğretim yapabilir.

Zat-ı Şahaneleri'nin prensip bakımından kararlarına muttali olmadan teferruata inemiyeceğim tabiidir...

Dr. Theodor Herzl».

İbrahim ve İzzet Beylere yazdığım mektuplarda da bu Üniversite mevzuunu açtım. Kendilerine hiçbir malî külfeti olmayacağını, bana hemen majestenin kararını ulaştırmalarını rica ettim.

İzzet Bey'den 12 Mayıs tarihli bir mektup aldım. Bu mektupta, Üniversite kurma işinin Zat-ı Şahane'ye arzedildiğini, fakat malî güçlüklerle uğraşıldığı şu sırada bu gibi işlere imkân bulamadığını, benim malî işlerin hangilerini halledebileceğimi bir liste halinde göndermemin rica edildiğini anlatıyor.

Buna derhal bu gibi işlerin ancak şifahen ve uzun uzun konuşulmakla halledilebileceğini, bu hafta içinde derhal İstanbul'a gelebileceğimi, zira Haziran'da mutlaka Londra'da bulunmam gerektiğini, eğer istiyorsam durumun telle tarafıma bildirilmesini istedim. Eğer şimdi çağırılmazsam bir daha sonbahardan önce gelme imkânımın bulunmadığını bildirdim.

* * *

6 Haziran'da Paris'ten İzzet Bey'e bir mektup gönderdim. Sultanın emrettiği şekilde malî işleri düzeltmek, madenleri işletecek şirketleri tesis etmek maksadı ile burada arkadaşlarımla temaslarda bulunuyorum. Burada takriben ayın 25'ine kadar kalacağım. Sonra biraz tatil yapmağı düşünüyorum deyip bulunacağım adresleri bildirdim.

Viyana'dan babamın çok ağır hasta olduğunu bildiren bir telgraf aldım. Hemen arkasından doktorumuz bir kriz sonunda hiç acı çekmeden vefat ettiğini bildirdi. Derhal döndüm.

* * *

Sultan'a mektup:

20 Haziran 1902

«Efendimiz,

Babamın vefatını bildirmekle şeref duyarım. Bu sebeple çağrıldığım Londra'dan çalışma ve temaslarımı yarım bırakarak geri döndüm.

Şimdi gazetelerden M. Rouvier'in konsolidasyon projesinin kabul edildiğini öğrenmiş bulunuyorum. Öyle olduğuna nazaran benim bu konuda çalışmaktan vazgeçmem icabediyor. Geriye yalnız madenlerin işitilmesi ile Osmanlı memleketleri için kurulacak banka meselesi kalıyor. Fakat bilmiyorum, majesteleri bendelerinin arkadaşlarının bu meselelere girişmelerini hâlâ arzu etmekte midirler?

Bu sebeple irade-i şahanelerini bildirmelerini istirham ederim. 30 Haziran'da tekrar Londra'ya gitmek üzere buradan ayrılacağım ve orada iki hafta kalacağım. Zemini hazırlamış olduğum için bundan sonrası benim fazla zamanımı alacak değildir...

Sadık bendeniz

Dr. Th. Herzl».

Aynı mahiyette İzzet ve İbrahim'e de birer mektup gönderdim. Bulunacağım adresleri ve kalış müddetlerimi bildirdim.

22 Haziran

Crespi'den telgraf:

«No 188 (Mahmut Nedim) size yeni bir projeden bahsedecek, direkt müzakere olmaksızın kabul edemiyeceğinizi bildiriniz».

24 Haziran, Alt-Aussee

Wellisch ve Crespi Türkiye'nin Viyana ve Londra sefirlerinin benimle temasa geçmek emrini aldıklarını fakat her ikisinin de bu imkânı bulamadıklarını bildiriyorlar. Kremenzky'ye tel çektim, eğer isterlerse Sultanı görmeye Londra'dan önce gidebileceğimi Mahmut Nedim'e bildirmesini söyledim.

* * *

5 Temmuz, Londra

Öğleden sonra Türk Sefaretinden bir memur bizim teşkilâta gelerek merkezden gelen bir talimat sebebiyle Türkiye sefirinin benimle görüşmek istediğini bildirmiş. Şimdi çok meşgul olduğumu bildirerek başka bir zaman tekrar gelmesini söyledim.

* * *

Dr. Herzl Londra'da bilhassa Lord Rotschild ile temasa geçerek ona İstanbul'daki temaslarını ve müstakbel Şirket plânlarını anlatır. Lord kendisini Yahudi olmaktan ziyade İngiliz hissetmektedir. Filistin üzerinde niçin ısrar ettiğini sorar, pekâla başka bir yer de olabilir, meselâ Uganda der. Dr. Herzl bu gibi düşünenlerin «Ne biçim Yahudi olduklarını» düşünür, «kafasızlıklarına» kızar. Filistin olmazsa bile Mısır Filistini, Elariş veya Kıbrıs'ın nazarı itibara alınabileceğini böylelikle «Anayurda» yakın olacaklarını, her halü kârda «Şirket» in sermayesinin karşılanması gerektiğini savunur ve Rotschild ve diğer büyük Yahudi zenginleri ikna eder, sermayeyi gerekli parayı «derhal» vereceklerdir.

O sıralarda Türkiye'yi İngiltere'de Kostaki Antopulos Paşa temsil etmektedir. Yıldız'dan, Herzl'in tâbiriyle «aptalca» bir telgraf almıştır. Bu telgrafta M. Rouvier ile kesin bir anlaşmaya henüz varılmadığı, müzakerelerin cereyen ettiği anlatılmakta, Dr. Herzl ile derhal temasa geçilerek konsolidasyon projesini onun almasını Zat-ı Şahane'nin arzu ettikleri hususunun bildirilmesi ve alınacak cevabın telgrafla gönderilmesi istenilmektedir.

Dr. Herzl sefirin «ayağına» gelmesini temin eder, ona Yıldız'a göndereceği telgrafı yazdırır. Birkaç ay önce arkadaşlarının temin ederek Londra, Paris ve Berlin bankalarına yatırdıkları üç milyonun kabul edilmeyip açılan kredilerinin iptal ettirildiğini, bu jest ile arkadaşlarının hüsrana uğratıldıklarını, konsolidasyon projesinin ise 32 milyon tutarında bulunduğunu, bu kadar büyükişin hemen birkaç saat içerisinde ha-

line imkân bulunmadığını anlatır. Müzakereler için derhal İstanbul'a geleceğini bildirir.

25 Temmuz, Tarabya

Sultan'ın derhal gelmem talebiyle yine buradayım. Ekspreste yemek yiyerek, uyuyarak, rüya görerek, etrafı seyrederek iki gün geçirdim.

İstanbul eski İstanbul. Pislik, toz, gürültü, kırmızı fesler ve mavi sular.

Yıldız'ın girişindeki bahşiş kapıcı kimseler beni tanıdık tanıdık karşıladılar. Gelişimle altın yağacağını biliyorlar.

İbrahim'le arkadaşlık... Geçen defa o bana oğlunun ölümünü anlatmıştı. Bu defa, yazık, ben ona babamın ölümünü anlatıyorum.

Yine gidip beklemeler, yine geldiğimi Sultan'a haber vermeler. Bu defa arkadaşça bir ifade ile Tahsin görünüyor. İbrahim Bey'e benim Sultan'ın misafiri olduğumu ve emrime sarayın arabalarından birinin tahsis edildiğini bildiriyor.

Sonra Tahsin Bey Sultan'a sunacağım teklifi yazılı olarak vermemi istedi. Yolculuk sebebiyle henüz yazamadığımı söyledim. Zat-ı Şahane'nin arzusu böyle. Tahsin durumu haber vermeye gitti. Tahsin dönüp metni Tarabya'da yazabileceğimi ve birisinin gönderilerek benden alınacağını anlattı. Beşiktaş'tan bir şehir vapuruna binerek Yeniköy'e gittim, orada da arabaya binerek Tarabya'ya geldim. Saat 8.30 da oturup gece 11.30 a kadar çalıştım ve sonra temize çektim. İbrahim'in adamı alıp gitti, eğer o gece boyunca çalışırsa sabaha tercümeyi tamamlayabilir ve Sultan da derhal okur. Eğer müspet karşılarsa beni Selâmlık merasiminden sonra kabul edecektir.

Boğazın suları yine masmavi.

Sultan'a yazdığım memorandum şöyle:

«Efendimiz,

Aşağıdaki mütalealarıı Zat-ı Şahaneleri'ne takdim etmekle şeref duyarım.

Önce Rouvier plânının politik tarafına dokunayım. M. Rouvier'nin halen Maliye Nazırı durumunda bulunması durumu güçleştirmez, bilâkis kolaylık sağlar.

Eğer onun teklifleri Zat-ı Şahane tarafından kabul edilmezse Fransa nezareti Osmanlı Hükümeti'ne hiçbir serzenişte bulunamıyacaktır. Çünkü Fransız kabinesinin muhalifleri her fırsatta hükümetin malî grupların menfaatine hizmet etmek mecburiyetinde olduğunu beyan etmektedirler. Diğer taraftan plân benimsenecek olursa M. Rouvier Türkiye'ye politik bakımdan muhalefet göstermemeye dikkat etmek zorunda kalacaktır, zira o zaman malî sebeplerle kazanıldığı iddiasiyle hücumlara maruz kalacaktır.

Naçiz kanaatime göre her iki yolda da karar vermek için aceleyle hiç lüzum yoktur...

Majesteleri bizim tekliflerimizi kabul etmeseler dahi, M. Rouvier'nin projesini tedricen reddetseler yine de faydalı sonuçlara ulaşabilirler. Şartlar gittikçe daha uygun şekle gelecektir. Fakat ikinci bir plânın mevcudiyeti son derece, mutlak gizlilik içinde tutulmalıdır. Yeni bir anlaşma için müzakerelere gitmenin yolu Rouvier teklifini reddetmek olacaktır. O zaman gerek Rouvier ve gerekse o reddedilmeden ortaya çıkmak isteyen benim arkadaşlarımla yeni müzakerelere girişmek imkânı ortaya çıkacaktır. Eğer işe benim arkadaşlarımın da karıştığı işitilecek olursa tahvillerin fiyatları derhal yükselmeye başlıyacaktır.

Arkadaşlarım M. Rouvier tarafından ileri sürülen genel şartlar içerisinde konsolidasyonu gerçekleştirmeye hazırdırlar. O zaman Zat-ı Şahaneleri'nin hükümeti bu plân içerisinde yeni gelir kaynaklarına da kavuşacaktır... Yani konsolidasyon teklifimiz kabul edilirse arkadaşlarım 30 milyonluk bir taahhüde girişecekler, imparatorluk hükümetine bu meblâğı derhal tediye edeceklerdir.

Buna karşılık Zat-ı Şahaneleri'nin hükümeti bize bir imtiyaz yahut müsaade verecek ve Zat-ı Şahaneleri'nin geçen Şubatta izhar ettikleri gibi Mezopotamya'dan başka Filistin'e yakın Hayfa civarına Yahudi iskânı mümkün hale gelecektir.

Konsodilasyon maliyenin ıslahı için atılacak birinci adımdan ibarettir. Asıl önemli olan yeni gelir kaynakları bulmak, vergi gelirini yükseltecek tedbirleri almak, halkı daha fazla vergi verebilecek seviyeye getirmektir. Madenlerin, ormanların işitilmesi, elektrik enerjisi konusunun ele alınması bunu temin edecektir. Naçiz kanaatime göre bu yeni gelir kaynaklarını yaratmak borçları konsolide etmekten çok daha önemli ve acildir. O iş nasıl olsa zaman içerisinde olur gider.

Mektubumdaki acele ifadeden dolayı Zat-ı Şahane'den özür dilerim. Buna sebep yol yorgunluğudur. Eğer kabul edilmek şerefine nail olursam bu memleketin nasıl zenginleştirileceği hakkındaki fikirlerimi uzun uzun arzedebilirim...»

26 Temmuz

Dünkü Cuma yine İbrahim'in odasında asab bozucu bir şekilde beklemekle geçti.

Yıldız'a öğle vakti Selâmlık merasiminden önce geldim. Tahsis edilen saray arabasına binmiştim.

Ben araba ile geçerken Sultan da diğer diplomatlar da gördüler. Bilhassa diplomatlar mütecessis ve şüpheli bakışlarla beni süzdüler, bilhassa Alman Maslahatgüzarı Wangenheim öyle idi.

İbrahim Bey, Alman mümessilinin; «Banker Herzl'in bugün Sultan tarafından kabul edilip edilmeyeceğini» sorduğunu, kendisinin de Herzl burada banker değil muharrir hüviyetiyle bulunuyor dediğini anlattı.

Zaman zaman Tahsin yanımıza gelerek İbrahim'e Sultan'dan benim hakkımda kısa mesajlar getiriyordu. Yemekten sonra Sultan'ın memorandum üzerinde çalışmak istemesi sebebiyle dört saat müsaade etmem istendi. Saat 6 dan itibaren Tarabya'da değil Pera Palas'ta Sultan'ın emrine muntazır olacaktım.

İskelede Wolffsohn'u arayıp buldum ve Tarabya'ya giderek eşyalarımı Pera Palas oteline getirmesini söyledim. Boğaz'daki birbuçuk saatlik gezim sırasında Sultan beni yeniden çağırdı. Tarabya'ya vardığımda derhal Yıldız'a gelmekliğimi bildiren bir telgraf buldum.

Saat altıyı çeyrek geçe Yıldız'a ulaştım. Orada Alexander Karatodori Paşa ile tanıştırıldım. Benim son derece gizli memorandumumu Sultan için tercüme etmek emrini almıştı. Oysa ben memorandumu mühürsüz bir zarf içerisinde İbrahim Bey'e göndermiştim. İbrahim çok kurnazca bir ifade ile bana onu okumadığını ve herkese de bunu böylece söyleyebileceğimi ifade etti. Buna inanmadım.

Zavallı, ihtiyar Karatodori Paşa gece yarısı 12.15 e kadar uğraşıp tercüme etti, altını ben de imzaladım, mühürledim, Tahsin Bey davet edildi ve zarfı ona verdim. Bu sabaha da bana randevu verildi.

Sonra bir vapurla Tarabya'ya gittik, harikulade bir mehtab vardı.

Öğleden sonra bir ara İbrahim'in odasında iken İzzet'le karşılaştım. Sadece el sıkıştık.

27 Temmuz, Tarabya

İki gün önce Yıldız'a giderken bir sürü nazırın da arabaları ile geldiklerini görmüştüm. Benim memorandumla ilgili bir toplantı için davet edildiklerini, fakat tercüme gecikince toplantının geri bırakıldığını öğrendim.

* * *

Dün sabah tam 10.00'da İbrahim'in dairesinde idim ama o ve Karatodori geç geldiler.

Zaman burada para değil.

Bir gün önce yaşlı bir soytarı nazarı ile baktığım Karatodori ile Bismarck ve Disraeli hakkında konuşunca gördüm ki öyle değildir, gerçekten büyük bir adam. Bana Berlin Kongresi'nden, Bismarck'ın şahsiyetinden, İngiltere'nin politikasından bahsetti, çok enteresan şeyler anlattı...

Sultan'ın kabul etmesini beklerken yine yemek vakti geldi. Oturup kalktık, bir şey olmadı.

Tahsin yemekten biraz sonra bir mesajla geldi. Sultan benim memorandumum hakkında Sadrazamla konuşmak istemişti, ama Sadrazam biraz üşütmüştü, üstelik dişi ağrıyordu... Yarın akşamdan önce çağırılmayacağa benzerim (Yani bu akşam).

* * *

Eminim ki beni böyle bekleterek Rouvier'nin daha uygun şartlar ileri sürmesini ümidediyorlar. Eğer Sadrazam böyle yapıyorsa akılsızlık etmiş olur, çünkü bu bir şey temin etmez. Rouvier de arkasına yaslanıp bekler.

28 Temmuz, Tarabya

Dün geç vakit Sultan'a bir mektup, daha doğrusu rapor verdim:

«Efendimiz,

Dün ekselans Sadrazam ile yaptığım konuşmadan sonra raporumu vermekle şeref duyarım.

Teklifimizi devletlilerine teferruatıyla arzettim. Önce Zat-ı Şahanelerince Londra Sefiri vasıtası ile gönderilen telgrafı 11 Temmuzda almış olduğumu, ondan önceki günlerde kendı işlerimle meşgul bulunduğumu, İstanbul'a daveti alınca da ayın 15 ine kadarki dört gün içinde ancak 30 milyonluk işin üzerinde durabildiğimi ve bu hususta müspet cevap verdiğimi arzettim. Yeni bir plân üzerinde çalışmak için yeterli zaman yoktu. Muhtemelen böyle bir çalışma haftalar alırdı.

Bu şartlar altında ele Rouvier plânını aldık. İmparatorluk hükümetinin menfaatlerini nazarı itibara alarak % 80 nisbeti dahilinde yeni taahhüdler karşılığında 30 ilâ 32 milyon ödenmesini teklif eyledik. Böylelikle Zat-ı Şahaneleri'nin arzuları yerine getirilmiş olmaktadır. İmparatorluk hazinesine yüklenen borcun nominal miktarı her ne kadar 32 milyon olacaksa da 30 milyondan fazla olmayacaktır. Eski tahvillerin alınması taahhüdü hiçbir zaman bir borç mahiyeti kazanmıyacaktır.

Bunun karşılığı olarak Mezopotamya ile Filistin'in bir parçasında iskân müsaadesi veya imtiyazı talep ettik. Bu kumpanya hiç şüphesiz muhacirlerin sayıları oranında bir hisse ödeyecektir.

Ekselansları bu muhacirlerin Osmanlı tabiiyetini kabul edip etmeyeceklerini sordular, müspet cevap arzettim.

Ekselansları konsolide projesi ile kolonizasyon her ne kadar birbirine bağlı iseler de zahirde bağlı görünmemelidirler, buyurdular. Görüşlerindeki inceliğe hayranlığımı belirttim.

Bu kadar kısa zaman içerisinde diğer mühim plânlar üzerinde çalışmaların bitirilemeyeceğini, müspet cevap alırsam arkadaşlarımı bu işler için seferber edeceğimi söyledim. Ekselansları bu sendikanın kimler veya kim tarafından tesis edileceğini sordular. 24 Temmuz tarihli mektubumda da bildirdiğim gibi bu bir malî ahlâk meselesidir. Rouvier plânı ele alınmış ve mazbata da hazırlanmış olduğuna göre arkadaşlarımın isimlerini resmen asla açıklamaya yanaşmıyacaklarını bildirdim. Zat-ı Şahaneleri namuslu maliyecilerin bu durumda başka türlü hareket edemiyeceklerini takdir buyururlar.

Bundan sonra birkaç kelime ile bizim kolonizasyon imtiyazı meselesine temas ettim. Bu, bizim gayretlerimizin bir mükâfatı olacak ve asla yük teşkil etmeyecektir. Zira Zat-ı Şahane'nin imparatorluğuna getireceğimiz elemanlar tehlike ve güçlük tevlit etmeyeceklerdir. Müslümanlarla, onlara olan ırkî yakınlıkları sebebiyle rahat rahat bir arada çalışabileceklerdir. Bir defasında Zat-ı Şahaneleri'nin ecdadından birisi 15 inci asırda takibata uğrayan talihsiz Yahudileri imparatorluğuna muhacir olarak kabul eylemişti. Çok sayıda gelmişlerdi. Türk Sultanları Yahudi tebaalarından bir defa olsun şikâyette bulunmuşlar mıdır?

Şunu da ilâve ettim. Yakında idrak edilecek Zat-ı Şahaneleri'nin doğum yıldönümleri vesilesiyle bütün dünya Yahudilerine bir mesaj yayınlanarak kendilerine hüsnü kabul gösterileceği günümüzün en modern muhabere vasıtaları ile duyurulacak olursa, doğacak sempatinin arkasından sermayelerin, fabrikaların ve her türlü teşebbüsün birbiri ardından geleceğini, o zaman yalnız Filistin'in bir kısmı ile Mezopotamya'nın değil, bütün imparatorluğun nasıl hızlı bir kalkınma hamlesine girişeceğinin görüleceğini arzettim.

Yıldız Sarayı'na döndüğüm zaman ekselansları Arif Bey, Zat-ı Şahaneleri'nin Yahudilerinin bir arada toplu olarak yerleşmesine muarız olduklarını bildirdiler. Üzerinde ısrar etmek istemem, fakat benim iskân anlayışım gayrı tabii bir şekilde dağıtılmasının hiçbir işe yaramıyacağı merkezindedir. Muayyen bir sermaye ile çalışacak olan bu şirket, iskân bölgeleri konusunda hükûmetle açık ve kesin şekilde anlaşmaya varmak zorundadır.

Zat-ı Şahaneleri bu hususta en hakîmane kararı vereceklerdir.

Bu belki bir itimat meselesidir ve Zat-ı Şahane bendelerinin sadakatı ve arkadaşlarımın malî gücü hakkında daha çok bilgi sahibi olmayı arzu buyurabilirler. Bahsettiğim meselede şu anda bir sonuca varmasak dahi emrinizde bulunduğumuzu arzederim.

Sadakatımın boş bir sözden ibaret olmadığını ispat için önce Zat-ı Şahaneleri'nin emirleriyle acizane faaliyete geçip M. Rouvier'in konsolidasyon müzakerelerine müdahale ile imparatorluk hazinesine büyük menfaatler sağlayayım. Fakat bunun için gizlilik şartlarına sonuna kadar en büyük ihtimamla riayet edilmesi şarttır.

Benim İstanbul'da bulunuşum gözden kaçmamış, bundan dahi faydalanarak bazı avantajlar elde edilmiştir. Eğer bir tavsiyede bulunmama müsaade buyurulursa şunu ifade edeyim, bendeleri Zat-ı Şahane tarafından özel şekilde kabul edilmedikçe hiçbir şey bir sonuç vermiyecektir. Eğer hizmet etmek imkânı verilirse çok memnun ve mesut olacağım. Yalnız malî değil memleketi alâkalandıran her hususta hizmete âmade bulunduğumu arzetmekle şeref duyarım...

Th. Herzl».

29 Temmuz

Dün olup bitenler Pazar gününün olaylarını not etmeme fırsat vermedi.

İki gün önce Pazar günü öğleden sonra İbrahim Bey'den derhal Saray'a gelmemi bildiren bir telgraf aldım.

Sarayda İbrahim, Tahsin ve Arif Beyleri beni bekler buldum. Sultan yanımda İbrahim ve Arif Beyler olduğu halde Sadrazamla görüştürülmemi emretmişti.

Davetli Said Paşa.

Ben İbrahim'in arabasına bindim, diğer iki bey de ikinci bir araba ile peşimizden geldiler. Önce iki arkadaşım Sadaret dairesine girdiler, çok geçmeden kapı açıldı, kısa, şişman hasta görünüşlü birisi içeri girmemi söyledi, bu Said Paşa idi.

Sultan'a verdiğim memorandumun teferruatı hakkında bilgi vermemi istedi. Onunla yukarıda Sultan'a verdiğim raporda bahsettiğim hususlarda konuştuk. Tekrar Yıldız'a döndük.

Arif Bey Sultan'ı görmeye gitti ve Sadrazamla konuşmalarımızı kendisine yazılı olarak göndermekliğimi istediğini söyledi. Sultan'ın çevresini kontrol için bulduğu bir yoldu bu. Sistem hiç şüphesiz zekice düşünülmüştü, ama üstün bir idareciyi de gerektiriyordu.

Raporumu dün sabah vermeyi söz vermiştim, ama ancak öğleye yetiştirebildim. Mektubu bitirdiğimde satrançta iyi bir hamle yapmış oyuncunun rahatlığını duydum.

Sultan'ın iradesine itibaren mektubumu mühürlü bir zarfa koyarak Wellisch ile gönderdim. Sonucu İbrahim'in sıkıntılı odasında beklenmektense Beşiktaş'ta bir saat dolaşmayı ve sonra Beyoğlu'na çıkmayı ve orada beklemeyi tercih ettim. Tam sofraya oturmuştum ki Wellisch Saray'dan istendiğim haberi ile geldi.

Galata ve deniz yolu ile Beşiktaş'a gittim. Yıldız'da, harikalar diyarının başkentinde beni bir sürpriz bekliyordu.

İbrahim, Tahsin ve Arif Beyler tarafından karşılandım. Sonuncusu benim Sultan'a takdim edilmek üzere verdiğim mektubu henüz mührü dahi bozulmamış şekilde bana uzattı. Sultan mektubun benim ajanım tarafından tercüme edilerek kendisine verilmesini irade etmişti. Sultanın kasdettiği Wellisch idi ama o aczini ileri sürdü, zira Türkçe ne okuması ne yazması vardı Wellisch'in.

Akşama tercümesini getireceğime söz verdim. Ama itimat edilir bir tercümanı nereden bulacaktım? Sırları etrafa yaymayacak birisi lâzımdı, hemen araştırmaya giriştim. Wellisch buralı Yahudilerden Badi Efendi'yi, İbrahim ise siyasî hizmetle iştigal eden memurlardan Bahur Efendi'yi tavsiye ettiler...

Haliç'e Badi Efendi'yi görmeye gittik. Onunla Beyoğlu'nda karşılaştık. Genç, zeki bakışlı biri idi. Kendisine dindar olup olmadığını sorduktan sonra vâkıf olacaklarını hiçbir şekilde hiçbir yerde açıklamıyacağına Kitap üzerine yemin ettirdim. Ama o dindar değildi, şeref sözü verdi. Üzerimde iyi bir tesir bıraktı.

Kardeşinin ticaretle uğraştığı dükkâna uğradık, sonra onu alıp Pera Palas'a getirdim. Adamın başına gelenler binbir gece masallarına benziyordu. Yabancı bir sihirbaz gibi ben karşısına çıkmış ve onu Halife ile karşı karşıya getirmiştim.

Başına Wolffsohn'u diktim ve çalışmaya bıraktım. Saat 9 da henüz bitiremediğini görünce İbrahim'e telgraf çekerek hemen gelemiyeceğimi bildirdim.

Badi, gece yarısına doğru işini bitirmişti. Wolffsohn'un tavsiyesi üzerine, ona hazırladığı Türkçe metni tekrar Fransızca'ya tercüme etmesini söyledim. Böylece ortaya çıkan birkaç aksaklığın düzeltilmesi mümkün oldu.

30 Temmuz

Dün sabah Badi ile çalışıp mektuba son şekli verirken önemli bir cümle ilâve ettim. Eğer Sultan maliyesini reorganize etme vazifesini bana verecekse derhal Türkçe öğrenmeye girişecek ve kendisi ile doğrudan doğruya konuşup anlaşacak hale gelecektim. Bu, kendisinin tercümanlarına itimat etmediğim anlamına da geliyordu.

Bitirdiğimiz zaman çok geç olmuştu, İbrahim'e gelişimi bildirdim. Vardığımda Arif Bey ve bir nazırla masada oturuyorlardı. Yemekten sonra mektubu Arif Bey'e verdim. Sultan'a götürdü. İbrahim ancak o sırada benim geçen Şubatta getirdiğim kitap kolleksiyonunu takdim edilmek üzere ona verdi. Az sonra gelen Arif bugün için randevu verdi.

İbrahim Bey Wellisch'e yolculuk masraflarımızın ne kadar tuttuğunu sormuştu. Ben müdahale ederek zahmete girmelerini, Sultan tarafından davet edilmiş olmanın şerefinin bana yeteceğini söyledimse de ikna edemedim. Nihayet sadece otel masraflarını ödemelerini rica ettim.

Çıktık, güneşli öğle sonunu Boğaziçi'nde gezerek geçirdik. Sonra Tarabya'da karaya çıktık.

31 Temmuz

Asab bozucu müzakereler devam ediyor. Merasim hiç değişmiyor.

İbrahim için de tam bir yük teşkil ediyorum, benim yüzümden hergün daireye gelip gece geç vakte kadar kalıyor. Oysa normal olarak haftada bir gün vazifeye gidiyordu.

Hâlâ konuşacak birşeyler bulmamız doğrusu mucize idi. Dün bana Saray'daki müzeden bahsetti. Burada çeşitli devirlerden kalma porselenler vardı. Abdülhamid'in emriyle bir demirbaş defteri hazırlanmıştı ve bu sebeple hiçbirşey çalınmıyordu. Sonra Kudüs'ten bahse giriştik. «Hiç Ömer Camii'nde bulunmuş mu idim?» «Hayır» cevabını verdim. O, Yahudilerin burayı zorla ele geçirmeksizin ayak basma müsaadeleri bulunmadığını işittiğini anlattı. Ağlama Duvarı'ndan bahsetti.

Arif Bey benim Sadrazamla görüşme yapmam talimatı ile Sultan'ın yanından geldi. Onun refakatinde gittik. Nazik bir ihtiyar olan Sadrazamın yanına vardık.

Sadrazam verdiğim iki memorandumun da Sultan'ı tatmin etmiş olduğunu söyleyerek söze başladı. (Arabada iken Arif Bey benim kitabın derhal tercüme edilmesini Sultan'ın emrettiğini anlatmıştı). Kendisinin prensip olarak Sultan'ın muvafakat etmekte olduğunu bildirmeye memur edildiğini söyledi.

Ben de yerlere kadar eğildim.

Sonra bir sürü mânasız konuşmaya daldık. Ben Doğu Avrupa Yahudilerinin içinde bulundukları güç şartları, çektikleri eziyetleri anlattım, o tam Romen Yahudilerinden bahsederken: «Bunlar medeni memleketlerde elbette vaki olmaz» dedi. Ondan sonraki konuşmalar sırasında Sadrazam İngiliz Hükümeti nezdinde teşebbüse geçilerek kolonizasyona Afrika'da girişilmesini, orada çok daha geniş ve uygun arazi bulunabileceğini, Filistin üzerinde ısrar edilmemesinin daha iyi olacağını, burasının tahsisinin büyük devletler arasında anlaşmazlıklar yaratacağını v.s. ileri sürdü. «Hayfa da olmaz, orasının stratejik değeri vardır» deyince; «Fakat efendim, bizim memlekete kazandıracağımız kuvvetin de stratejik değeri vardır» dedim. «Evet» dedi, «Ama siz nihayet bir iki milyonluk bir menfaat sağlıyorsunuz, hem Rouvier gurubu ile aramızın açılması ne demektir?»

Konsolidasyon ile Şirket mevzuunu niçin ta baştan beri ayrı ayrı ele almak istediklerini ancak o zaman anlıyabildim. Malî mülâhazalarla konsolidasyonu Rouvier ie halledecekler, onun dışında Türk Hükümeti'nin bizden sağlayacağı fayda nihayet 1.600.000 altından ibaret kalacaktı.

Böylece bir sürü konuşmadan sonra yerimizde saymıştık. Derhal oturup 31 Temmuz 1902 tarihinde Sultan'a bir mektup yazdım.

Bu mektupta bundan öncekilerden daha iyi şartlar ileri sürerek M. Rouvier gurubunun kabul ettiği bütün şartları aynen tekabül ettiğimizi, İmparatorluk Hükümeti'nin malî menfaati uğruna konsolide edilecek bütün borçları karşılamayı tekeffül ve bütün eski borç tahvillerini 32 milyon karşılığı derhal ele geçirmeyi teklif eyledim. Derhal hazine emrine 1 milyon 600 bin altını vereceğiz. Bundan sonraki taksitler eşit şekilde ödenecektir.

31 Temmuz, Akşam

Bugün karar geldi. Kısa ve kesin,

Mektubu Beşiktaş'tan Wellisch ile gönderdim. Biraz sonra Wellisch derhal Saray'dan istendiğim haberi ile döndü. İbrahim'in tatlı selâmı ile karşılandım. Mektubu Arif Bey vasıtası ile derhal Zat-ı Şahane'ye gönderdi.

Arif Bey'in yüzünde soğuk ve zalim bir tebessümle döndüğü zamana kadarki müddetin nasıl sıkıntılı geçtiğini, kendimi nasıl daracık bir yere hapsedilmiş hissettiğimi tarif edemem. Mektubumu zarfı yırtılmış ve mührü açılmış şekilde geri getirdi.

Zat-ı Şahane'nin Sadrazamdan öğrendiğine göre ben yarın Selâmlıktan sonra veda etmeye gelecek ve o gün akşam da hareket edecektim.

Dünkü tatlı tondan sonra bu ifade gözden düşüşü anlatıyordu. Veda için şahsen kabul edilecek miydim? Görünüşe göre hayır, zira Arif, mektubumu, hemen bugün göndermemi, zira yarın Selâmlıktan sonra Sultan'ın dönmüş olan Fransız Sefiri Constans ve diğer sefirleri kabul buyuracağını da ilâve etti.

Demek Constans dönmüştü. Rouvier'in makinesinin benim dikkati çeken kabul edilişlerim sırasında nasıl çalışmış olduğunu tahayyül edebiliyordum.

Daha önce İbrahim'le konuşurken o benim faaliyetlerimden bahsederek, «Siyonizm bana en önemli şey olarak görünüyor» demişti, ben: «Gerçekten öyledir» deyince «Çok asil bir şey» cevabını verdi.

Bizans'ta siz asla bir şey bilmezsiniz.

1 Ağustos

Tarabya'dan Beşiktaş'a son seyahatim. Burada bulunduğum zamanların muhtemelen en güzel günü bugün, Boğaz sularının rengi hiçbir zaman bu kadar sihirli, tatlı ve güzel olmamıştı.

Boş ellerle dönüyorum.

Diplomatik mahfillerde yine dedikodular ayyuka çıkacak. Dün akşam balkondan onların terastaki konuşmalarını işitebiliyordum. İspanyol Sefiri: «O kara sakallı adam kimdir?» diye soruyordu. Belçika Sefiri de, «Bilinmedik adamlardan oldum olası hoşlanmam» cevabını veriyordu ve güya zekice lâflar ediyordu: «Matematikte x nedir?»

Bugün ben dünyada meşhur ilk beşyüz kişinin içine rahatlıkla girebilirim, ama bir Belçika sefiri benim yanımda nedir? Birisi sorsa «İspanya Sefiri nedir?» diye ne cevap verilir, 300 senedir İspanya'nın bu memleketle ne münasebeti vardır? Doğum günü tebriklerinde bile varlığı şart olmayan biri işte. Bir Belçika Sefiri'nin ise hiçbir zaman varlığının hikmeti olmamıştı. Bu adamlar zavallı halkın verdiği paralarla Tarabya'da oturur, tenis oynar, dedikodu eder, içki içerler böyle.

Bu sabah hazırlanıp ayrıldım. Adiyö güzel Boğaziçi.

* * *

Bir şual kalıyor. Sultan beni niçin getirtti? Belki üç milyon hikâyesi için. Belki de Constans'ın dönmesi üzerine korkudan son dakikada vazgeçti.

2 Ağustos

Tarabya'dan Beşiktaş'a yeniden bir son seyahat.

Dün gidemedim. Dün sabah saat 11'de Saray'a gittim. İbrahim Bey'e güzel bir çift kol düğmesi, Arif Bey'e de incili bir kravat iğnesini ayrılık hatırası olarak hediye ettim. Arif Bey Sultanın yanına giderken ben de o gün saat 1.50 Ekspresi ile yola çıkmak niyetinde olduğumu İbrahim'e anlatıyordum. O, boşboğazlığı sevmediğini, ama benim başarısızlığa uğradığımı anladığını söyledi.

Ben, henüz Sultan'ın kararına muttali olmadığını söyledim. İbrahim, Sultan'ın iyi niyetinden –anlaşamamış olmakla beraber- şüphe etmememi, onun mutlak bir idareci olduğunun doğru olduğunu, ancak bunun her istediğini yapar anlamına gelmediğini anlattı.

«Anlıyorum» dedim, «Memleketin menfaatini herşeyden üstün tutması lâzım». «Evet» diye tasdik etti İbrahim; «Size Zat-ı Şahane'nin son derece sempatisi ve hürmeti vardır. Sizin kavminiz için yapmak istediğiniz asil bir şeydir. Siyonizm esasen asildir».

Kendisine teşekkür ettim ve daima Türklere ve Yahudi dostu Sultan Abdülhamid'e bağlı kalacağımı söyledim. Fakat

Avrupa'daki ırkdaşlarımızın içinde bulundukları sefalet bizim daha fazla beklememizi imkânsız kılıyor. Bu sebeple halen İngiltere Hükümeti ile temasa geçmiş ve kabine üyesi Lord James Hereford ile Afrika'da bir Yahudi kolonisi kurmak konusunda müzakereye başlamış bulunuyorum. İngiltere bu hususta bizden malî fedakârlık da istemiyor ve hatta her yönde işimizi kolaylaştırıyor.

İbrahim, eğer Afrika'da böyle bir koloni kurmaya muvaffak olursak Sultanın da ileride daha başka türlü davranabileceği ihtimalinden bahsetti. O zaman belki bizim için birşeyler yaparmış.

Fakat, dedim, biz bir kere büyük yatırımlara girişmiş olacağımız için o zaman vakit çok geçmiş olacaktır.

O sırada esrarengiz bir hizmetçi zuhur etti. Sultan benim ayrılmamı mümkünse akşama bırakmamı istiyordu. Az sonra Arif Bey yüzünde anlaşılmaz bir ifade ile gelip bugün ikametimi akşama kadar uzatmamın mümkün olup olmadığını sordu. Böyle yapacağıma söz verdim. Fakat her ikisi de geldikleri zamanki memnun görünüşlerini kaybettiler, niçin? Çıkarken Wolffsohn'a yüzünün ifadesini mümkün olduğu kadar hüzünlü göstermesini fısıldadım.

İzzet de tam çıkıyormuş, bana selâm verene kadar kendisini farketmemiştim. Son derece sempati ile selâmlaştık, gidişimden üzüldüğü belliydi.

Beşiktaş'ta Constans yatından karaya çıkıyordu, ben araba ile geçerken yanındakilere benim kim olduğumu sorduğunu farkettim. Tam bir zafer havası içerisindeydi, benim Selâmlık merasiminden önce ayrıldığımı görmüştü, ama Zat-ı Şahane'nin kalmamı istediğini tabii henüz bilmiyordu.

* * *

Fakat bütün bunlar ne demek oluyor?

Wolffsohn'a göre kolonizasyon ile konsolidasyonu ayırmamız daha uygun olacaktır.

İbrahim'in dairesinde bir saat Tahsin'in gelmesini bekledim. Yıldız'ın cinlerinin o gece orada olduklarını farkettim, acaba benim işlerimi berbat etmek için yine neler çevirmişlerdi?

Yine aynı çocukça numaralar başladı: Osmanlı tabiiyeti, Yahudilerin dağınık şekilde yerleştirilmeleri, askerlik yapmaları... Bunları İmparatorluk Divan Kâtibi İbrahim söylüyordu. Benim konsolidasyon konusundaki teklifim ortalarda yoktu. Yıldız'ın gangsterleri esaslı bir mikdar para almışa benziyorlardı. Gerçekten Wellisch günün haberini verdi: Anadolu Demiryolları Müdürü Zander bunları 300 bin altına satın almıştı. Hükümetin hazırladığı mazbata İbrahim ve Tahsin'in aracılığı ile Sultan tarafından tasdik edilmişti.

Constans'ın muzafferane davranışının sebebi bu idi.

Söylediklerim hiçbir zaman aynen Sultan'a nakledilmiyordu. Tahsin Bey'e muhacirlerin hükümet tarafından mı yoksa kurulacak şirket tarafından mı yerleştirileceklerini sordum. Buna Sultan'ın karar vereceğini söyleyip gitti. O arada biz yemeğe, o feci şark yemeğine gittik. Derken Tahsin döndü: Sultan benim dostu olduğunu tekid ediyor, *Neue Freie Press* için bir miktar bağış kabul etmemi ve burada masraflarımın mikdarını öğrenmek istiyordu. Birincisini kesinlikle reddettim, ikincisinde de nasıl olsa otel masraflarını ödenmiş bulunuyor, misafir için bu kadarı yeter, olmazsa kitap v.s. gibi kıymetsiz bir hatıranın kifayet edeceğini söyledim.

Sultan'ın yanına tekrar giden Tahsin bir mesajla geldi. Tahsin ve İbrahim bana tercüme ve tebliğ ettiler:

«İsrailoğulları Osmanlı İmparatorluğu'na kabul edilebilirler, ancak şu şartla ki: Bir arada bulunmayıp dağınık olarak oturtulmak, yerleşecekleri mevkiler hükümet tarafından tayin edilmek, Osmanlı tabiiyetini kabul etmek ve üzerlerine düşen bütün vatandaşlık görevlerini ifa etmek üzere...»

«Tebliği hürmetle tebellüğ ve Zat-ı Şahane'ye derin minnetlerimi ifade eylerim, bu konuda arkadaşlarımla müşavere edeceğim. Yıldız Köşkü, 2 Ağustos 1902» diye yazıp verdim.

* * *

Tahsin Sultan'ın yanında iken İbrahim konsolidasyon konusunda Rouvier de adamlarına, «Hayır» demenin imkânsızlığından bahsetti. Bu vist oyununa benziyor. Birisi öyle hareket ediyor ki oyun arkadaşı galip geliyor.

Evet, soygun vist'i.

İbrahim devam etti: «Hükümet eğer hayır deseydi bütün kredisini (itibarını) kaybederdi».

Türk Hükümeti'nin itibarı! Bir hafta önce vaziyet aynı değil mi idi? Bu düzenbazların nasıl çalıştıklarını iyice anladım.

İbrahim atlas bir kese çıkardı, bunu kabul etmem Sultan tarafından rica edilmişti. Aldım. Hiç değilse fakirlere dağıtırım yahut propaganda işlerimizde kullanırım.

Son selâmlaşmalar ve sonra Ali Baba ve Kırk Haramiler'in mağarasından çıktım.

İşlerin hâlâ kötü durumda olmadığına inanıyorum.

Yıldız ve Bâb-ı Âli bana alışmıştı. Yahudi Davut Efendi'nin bana 1896 yılında söylediği gibi, bir gün yine dilenmek zorunda kalacaklar ve istediklerimi o zaman kucağıma atacaklardı.

Önemli olan o anın ne zaman geleceği idi.

Şimdi yapacağım iş «-Kudüs Sancağı» nın yakınlarına yerleşmek ve ilk fırsatta Bulgarların Doğu Rumeli'nde yaptıkları işi yapmak olacaktır. Bunun için de İngiliz Hükümeti vea Rotschild'in yardımı ile «Jewish Eastern Company» i gerçekleştirmek lâzım.

* * *

Drz. Herzl'in önünde şimdi üç isim durmaktadır: Kıbrıs, Elariş ve Sina Yarımadası. Bu üçü de «Kudüs Sancağı»na yakın ve müstakbel hareket plânına uygun yerlerdir. İngiltere'de devlet adamları ile temasa geçmiştir. Bunlardan «Müstemlekeler Bakanı» Joseph Chamberlain ile olan konuşması enteresandır. Bakan; Elariş ve Sina Yarımadası konularına hariciye karışır, beni yalnız Kıbrıs ilgilendirir diyerek Yahudilerin oraya yerleşmelerinin bazı mahzurlar doğuracağını, Rum ve Türklerin bundan memnun olmayacaklarını zora başvurulamıyacağını ifade eder. Buna karşı Herzl bir çare bulmuştur: Biz 5 milyon sermayeli şirketi kurup Elariş ve Sina Yarımadası'na yerleşmeye girişince ada sakinleri akan altınları görürler. Müslüman Türk halk adadan defedilir, Rumlar da ellerindeki toprakları satmaya ikna edilir, böylece ada tamamen bize kalmış olur, der.

Siyonist Teşkilâtı'nın o günkü durumuna temas eder. Bütün dünyada birkaç bin cemiyetin büyük federasyonlar halinde birleştiklerini ve hepsinin merkezinin de Viyana olduğunu belirtir. Şimdi İngiltere'den Elariş civarına yerleşme müsaadesini almak çabasındadır. Bu faaliyetler içerisinde 1903 senesinin Şubat ayı girer. Dr. Herzl tekrar İstanbul ile temasa geçmektedir. Bu sırada sahneye de yeni bir karakter daha çıkar, Dr. Abdullah Cevdet. Hatıra defterine Herzl şu satırı yazar: «Hiçbir Musa Arz-ı Mev'ud'a giremez».

1903 Yılı Şubat ayında Dr. Herzl'in mümessili «Mısır Hükümeti» ile «İmtiyaz» konusunda temasa geçmiştir. Mısır bir Hidivliktir ve zahiren Osmanlı İmparatorluğu'na bağlıdır. Gerçekte tamamen İngiliz Hükümeti'nin etkisi altındadır. Mümessil olarak giden Greenberg orada Butrus adında birinin aracılığı ile bu imtiyazı almaya çalışmaktadır. Aralarındaki telgraflar tamamen şifrelidir. Meselâ: «Laimodon Rumoren Chisel. Sinuato Pinsk Welkend» şu anlama gelmektedir: «Önümüzdeki haftanın sonuna kadar Viyana'dayım, Mısır

Hükümetince İmtiyaz anlaşması imzalanmadıkça oradan ayrılma».

Bu arada Sadrazam'a, Sultan'a ve İbrahim ile Tahsin Beylere mektupla müracaat eder.

«Konsolidasyon mevzuu artık bir ikincisi gelene kadar kapanmıştır. Ama size eskisinden daha avantajlı bir teklifte bulunacağım. Bunun iki sebebi vardır: Birincisi benim Osmanlı Sultan ve Halifesi'ne sadık şekilde bağlı olmam hasebiyle imparatorluğun iyiliğini istemem, ikincisi de Afrika'da giriştiğimiz bir toprak bulma çabamızın henüz gerçekleşmemesi, buna mukabil önümüzdeki ilkbaharda yine çok sayıda Doğu Avrupa Yahudisinin yurtlarından kovulacağı hususudur. Irkdaşlarım yine sefaletin pençesine düşeceklerdir. Bundan Osmanlı tabiiyetine kabul etmeniz karşılığı size derhal iki milyon altınlık bir teklifte bulunuyorum».

Gerek Sultan ve gerekse yeni Sadrazam'a yazdığı mektuplarda bu Yahudilerin nereye yerleştirileceği hususu zikredilmemektedir. Bunu açıkça İzzet Bey'e gönderdiği mektupta söylemektedir: «Bu paraya karşılık Akkâ Sancağı civarına ırkdaşlarımın yerleşmesi müsaadesi istiyorum. Eğer biz anlaşırsak bu herkes için iyi olacaktır.»

Tahsin Bey'e yazdığı mektupta «Akkâ Sancağı»ndan bahis yoktur.

* * *

16 Şubat 1903, Viyana

Bugün mektupları İstanbul'a postaladım ve Greenberg'ten gelen telgrafla meşgul oldum. «Burada Sultan'ın adamı bizim aleyhimizde çalışıyor, vaziyet son derece ciddi. Zannederim Sultan'dan aldığı talimat üzerine bizim aleyhimizde elinden geleni yapıyor. Hidiv'in Sultan'a bağlı olduğunu da unutma» diyor.

Buna şifre ile şu cevabı verdim:

«Perexile Cohnsman Both Guy Months after Rumoren Chisel». Yani: «Türk komiserine 2.000 altını İmtiyaz mukavelesinin Mısır Hükümeti'nce imzalanmasından sonra vermek üzere vaadediniz».

Mısır'daki Osmanlı temsilcisi komiserin ve Mısır'ın mukavemetinin «Rüşvet Metodu» ile ortadan kaldırılması fikri bugün Dr. Abdullah Cevdet Bey ile yaptığımız konuşmanın sonucudur.

Bu yeni tanıdık enteresan bir adam.

Cevdet, *Neue Freie Presse*'in edebiyat sahifesinde yayınlanan bir şiiri dolayısıyla bana teşekküre geldi ve bir randevu istedi. Kendisini davet ettim ve konuşmamız dönüp dolaşıp benim projeye intikal etti.

Dr. Abdullah Cevdet kendisini bir Jön Türk ve Yahudilerin dostu olarak takdim etti. İkinci konuşmamızda aklıma Sultan'a yazacağım mektupları ona tercüme ettirmek düşüncesi geldi. O da muvaffak etti. Bu iş için İstanbul'dan telgrafla gelmesini istediğim Badi Efendi'ye bir telgraf daha çekerek gelmemesini bildirdim. Cevdet üç gün çalışarak Sultan'a mektubu ve imtiyaz mukavelesi metnini tercüme etti.

Kendisine şükran nişanesi olarak bir çift mücevherli kol düğmesi hediye ettim. O bunları kabul etmek istemedi ve verdiğim «Altneuland»ın[51] kendisini daha çok memnun ettiğini söyledi.

Sonra söze başladı: İstanbul'da doğrudan doğruya Nazırlar ile konuşabilecek bir adamım var mıdır? Kendisinin arası Dahiliyye Nazırı Memduh Paşa ile çok iyidir.

Bir konudan diğerine atlayarak bu çiçek bozuğu yüzlü, kara gözlü adam bana bir sürü şeyden bahsetti.

Kendisi Jön Türklerdenmiş ama Memduh şimdi kendisini «Susturmuş»; Viyana Sefareti tabibi olarak ayda 1.500 frank çekiyormuş.

Ve bana -imtiyaz mukavelesi imzalandıktan sonra verilmek kayıt ve şartı ile- bir hisse programı hazırladı ki şöyle: Sadrazam Ferid Paşa, Harbiye Nazırı Hasan Paşa, Dahiliye Nazırı Memduh Paşa, Adliye Nazırı Abdurrahman, Maliye Nazırı Nazif, Maarif Nazırı Celâl ve Şeyhülislâm 2.000 er altın lira alacaklardır.

Buna muhtemelen bazı ilâveler yapılabilir. Bundan başka ben kendisine 2.000 altın ve Memduh'un kâtipleri Faik ve Dr. Baha ile Şükrü Paşa'nın kâtibi Yüzbaşı Vasfi Bey'e 100'er altın vaadettim. Maamafih Şükrü Paşa Harbiye Nazırı'nın oğlu olduğu için bir çift at hediye edilecekti. Yarın bu Şükrü'yü davet edeceğim.

Cevdet, bu Şükrü Paşa vasıtasiyle muhaberata girişilerek onun babasının diğer nazırları kazanması işinde kullanılmasını plânladı. Harbiye Nazırı, Abdullah Cevdet'e nazaran, bir milyonerdir ama 2 altınlık bir hediyeye dahi tenezzül eden bir adamdır.

Bütün bunlara derhal muvafakat ettim. Çünkü İmtiyaz mukavelesi imzalamadıkça hiçbir mükellefiyet altına girmiyordum. Sonra Cevdet'in nazırlar için biçtiği fiatı İstanbul'dakilerle mukayese edince doğrusu ucuz buluyordum. Abdullah Cevdet ise bir meslektaş olarak benim üzerime yüklenen ağırlığı takdir ettiğini, kendisinin para almasa dahi sırf hakikat aşkı ile çalışacağını, 2.000 değil 1.500 hatta 1.000 altının bile kifayet edeceğini söylüyordu. Her ne ise bu adam bütün davranışları ile üzerimde iyi bir tesir bırakıyor.

Bir sorusuna verdiğim cevapta yaptığım işler karşılığında hiçbirşey almadığım gibi cebimden de sarfettiğimi söylediğimde hayretinden dondu kaldı. Benim «namusum» hakkında bile şüpheye düştüğüne eminim. «Birisi hiçbirşey almadığı halde namuslu olabilir mi?»

Bakalım söylediklerinin palavra olup olmadığını göreceğiz.

Bugün hemen Memduh'a mektup yazmayı söz verdi.

17 Şubat

Bugün Türkiye Ataşemiliteri Şükrü Paşa'yı gördüm. Genç ve kadın tabiatlı bir paşazade, 28 yaşında, ama Harbiye Nazırı'nın oğlu olduğu için mevkii yüksek, zengin ve tembel. Zannederim onun alâkasını temin ettim ve babasına yazacağına söz verdi.

Abdullah Cevdet, oğlu ağzından babasına mektubu hazırlayacak ve Şükrü Bey de onu temize çekerek babasına gönderecek. Aslı Gürcü olan Yüzbaşı Vasfi Bey dün beni görmeye geldi. Vasfi askerî tahsilini bir Prusya subayı olarak Polonya'da yapmış. Nükteli konuşan bir adam, bana gülerek; «arkadaş Cevdet Bey'in sus payı aldığını» söyledi.

* * *

23 Şubat tarihinde Crespi'den gelen bir mektupta «derhal 1 milyon'a ihtiyacı olan Sultan ile yeni müzakereye girişmenin tam zamanı» olduğu bildirilmektedir. Buna hemen cevap verir:

23 Şubat 1903, Viyana

«Muhterem Efendim,

Mektubunuzu biraz geç aldım, zira daha önceki bir tarihlisinde ben 2 milyon teklifinde bulunmuştum. Ona şu ana kadar cevap gelmediğine göre zannederim ikimiz de yanılıyoruz.

Sizin gibi ben de bugünkü şartlar karşısında bana muhtaç olduklarını düşünmüştüm. Bu teklifte bulunmamın bir sebebi de başka bir yerde giriştiğim müzakerelerin tamamlanmış olması idi. Bir anlaşma muhtemelen önümüzdeki hafta imzalanacaktır, daha fazla beklememe imkân yoktur.

363 (Abdülhamid) anlamamakta veya eline geçen fırsatın değerinden habersiz bulunmaktadır. Adım adım mahvına doğru gitmektedir. Buna ben de teessüf ediyorum...»

24 Şubat

Wellisch'e İstanbul'a bir mektup yazıp Abdullah Cevdet'in bana verdiği tanıtma kartını gönderdim. Bu kart ile gidip Dahiliye Nazırı Memduh Paşa'nın hususi kâtibi Faik Bey'e giderek her nazırın benden 2.000 altın alacaklarını ama bunun için son mektubumda yazdıklarımın gerçekleşmesi gerektiğini, Faik Bey'in de 100 altın hediye alacağını bildirmesini yazdım.

3 Mart

Şimdi yeni bir durumla karşı karşıya gelmiş bulunuyorum. Kahire'ye Greenberg yerine Goldsmith'i yollayacağım, o askerden ziyade iyi bir diplomattır. Sina Yarımadası'nda durum bizim lehimizde olmak üzere karıştırılacaktır. Üç şeyi birbirinden ayırıyorum: Mülkiyet, kuvvet ve hak.

Mülkiyet Mısır Hükümeti'nde, kuvvet İngiltere'de ve hak da Türk Hükümeti'nde bulunmaktadır. İlk adım olarak Mısır hükümetinden mülkiyet devralınmış bulunmaktadır. İngiliz hükümetinin mümkün olduğu kadar fazla kuvveti sevketmesini isteyecek ve temin edeceğim. Nihayet rüşvet yolu ile Türk Hükümeti'nden oraya gitme hakkını alacağım.

Gönderdiği adamlarının faaliyetlerinden sonra bizzat Dr. Herzl Mısır'a gider, Kahire'de İngiltere Yüksek Komiseri ve bir kıbti olan Mısır Başvekili Butrus ile müzakerelerde bulunur. Mısır Hükümeti'nin sadece ismen mevcut bulunduğuna, bütün selâhiyetlerin İngiliz Lord'u Cromer'de olduğuna

işaret eder. Onunla Nil'in kontrol altına alınması, sulama projesinin gerçekleştirilmesi hususlarını «karşılık olarak» gerçekleştirebileceklerini söyler. Mısır Başvekili ile olan konuşmaları kahve içmek ve nezaket ziyaretinde bulunmaktan başka değer ifade etmemektedir. Lord Cromer bu işin etrafiyle Londra'da halledilebileceği kanaatindedir, bir raporla meseleyi oraya intikal ettirir.

Dr. Herzl derhal Londra'ya gider, Müstemlekeler Nazırı Joseph Chamberlain ile konuşur. Nazır münbit ve sulak arazisi ile Uganda'nın daha uygun olacağını, orada pamuk yetiştirebileceklerini söyler ama ille de Filistin veya «civarı» üzerinde ısrar eder. Nazır, kendilerinin artık Anadolu ile meşgul olmadıklarını, orasını Fransız, Alman ve Rus nüfuzuna terkettiklerini, Yahudiler Filistin'de bir devlet kursalar bile bu devletlerin onlara istikbalde hak tanımayacaklarını, söyler.

Dr. Herzl'e göre ise tarafsızlık siyaseti güdecek olan müstakbel Yahudi Devleti «Büyük devletlerin birbirini kıskanmaları sebebiyle yaşamaya devam edeceği» kanaatini ileri sürer ve; «Eğer biz Filistin'de olursak, müstakbelde Osmanlı İmparatorluğu parçalanınca bütün o bölgede İngiliz hâkimiyeti bizim yardımımızla kurulabilecektir» der. Müstemlekeler Nazırı kendisinin paltosunu tutarak giyinmesine yardım eder ve Başbakan ile konuşarak istediğini temin etmeye uğraşacağını vaadeder...

* * *

4 Haziran, Viyana

İzzet'e mektup:

«Ekselans,

Zaman geçmekte ve ben hâlâ 16 Şubat 1903 tarihli teklifime bir cevap almamış bulunmaktayım.

Ama hâdiseler tazyik ediyor. Kişnev'de yapılan Yahudi mezalimini herhalde duymuşsunuzdur. Bizim zavallı Yahudilerimiz sefillik içerisinde bulunuyorlar, onlara muhakkak birşeyler yapmak lâzım.

Belki bana 1902 şubatında Zât-ı Şahane'nin iradeleri ile verdiğiniz memorandumdaki teklifler ile benim son tekliflerim arasında bir telife gidilebilir. Mezotopamya'da kolonizasyon ile Akkâ Sancağı'na iskân mevzularını kastediyorum.

Birkaç hafta içerisinde bizim Siyonist Kongresi toplanacaktır, ben onlara müspet bir şeyden bahsedeceğim ve böylece şimdiye kadar Zat-ı Şahaneleri'nin Hükümeti'yle yapılmış olan bütün müzakereler keenlemyekün addedilecektir. O zaman başka bir bölge bulmak zorunda kalacağız. Bütün fırsatlar da kaçırılmış olacaktır...»

Ayrı bir zarf içerisinde aşağıdaki satırları yazıp gönderdim:

«Aziz dostum,

Sizinle bir arkadaş olarak konuşmama müsaade ediniz.

Bahsettiğimiz plânın tahakkuku için şahsınıza ne istersiniz? Bana miktarı yazınız, mühürsüz ve işaretsiz bir mektupla bildiriniz. Mektubun hamili içerisinde ne olduğunu katiyen bilmeyecektir. Herşey sizinle benim aramda mutlak sır olarak kalacaktır.

Eğer plân şimdi gerçekleşmezse bundan ebediyen vazgeçeceğim.

Samimi ve sadık arkadaşın, Theodor Herzl».

* * *

Dr. Herzl bu arada bir de Rusya seyahatine çıkar. Filistin'de kuracakları devletin mukaddes toprakları herkese açık tutacağını, ancak Türk Sultanı Abdülhamid'e burasını

Yahudilere vermesi için tazyik edilmesi, tavsiyelerde bulunulması kanaatindedir. Bunu temin için Rusya'ya gelip çeşitli devlet adamları ve generallerle temas kurmuş ve müzakerelere girişmiştir. Ama olumlu sonuç çıkmamaktadır. Bir defa Rus Çarı sırf dinî sebeplerle Yahudilere düşmanlık beslemektedir. Yahudilerin Rusya'daki davranışları sebebiyle de halk onlara düşmanca hisler duymaktadır. Fakat kendi düşünce ve görüşünü paylaşan birkaç kişi bulmuştur. Ama günün şartları harekete geçilmesine engel olmaktadır. Bunu 16 Ağustos tarihinde şöyle kaydeder:

«... Fakat otelde beni beklemekte olan General Kirayev bizim Ruslar'dan büyük Türk (yani Sultan Abdülhamid) ile bu sıralarda bir arabulma faaliyetini beklememizi söyledi. Zira İstanbul'daki Rus Konsolosu Rostkovski'nin katledilmesini protesto etmek amacı ile bir Rus filosunun Boğaziçi'ne doğru harekete geçtiğini, yukarıda anlattığı diğer beş sebebin de inzimamı ile Türkiye ile Rusya arasında yakın bir istikbalde iyi münasebetlerin beklenmemesi gerektiğini anlattı...»

Toplanan Siyonist Kongresinde müsbet bir rapor ortaya atılamamıştır. Mısır'da müsbet devam eden müzakereler sonraları bozulmuş ve sonuç alınamamıştır. Kendisi Kongre'ye Filistin projesinden vazgeçilmemesi gerektiğini, eninde sonunda burasının kendilerine vatan olarak temin edileceğini söyler. Fakat istiyorlarsa iki İcra Komitesi kurulmasını, bunlardan birinin Doğu Afrika, diğerinin Filistin projeleri ile uğraşmasını ama kendisinin her iki komitede de vazife alamıyacağını bildirir. Kongre yine onun arzularına uygun hareket eder. Dr. Herzl de faaliyetlere girişir. Viyana'dan İzzet Bey'e yine iki mektup yazar, birisi etrafa gösterilmek birisi yalnız kendisinin malûmu kalmak üzere yazılmıştır:

12 Aralık 1903

«Ekselans,

Zat-ı Şahane ve Sadrazam Hazretleri'ne 16 Şubat 1903 tarihinde takdim eylediğim teklifler hakkında haber vermenizi istirham edeceğim.

Bilhassa Rusya ile olan siyasî münasebetlerin bu durumda ağır bastığını anlıyorum, ama şimdi bu artık bahis konusu değildir. Diğer politik güçlükleri de bertaraf etmek için bütün ülkelerde faaliyete şahsen ve arkadaşlarım vasıtasıyla girişmiş bulunuyorum. Bunların halledilmiş olduğunu ifade edebilirim, artık böyle bir güçlük yoktur, siz de kısa zamanda bundan resmen haberdar olacaksınız.

Bu itibarla imparatorluk hazinesine yeni gelir kaynakları temin etmeyi de içine alarak tekliflerimi yeniliyorum. Bu gelir kaynağı hayranı olduğum memleketinizi iktisadî istikrara kavuşturacak vasıfta olacaktır.

Biz yerleşecek bir bölgeyi her yerde bulabiliriz. Nitekim bulduk da. Gazetelerde İngiltere Hükûmeti'nin 60-90.000 fersah murabba (180-270.000 mil kare) araziyi bize tahsis ettiğini okumuşsunuzdur. Fakat ben tekrar dinî ve ırkî yakınlığımız olan insanar arasında yaşama konusuna dönüyorum. Tebaası olduğumuz Halife'ye ve memleketine bolluk, istikrar getirerek onun himayesi altında kurtuluşa ermek istiyoruz...»

Özel mektup da şöyleydi:

«Aziz dostum,

Eğer bir anlaşmaya varırsak, imza günü 10.000 altını emrinize tahsis edeceğim.

Bu sözümü istediğiniz şekilde yerine getirmeye hazırım, meselâ oğlunuzun adına yatırabilirim, nasıl isterseniz.»

* * *

25 Aralık 1903

Bugün Şükrü Paşa gelerek babasına gönderilmek üzere teklifimi yazılı olarak bildirmemi istedi. Ona 16 Şubatta gönderdiğim memorandumu aynen verdim

1800'lü yıllar Mescid-i Aksa ve çevresi.

Mescid-i Aksa ve çevresinden bir görüntü.

TEKLİFLER

Biz imparatorluk hudutları içerisinde Akkâ Sancağı'nda yerleşmek istiyoruz. Bunun karşılığında senelik asgarî 100.000 altın para ve imparatorluk hazinesinin bütün borçlarını tasfiyeyi tefekkül ediyoruz. Yerleşenler Osmanlı tabiiyetine geçeceklerdir.

İlâve olarak İstanbul ve Londra'da tescil edilmiş bir banka kurarak imparatorluğun malî işlerini idare edebiliriz:

* * *

Aynı yıl Ocak ayının sonlarına doğru Roma'ya giden Dr. Herzl İtalya Kralı tarafından kabul edilir. Onunla İtalya'daki Yahudiler v.s. konularında fikir teatisinde bulunduktan sonra sözü Filistin'e getirir. Kral bu konuda şöyle söyler:

— «Filistin'i iyi bilirim, birkaç defa gittim, sonuncusu babam katledildiğinde idi. Memleket zaten Yahudileşmiş durumdadır. Siz orasını ele geçirebilirsiniz ve geçireceksiniz de, ancak ne zaman olur bilinmez, oradaki Yahudilerin sayısının yarım milyon olmasını temin ediniz.»

— «Girme müsaadeleri yok efendimiz.»

— «Bunu rüşvet yolu ile sağlayabilirsiniz.»

— «Öyle olsun istemiyorum efendimiz. Bizim projemiz yatırım ve onun sonucu gelişmeyi mutazammındır ve memleket bizim olmadıkça buna girişmek istemiyorum.»

— «Evet, bu biraz başkasının evini tamir etmeye benziyor.»

— «Bendeniz herşeyden önce Sultan'ı elde etmek istiyorum».

— «Onun üzerinde tesirli olacak tek şey paradır. Eğer ona Ürdün vadisi karşılığında para teklif ederseniz verecektir».

— «Evet ama biz muhtariyet de isteriz».

— «Ha, o bunu işitmek bile istemez, o kelimeden nefret eder».

— «Bize bir lütufta bulunmanızı istirham ediyoruz efendimiz».

— «Peki dinliyorum».

Ona Grand Dük ile Rusya Dahiliye Nazırı Plehwe'nin mektuplarını gösterdim, niyetim havanın hazırlandığını ispat etmekti. Plehwe'nin mektubundaki gizli satırları okurken gülümsedi ve; «Ben hiçbirşey söylemiyeceğim, bir mezar taşı kadar sessiz duracağım» dedi. Mektupları tamamen okuduktan sonra: «Bu sizin gerçekten büyük muvaffakiyet» deyince: «Efendimiz, sizin Sultan'a yazacağınız şahsî bir mektup bize çok yardım edecektir, lütfediniz, ona yazınız» dedim.

— «Bunu memnuniyetle yapardım, ama her hoşuma gideni icra edecek durumda değilim. Şimdi size söz verip sonra da yapmamak centilmence bir hareket olmaz. Önce müşavere etmeli, Hariciye Nazırı Tittoni ile konuşmayalım. Onu bu gece göreceğim ve sizin de kendisini ziyaret etmenizi sağlayacağım. Şimdi size fiil değil yalnız iyi niyetimi verebilirim».

Sonra söz Filistin'e, Lut Gölü'nde düşündüğümüz kanala, gölün tuzlarına ve sonunda tekrar Sultan Abdülhamid'e intikal etti:

— «Onu tanırım, çok kurnazdır.»

— «Fakat çok şüpheci, herşeyden korkuyor».

— «Canından korkuyor, birisinin kendisini öldüreceği endişesi içerisindedir, kimseye itimat etmez»...

* * *

26 Ocak 1904 günü Dr. Herzl Roma'da Papa tarafından kabul edilir. Mecidiye nişanını göğsüne takmış olduğu için Papa tarafından kendisine «Kumandan» diye hitap edilir. Papa'ya Kudüs hariç olmak üzere Filistin'de yerleşmek projesinden bahsederek onun muvafakatına muhtaç olduğunu anlatır. Papa bunu Hıristiyanların başı olarak kabul edemiyeceğini ifade ile:

«Yahudiler bizim Efendimizi tanımamışlardır, bu sebeple biz de Yahudileri tanıyamayız». Bunun üzerine orasının hariç tutulacağını söyler, Papa lâtince telâffuzu ile, «Gerusalemme» diye devam eder «Yahudilerin eline geçmemelidir».

— «Muhterem Peder şimdiki durumuna ne dersiniz?»

— «Biliyorum, mukaddes yerleri Türklerin elinde görmek hoş değil, fakat Yahudilerin elinde olmasını düşünmek bile istemem. Yahudiler oraya ya çoktan gelmiş olan Mesih'i beklemek üzere gideceklerdir ya da dinsiz olarak, ben her iki halde de orayı ele geçirmelerine muvafakat edemem.. Kudüs ve mukaddes yerler dışındaki Filistin için dahi böyle düşünmekteyim. Yahudiler takip ve tezlilden kurtulmak istiyorlarsa doğru dine, hıristiyanlığa dönmeli, vaftiz edilmelidir.»

* * *

Roma'dan, Hariciye Nazırı ile konuşup meseleyi yazılı olarak teferruatı ile anlatmak üzere ayrılan Dr. Herzl faaliyetine Viyana'da devam eder. Hatıraları şöyle gitmektedir:

24 Şubat, 1904

Dün acaip bir ziyaretçi kabul ettim: Kartının üzerinde «Eski Türkiye Başkonsolosu Ali Nuri Bey» yazılı idi ve bu kartı daha önce bizim gazete idarehanesine göndermişti.

Türk prenseslerden birisinin kocası, karısı da halen, burada harem hayatı üzerine konferanslar vermekle meşgul.

Mükemmel Almancası beni şaşırttı, sonra kendisinin İsveçli olduğunu, 18 yaşlarında iken Türkiye'ye mümessil olarak gönderildiğini, orada müslümanlığı kabul ettiğini anlattı.

Şimdi 41 yaşlarında, bana diğer Nuri Bey'i hatırlatıyor ama bu biraz daha kuvvetli görünüyor, kafası omuzlarının arasına sanki gömülmüş. Bana dün evimde saat 9.30 ile 12.30 arasında söylediği teklifleri şunlar: İki kruvazör ile Boğaziçi'ne girmek, Yıldız'ı bombarduman etmek, Sultan'ı tevkif etmek veya kaçmasına göz yummak, yerine başka bir Sultan geçirmek (Murat veya Reşat), muvakkat bir hükümet kurarak Filistin için imtiyazı almak.

Bir roman mı yoksa macera mı? «İki kruvazör 400.000 altın eder, geriye 100.000 kalır, bütün darbe yarım milyona patlar. Eğer başaramazsak sadece parayı ve olaya karışanları kaybederiz».

Bütün bunları çarşıdan ekmek satın alırcasına rahat ve soğukkanlı bir şekilde anlattı. Bir seyahat yapıp sahile yalnız gideceğini söyledi, «Hareket 1.000 kişi ile başarılabilir, en uygun zaman da Selâmlık merasimi sırasıdır. Kruvazörler Çanakkale'den gece geçip sabah Yıldız'ı bombalıyacaklardır».

Ona; «mevcut hükümetlerle görüşmelere girişmeyi tercih ettiğimi» söyledim, bu hususta akla bir çok ihtimaller gelmekteydi. Tabii bunları açıklamadım. Böyle bir hareket, her ne kadar kendisi sadece havaya ateş edileceğini söylüyorsa da, katliam ve yağma ile sonuçlanabilir, o takdirde Siyonizm hareketi bir süre de olsa itibarını kaybeder, Türkiye'deki Yahudiler katliama uğrayabilirler ve nihayet «müteşebbisler» sonra verdikleri sözde durmayabilirler.

Ali Nuri Beyle alâkayı kesmeyeceğim, kendisi belki ileride kullanılabilir. Müstakbel iktidar ile bir bağ kurmuş da olabilirim.

2 Mart

Bizim soyguncu Crespi buradaydı, yine benim hesabıma çalışmak istediğini söyledi.

5 Mart

Dün Ali Nuri Bey tekrar beni görmeye geldi, yine Boğaziçi plânları. Fakat adam tam bir maceraperest... Bugünkü elbiseleri giyinmiş bir Viking... Çanakkale'den nasıl geçileceği, telgraf hatlarının nasıl kesileceği v.s. hep plânlanmış durumda...

Mısır Hidiv'i hakkında söyledikleri enteresan: Sultan olmak ihtirası içinde, bundan başka araplar arasında hilâfete Peygamber Muhammed soyundan birisini geçirme hareketi mevcut. Hilâfet Yavuz Sultan Selim tarafından haksızlıkla gaspedilmişmiş... Bu hareketi başlatan da Hidiv imiş.

7 Mart

Ali Nuri Bey hakkında İsveçli Albay Melander nezdinde soruşturma yaptım, tanımıyorum yalnız eski adının Nordling olduğunu biliyor.

12 Mart

Crespi'nin mektubuna derhal cevap:

«Yakında İstanbul'a bir temsilci göndereceğim. Bu gizli mümessil orada birkaç gün kalacaktır, kendisiyle temas edersiniz».

22 Mart

Levontin ve Kahn'ı bugün İstanbul'a gönderdim.

Eğer oradan boş ellerle dönerlerse, Giyom Tell'in ikinci okunu atacağım: Ali Nuri Bey:

30 Mart

Albay Goldsmith'i Türkiye işinde kullanmayı düşünmüştüm, iki gün önce onun Paris'te öldüğünü haber aldım. Kayıp gerçekten.

10 Nisan

Kimseyle müşavere etmedim ama uzun uzun düşündükten sonra Ali Nuri'nin teklifini reddetmeye karar verdim. Kahn Türkiye'den eli boş dönse dahi buna girişmeyeceğim. Türkiye'deki Yahudilerin katliama uğramalarını göze almaya lüzum yok.

Ali Nuri Bey'den başka türlü faydalanamaz mıyım diye düşünüyorum.

* * *

O günlerde bir kalp krizi geçiren Dr. Herzl'e doktorlar tam istirahat tavsiye ederler. O mutad faaliyetine devam eder ve bu faaliyet 3 Temmuz 1904 yılında kalp sektesinden öldüğünde sona erer.

İlk Siyon Çeteleri

20. Yüzyılın ilk çeyreği, İngiliz hakimiyetindeki Filistin toprakları.

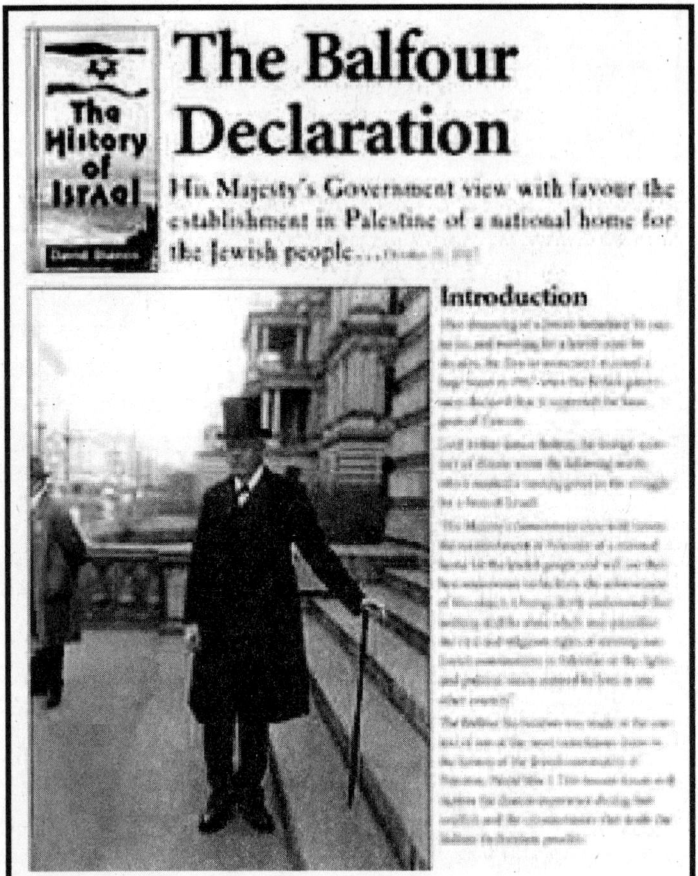

Siyaonizm sempatizanı olan ve İsrail'in devletleşme sürecinde etkin rolü bulunan, İngiltere Dışişleri Bakanı Lord A. James Balfour.

THEODOR HERZL'DEN SONRA

3 Temmuz 1904 te Dr. Theodor Herzl'in ölümü üzerine Politik Siyonizm hareketi büyük ve ciddi sarsıntı geçirdi. Çünkü o yedi senelik başkanlığı sırasında tam selâhiyetle çalışmış ve teşkilâtı kendi şahsı ile kaim hale sokmuştu. Hatıralarında görüldüğü gibi, onun pek yakın mesai arkadaşı olan David Wolffsohn 1905 Basel Kongresi'nde liderliğe geçirildi.

David Wolffsohn, kelimenin tam anlamı ile tüccar ve nakliyeci idi. Th. Herzl'in açtığı yoldan yürümeye çalıştı, fakat onun yerini hiçbir zaman alamadı.

Kongrelerde Rusya Yahudileri liderlerinden Ussişkin ile Hayim Weizmann'ın sert muhalefetleri ile karşılaşıyordu. Selefinin İstanbul'da başlayıp sonuç alamadığı temaslara Wolffsohn devam etti. Talepler ile bunlara verilen cevaplar hemen hemen aynı idi. Diğer taraftan İngiltere Hükümeti'nin telkini ile ortaya atılan ve Yahudilerin Afrika'da bugünkü Kenya'da bir koloni kurmalarını istihdaf eden teklifi Politik Siyonistler destekleyince teşkilâtta huzursuzluk ve direnme arttı. «Uganda Projesi» diye Siyonist çevrelerde adlandırılan bu teklif yüzünden bölünmeler meydana geldi.

Dr. Herzl'in halefine muhalefet edenlerin başlıcaları Menahem Mendel Ussişkin, Hayim Weizmann ve Otto Warburg;

Siyonist Kongrelerinde yeni bir cephe teşkil ettiler ve böylece Sentezci Siyonizm diye tanınan yeni cereyan ortaya çıkmış oldu.

SENTEZCİ SİYONİZM

Bu üç siyonist liderin hayatları incelenecek olursa, hareketlerinin anlamı daha iyi anlaşılacaktır.

Menahem Mendel Ussişkin (1863-1941) Moskova Teknik Üniversitesi'nden mezundur. Özel olarak kadim İbrani dilini öğrenmiş, Ahd-i Atîk ve Talmud tahsili yapmıştır. 1885 yılında Aşer Ginzberg'in kurduğu «Biney Moşe» (= Musa Oğulları) adlı gizli cemiyete girmiştir. Bu cemiyetin gayesi Yahudileri Filistin'e yerleştirmekti.

Hayim Weizmann 1874 yılında Polonya'da doğmuş fakat tahsilini Rusya'da Kimya fakültesinde yapmıştır. O da kuvvetli bir din, dil ve Talmud öğrenimi görmüştür. Yahudiler arasında kadim İbranice'yi diriltip yaşatma diye tarif edebileceğimiz «Haskala» hareketinin tesirinde yetişmiştir.

Otto Warburg gençliğinden itibaren Yahudileri Filistin'e yerleştirme cemiyetlerinde çalışmış kuvvetli bir teşkilâtçıdır.

Her üç lider de T. Herzl'in Filistin konusunda gittiği yoldan ayrılmışlar, «Uganda Projesine» kesin cephe almışlar ve «Sentezci Siyonizm» fikrini ortaya atmışlardır.

Onlara göre Filistin'de kanun himayesi altında kolonileşme veya muhtariyet elde etmeye çalışmak Türkiye'nin açık tutumu karşısında imkânsızdır, öyleyse Herzl'in plânı üzerinde ısrar etmek beyhudedir. Herzl ve halefinin tutumu sonunda Filistin elde edilemediği gibi Rostschild'ler gibi büyük Yahudi zenginleri hareketin dışında bırakılmışlardır.

Bütün Yahudilerin desteğine mazhar olacak bir yol tutulmalı, senteze gidilmelidir.

Bunun sonucu olarak Filistin'de «Poaley Siyon» (Siyon İşçileri) adlı bir teşkilât kurarak bilhassa 1905 ihtilâlinden sonra Rusya'dan kaçmak isteyen Yahudilerin Filistin'e girmelerini organize etmişlerdir.

1907 Hague Siyonist kongresinde verilen karar mucibince Yafa'da «Filistin Arazi Şirketi» kurulmuş ve toprak satın alınması işine hız verilmiştir. Arthur Rupin'in başkanlığında kurulan özel bir Filistin Bürosu çalışmaları kolaylaştırmak ve organize etmek için faaliyete geçirilmiştir. 1908 Meşrutiyet Hareketi'nin akabinde İstanbul'da ileri gelen Rus siyonistlerinden Victor Jacobson'un başkanlığında bir siyasî büro açılmıştır.

Sentezci Siyonizm hareketi siyonistler arasında derhal taraftar bulmamış, 1910 ve 1911 kongrelerinde Wolffsohn başkanlığı muhafaza etmiş, fakat Otto Warburg başta olmak üzere bütün muhalifler icra komitesi üyeliklerine seçilmişlerdir. Böylece başkan ve üyelere birbirlerine düşmüşler, icra komitesi teşkilâtın merkezinin Berlin'de olmasına karar verirlerken, başkan kararı tanımayıp Viyana'da kalmış, «Jewishc Colonial Trust» ve «Jewish National Fund»un idaresine el koymuş, masrafları ödememiş ve teşkilât meflüç hale gelmiştir.

1913 kongresi sonsuz münakaşalarla geçmiş, meseleye bir hâl şekli bulunmadan Birinci Dünya Savaşı çıkmıştır.

HAYİM WEİZMANN

Siyonizm hareketi Dr. T. Herzl'in ölümü ile girdiği karışıklık ve parçalanmadan Weizmann sayesinde kurtuldu.

İsrail Devleti 1948 yılında kurulana kadar Siyonist Teşkilâtın başkanlığını ve dünya Yahudilerinin liderliğini yapan Weizmann ittifakla Cumhurbaşkanlığına seçildi.

Aslen Polonyalı olmakla beraber tahsilini Rusya'da yapan ve Siyonizmin Rusya Yahudileri arasında teşkilâtlanması hususunda Ussişkin ile birlikte çalışan Weizmann, 1900 yılında yani Londra Siyonist Kongresi'nden itibaren T. Hezl'in görüşlerine cephe almıştı. Ona göre «sadece politik siyonizme sarılmak kâfi değildir, kültürel faaliyetler geliştirilmeli, idealist bir Yahudi milleti yetiştirilmeli ve propaganda çalışmaları dünya çapında geliştirilmeli idi. Herzl'in «Aristokrat Cumhuriyet» görüşünü de kabul etmiyordu, ona göre cumhuriyet demokratik olmalı idi.

1907 yılında Ussişkin'le beraber görüşlerini bir program haline getirmişler, uzun iç mücadelelerde Birinci Dünya Savaşı günlerine kadar sonuç alamamışlardı.

1907-1911 yılları arasında Weizmann'ın çalıştığı konulardan birisi de Filistin'de açılacak üniversiteler idi. Orada İbrani dilinde tedrisat yapacak tam teşekküllü bir İbrani Üniversitesi müstakbel Yahudi devlet ve milletinin temelini teşkil edecek;

Hayfa'da kurulacak bir «Tekniyon» (Teknik Üniversite) de müstakbel teknik eleman ihtiyacını derhal temine vesile olacaktı.

Kendisi daha kolay ve rahat çalışabileceği gerekçesiyle İngiltere'ye hicret etti, Manchester Üniversitesi'ne Kimya Profesörü olarak tayin edildi.

O günlerde Siyonist Teşkilâtın merkezi Berlin'den Kopenhag'a nakledildi, İstanbul'daki temsilci Jacobson başına geçti. Amerika'daki kol Brandeis ve S. Levin'in idaresinde idi. Londra, teşkilâtın beyni mesabesindeydi ve Weizmann tarafından idare ediliyordu. Başkan olarak teşkilâtın Osmanlı İmparatorluğu ve müttefikleri aleyhinde çalışması ve bilhassa Filistin'i Türklerden alıp İngiltere tarafından işgal edilmesi hususlarını temin etti.

Filistin'deki İşçi Teşkilâtı başta olarak bütün siyonistler Türkler aleyhinde çalışacak, İngiliz devlet adamları elde edilecek ve Arz-ı Mev'ûd ele geçirilecekti.

Birinci safha bilâhare İsrail'in İkinci Cumhurbaşkanı olan Yitshak ben Sivi ile uzun yıllar başbakanlığını ifa eden David ben Gurion'un idaresinde gerçekleştirilecek, ikinci safhada Weizmann ile ünlü lord ve milyarder Rotschild sahneye çıkacaklardı.

Siyonist faaliyetin birinci safhasının gerçekleşmeyişi Suriye Valisi Cemal Paşa'nın gayretleri sonucudur. Kudüs'te Zeytindağı üzerinde Türk Ordusu karargâhının yanıbaşında yıkıcı faaliyete göz yumulamazdı. Cemal Paşa'nın emriyle Ben Sivi ve Ben Gurion başta olmak üzere bütün Siyonist elebaşıları tevkif edilip bazıları İstanbul'a sevkedildi. Çoğu da hudut dışı edildi.

İkinci safha ise İngiltere ve Amerika'da tam anlamı ile gerçekleştirildi.

Amerika başkan seçimlerine gidiyordu. Adaylardan Woodrow Wilson'un en yakın mesai arkadaşları Yahudi idi. Propaganda için yapılan masrafları Henry Morgenthau idare ediyordu. Cumhurbaşkanlığını kazanınca Millî Savunma Konseyi başkanlığı, Harp, Endüstrisi Dairesi reisliği ve Harbiye Nazırlığı gibi makamlara hep Yahudileri getirdi.

H. Morgenthau savaş sonu sulh müzakerelerinde Amerikan heyeti başkanlığı yaptı, Türkiye'ye sefir olarak gidip ermeni meselesinde önemli faaliyetlerde bulundu ve Paris Sulh Konferansına Siyonist Teşkilâtın iştirak etmesini temin etti.

Hayim Weizmann ise İngiltere'de ünlü devlet adamı ve dışişleri bakanı Lord A. James Balfour ile 1916 yılından itibaren başbakan olan Lloyd George'u tam birer siyonist sempatizanı yapmıştı.

9 Aralık 1917 sabahı Kudüs'ün teslimi.

BALFOUR DEKLARASYONU

Birinci Dünya Savaşı daha devam ederken, Lord Rotschild ve Hayim Weizmann'ın idaresinde harekete geçen Siyonist Teşkilâtı, vaktiyle Dr. Herzl'in Sultan Abdülhamid'den alamadığı «müsaadeyi» temin faaliyetine girişti. Savaş henüz devam ediyor ve Filistin Türkiye'ye dahil bulunuyordu. Çalışmaların semeresi Siyonizm sempatizanı İngiltere Dışişleri Bakanı Lord A. James Balfour'un gayretiyle alındı. 2 Kasım 1917 tarihinde Lord Balfour Dışişleri Bakanı sıfatı ile teşkilât başkanı Lord Rothschild'e şöyle yazıyordu:

«Majestelerinin hükümeti Filistin'de Yahudiler için bir vatan kurulmasını terviç etmektedir. Bu arada Filistin'de bulunan gayrı Yahudi unsurların medenî ve dinî hakları baki kalacaktır... Bu deklârasyonu Siyonist Federasyonun bilgisine sunarsanız müteşekkir olurum...»

Filistin'de İngiltere'nin himayesi altında bir Yahudi kolonisi kurmayı hedef tutan Siyonist İcra Komitesinin çalışmaları A.B.D. Cumhurbaşkanı W. Wilson tarafından da hararetle destekleniyordu. Savaş 1918 yılında sona ermezden önce H. Weizmann Filistin'e gitti ve İngiliz Başkumandanı General Edmond Allenby'nin askerlerinin memleketi işgal etmelerini kolaylaştırmaya uğraştı. Aynı yıl Kudüs'te Skopus Dağı üzerinde, General Allenby'nin de hazır bulunduğu bir merasimle Kudüs İbrani Üniversitesi'ni açtı.

1919 Yılı Şubat ayı sonunda Paris'te toplanacak Sulh Konferansına Siyonist Teşkilât da delege gönderecekti. Ancak daha önce Filistin'de durumlarını kuvvetlendirmeleri gerekiyordu. Artık Türkler çekilmişti, İngilizlerle birleşip Türkiye'ye karşı çalışan arapları kendi cephelerine kazanmaları zarureti vardı.

H. Weizmann bu gayet ile Hicaz Kralı'nın oğlu Prens Faysal ile Amman'da gizli müzakerelere girişti. Filistin'e gelecek Yahudi muhacirlerinin araplara hiçbir zararı dokunmayacağına «ikna» etti. Bilâhare taraflar arasında Londra'da imzalanan anlaşmada şu maddeler de bulunuyordu:

1- Arap Devleti ile Filistin arasında iyi niyete dayanan samimi bir dostluk tesis edilecek, araplarla Yahudilerin hakları aynı dürüstlük ve hassasiyetle korunacaktır.

2- Filistin'in idaresiyle ilgili teşkilât, İngiltere Hükümeti'nin 2 Kasım 1917 tarihli (Balfour) deklarasyonunun ışığında kurulacaktır.

3- Yahudilerin Filistin'e büyük mikyasta hicretlerinin temini için bütün tedbirler alınacak ve mümkün olan süratle memlekette yerleşmeleri temin edilecektir.

4- Taraflar Sulh Konferansı'ndan önce bütün konularda tam anlaşmaya varmış bulunduklarını ilân edeceklerdir.

27 Şubat 1919 da Paris Sulh Konferansı'na H. Weizmann, Nahum Sokolow, Ussişkin gibi liderler iştirak ettiler. «Millî Yahudi vatanı tâbiri ile Filistin'de müstakil bir devlet mi kurmak istedikleri» şeklindeki bir soruya verdikleri cevap son derecede politiktir: «Siyonist Teşkilâtı hiçbir zaman muhtar bir idare peşinde değildir. Filistin'de herhangi bir idare altında yerleşmek ve yılda 70-80.000 muhacir sokmak, Yahudi okulları açmak, buralarda ibrani dilini öğretmek ve sizler gibi bir millet olmak arzusundadır».

20 Nisan 1920 de Sulh Konferansı Balfour Deklarasyonu'nu kabul ve tasdik, aynı zamanda Filistin bölgesinin İngiliz Mandasına gireceğini ilân etti.

İngiltere'deki faaliyetlerin bir sonucu olarak 1920 Temmuzunda Filistin Mandası Yüksek Komiserliği'ne Herbert Samuel adlı bir Yahudinin tayini temin edildi. Bu tayini protesto etmek isteyen arapların hareketleri şiddetle, kan dökülerek bastırıldı. Arap hareketinin başında Hacı Emin el-Hüseynî vardı. Yakalanıp iki yıl hapse mahkûm edildi ise de memleketten kaçmaya muvaffak oldu.

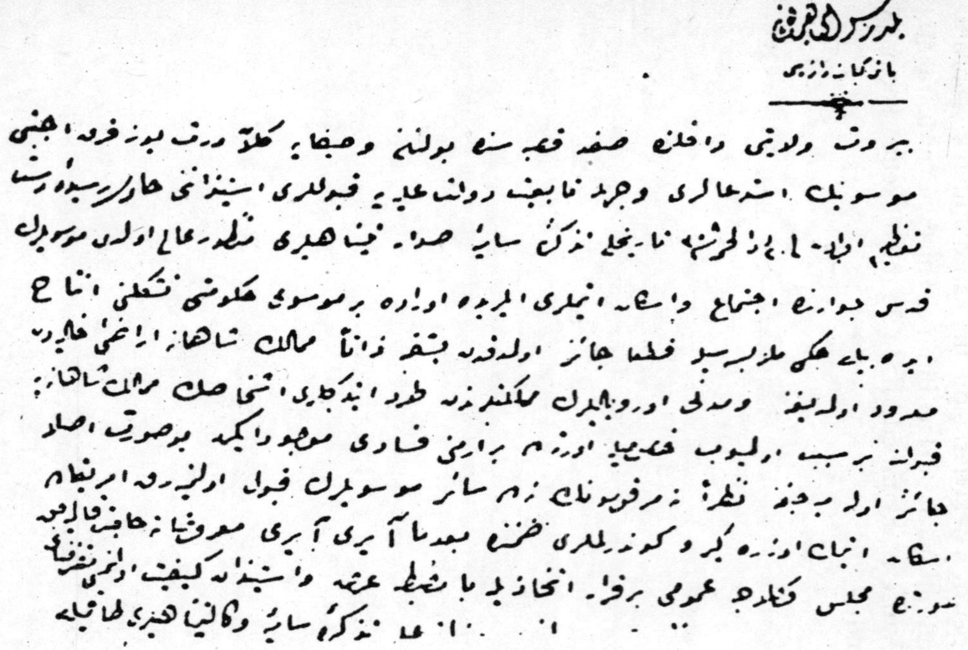

Sultan Abdülhamid Han'ın, Yahudilerin Filistin'e yerleşip, Osmanlı vatandaşı olmasını yasaklayan bir iradesi
(BOA, İrade Hususi, nr. 5276)

MANDA İDARESİNDEN İSRAİL DEVLETİ'NE

Yüksek Komiser Herbert Samuel bir taraftan Emin el-Hüseynî'yi Kudüs Müftülüğüne tayin ve emrine arazi tahsis ederek arapları yatıştırırken, Yahudi muhaceretini de hızlandırdı, ayda 1.000 kişiye çıkardı. Böylece 1918 de 47.000 olan Yahudi nüfus 1922 de 80.000 i geçti.

O sıralarda İngiltere kabinesinde meydana gelen değişiklikle birlikte Filistin ve Yahudiler hakkındaki resmi görüş zahiren değişti. 1 Temmuz 1922 bir beyanname ile Filistin'in İmparatorluk camiası içinde bir Manda olduğu, orada muhtar veya başka bir şekilde bir Yahudi devleti kurulmasının veya bölgesinin Yahudileştirilmesinin kabul edilmeyeceği ilân edildi. Fakat Yahudi muhacereti artarak devam etti. Bu beyannamenin sadece arapları tatmin için olduğu ortaya çıktı.

Polonya'nın kitle halinde hudut dışı ettiği Yahudilerin 40 binlik iki grup halinde Filistin'e gelişi «Keren Hayesod» adlı teşkilâtın sarsılmasına sebep oldu. İşsizlik sonucu sefalet başladı. Weizmann ve arkadaşlarının şiddetle tenkid edildikleri günlerde Amerikalı zengin Yahudiler muazzam yardımlara başladılar. Ziraat ve bilhassa narenciye konuları geliştirildi.

1935 yılında Yahudi nüfus 400.000 e, 1942 de 550.000 e ulaştı. En büyük Yahudi şehri Tel-Aviv'in yanında kurucusu zenginlerin adlarını taşıyan şehirler teşekkül etti.

Bölgedeki yarım milyonu aşan Yahudi nüfusunun maddî refahı temin edildikten sonra gayri resmî olarak ordu teşkili faaliyetine girişildi. Daha sonra Genelkurmay Başkanı olarak arap kuvvetlerine karşı savaşı idare eden Moşe Dayan'ın birkaç yıl önce yayınlanan hatıralarında, bu ordunun kuruluşu sırasındaki maceralar anlatılmaktadır.

1947 yılına kadar milliyetçi arap gurupları ile çıkan mevzii çatışmalar ile İngiltere hükümetinden muhtariyet temin gayretleri devam etmiş, Siyonist Teşkilâtı o yıl meseleyi New-York'ta Birleşmiş Milletler Genel Kuruluna aksettirmiştir. Genel Kurulda cereyan eden müzakerelerden sonra yapılan oylamada üyelerin 2/3 çoğunluğu Filistin'in Yahudi yurdu olduğu hususunda karar verince derhal bir hükümet kurulmuş ve akabinde de meşhur «Filistin Savaşı» başlamıştır.

Üzerinde pek çok söz söylenilen ve dedikodu edilen Filistin Savaşı çok enteresan safhalar geçirmiştir. Irak, Suriye, Ürdün, Suudi Arabistan ve Mısır ordularının hep birden ve üstün kuvvetlerle taarruza geçtikleri bölgede bir türlü kat'î netice alınamamıştır. 1948 yılı baharında arap orduları Tel-Aviv civarında birbirlerine kavuşup sonuca ulaşacakları sırada, kuvvetlerin hiç sebep yokken hep birden ricata başlamalarını bazı çevreler o zamanki Mısır Kralı Faruk, Irak Kral Naibi Abdülillah ve Ürdün Kralı Abdullah'ın Siyonist Teşkilât tarafından «satın alınmış olmalarına» bağlamışlardır.

Karşılık mikdarı yazılmadan imzalanarak gönderilen çekler üzerine adı geçen hükümdarlar tarafından rica't emri verildiği söylenir. Fakat henüz çok yakında cereyan etmiş olayların içyüzü tabiidir ki pek çok yıllar sonra ortaya çıkacaktır. Nitekim Dr. Theodor Herzl öldükten sonra hatıraları kısmen yayınlanmış, Birinci Dünya Savaşı sonunda dahi tamamı dünya efkârı umumiyesine sunulmamıştı.

Hatıralarda adı geçen kimselerin hayatta bulunmaları, milletlerarası münasebetlerde skandal yaratacak hususların olması bunun sebebi idi.

Filistin'de Araplarla Yahudiler arasında cereyan eden olayların da tam aydınlığa kavuşması ancak yıllar sonra mümkün olacaktır.

1967'den Sonra Bölgedeki Gelişmeler

Bu eserin sahibi ağabeyim Yaşar Kutluay, 12.12.1969 günü Silifke'de arkadaşlarıyla birlikte, bir balıkçı kayığıyla açıldığı Akdeniz'de kayboldu. Bizim, öğrencilerinin ve arkadaşlarının 40 gün süren aramaları sonunda hiçbir bulguya rastlanılamadı. Değişik kaynaklardan aldığımız hayatta olduklarına dair haberler de ne yazık ki hiçbir müspet neticeye bağlanamadı. "İnna lillahi ve inna aleyhi yerciun."

Bu sebeple kitabın birinci baskısından sonra bölgede yaşanan gelişmeleri kendisinin ilave imkanı olmadığından, biz özetlemeye gayret ettik:

Arapların İsrail'e karşı o tarihten sonraki hareketleri de farklı netice vermedi. 1956 yılında çıkan savaşta İsrail Gazze ve Sina'yı ele geçirdi ise de Birleşmiş Milletlerin baskısı üzerine geri çekildi. 1967 yılında Mısır diktatörü Cemal Abdülnasır, Suriye ile birlikte saldırdı. Savaşa Ürdün de katıldı. İsrail'in Eilat Limanı'nın kuşatılmasıyla başlayan ve Arapların çok üstün kuvvetlerle katıldıkları bu savaş sadece 6 gün sürdü ve tüm Arap Hava Kuvvetleri daha havalanamadan imha edildi. 2,5 milyonluk İsrail'e karşı 100 milyonluk Arap Ülkelerinin savaşı, Arapların onur kırıcı şekilde kesin yenilgisiyle bitti. İsrail, Gazze'de ve Batı Şeria'da yeni topraklar elde etti, Golan Tepeleri'ni aldı.

Bu savaş sırasında Suriye Savunma Bakanı ve Hava Kuvvetleri Komutanı olan Hafız Esad'ın idareye el koyabilmek için ordunun mağlubiyetini hazırlamış olduğu iddia edildi. Gerçekten de Esad 1970 yılında bir darbe ile yönetimi ele geçirdi. Esad'ın, ABD'deki Yahudi teşkilatı ile ilişkili olduğu yolunda doğan dedikodular da bilâhare Sudan'da çıkan Kabas gazetesinin 1 Temmuz 1988 tarihli sayısında yayınlanan bir belge ile doğrulandı.

"6 Gün Savaşı"ndan sonra General Dayan, Arapları 1956 savaşındaki taktiğinin aynısı ile bir kez daha bozguna uğrattığını açıkladı. Esasen Dayan, 1956 savaşından sonra yayınladığı hatıralarında, savaştaki taktiğinin Yavuz Sultan Selim'in 1516'daki taktiği ile aynı olduğunu, Arapların tarih bilmemelerinden yararlandığını belirtmiş ve Arapların harpteki hatalarını da açıkça anlatmıştı. Oysa ki Arap'lar *"oku"*muyorlar, yenilginin sebebini araştıracaklarına, Amerikan ve İngiliz uçakları da savaşa katıldığı için yenildikleri yolunda *gerçek olmayan* bahanelere sığınıyorlardı.[1]

1973 yılında bu sefer kat'i netice almak ve İsrail Devleti'ni yok etmek için Suriye ve Mısır kesin anlaşma yaptılar. Harp planlarını hazırlayıp İsrail'in en önemli kutsal bayramı olan Yom Kippur günü aniden saldırıya geçtiler. Bütün İsrail tatilde, sessizlik bayramı olduğu için televizyon ve radyo istasyonları da kapalı idi. Ancak İsrail'in savunma refleksi anında devreye girdi. Birkaç saat içerisinde ordu, tüm yedekleri ile görev yerlerine intikal etti. Mısır 120, Suriye 100 bin kişi ile ve ağır zırhlı birliklerle hücum ettikleri halde İsrail Hava Kuvvetleri'ne karşı –yine– etkili hiçbir tedbir almamış oldukları için, bu savaşta da Arap kuvvetleri ağır zayiata uğradı; Suriye kuvvetlerinin bir kez daha *–nedense–* üzerine gelmemesinden yararlanıp Sina'daki Mısır zırhlılarını, ardından dönüp yalnız kalmış olan ve hava gücü zayıf Suriye kuvvetlerini ve zırhlı güçlerini yok etti. Bu esnada denizde de Arap gemilerine ağır bir mağlubiyet tattırdı. Yaptıkları baskının ikinci gününde Arap Hava Kuvvetleri havalanamadı bile...[2]

---

1 Time Dergisi'nin 16.6.1967 tarihli sayısı (http://www.time.com/time/europe/me)

2 Time Dergisi'nin 15.10.1973 tarihli sayısı (http://www.time.com/time/europe/me)

İsrail, o tarihten sonra en yeni usullerle yaptığı ziraatın yanında sanayisini de ilerletti. Bugün artık en mütekâmil füze ve roketleri tasarlayıp imal edebilecek ve çok eski tankları modern hale getirebilecek Amerikan teknolojisine sahip olmasının yanı sıra, Rus teknolojisini geliştirerek yeniden biçimlendirdiği, dünyanın en güçlü saldırı helikopterini tasarlayıp üretebilecek teknik kabiliyete de sahip.[3] Üniversitelerindeki araştırma ve yayın sayısı dünya ortalamasının bir hayli üzerinde bulunuyor. Ülkede demokrasi tüm kuralları ile işliyor.

Şimdi İsrail ile harp etmeye kalkan Filistin'lilerin, belki de orduya karşı orduyla savaşmaya alışık olmadıklarından ya da askerî, teknik ve ekonomik güçlerinin yetmeyeceğini bildiklerinden ve lojistik destekleri bulunmadığından, savaşı sivil halka, pazar yerlerine, alış veriş merkezlerine, düğün salonlarına, okul otobüslerine yönelik tedhiş eylemleriyle sürdürdüklerini görüyoruz. Yani Filistin'liler bütün Yahudileri asker-sivil ayırmadan düşman ilan ederek saldırıyorlar. Ön saflara da askerlerini değil kendi masum çocuklarını sürüyorlar. Görünen o ki İsrail de bu def'iyi aynen kabul edip o da sivil-asker ayırmadan vuruyor. Ne yazık ki bölgede kirli bir savaş yaşanıyor.

M. Kâmil Kutluay
Ankara 28.03.2004

---

3 http://www.fas.org

DİPNOTLAR

1 Adı geçen yazar Eugen Karl Dühring'dir (1833-1901). Alman felsefecisidir. 1881 yılında «Die Judenfrage als Frage der Rassenschalichkeit für Existenz, Sitten und Kultur der Völker» (Milletlerin kültürü, ahlâkı ve varlığı için ırkî bir tehlike, Yahudi meselesi) adlı kitabında Yahudi ırkına karşı mücadeleye girişilmesi lüzumunu ortaya atmış ve bu fikir birçok muhitlerde sempati ile karşılanmıştır.

2 Almanya ve Avusturya'da Yahudilere hakaret olmak üzere söylenen bir küfürdür. Lâtince «Yeruşalaym elden gitti» anlamına gelen cümlenin baş harflerinden meydana getirildiği söylenir.

3 Baron Maurice de Hircsh (1830-1896), Avrupa bilhassa doğru Avrupa memleketlerinden sürülen Yahudileri Arjantin'e yerleştiren, onlara iş ve toprak temin eden «Jewish Colonization Association» adlı teşkilâtı kuran ve 250 milyon Türk lirası sarfeden tanınmış Yahudi zenginidir.

4 Şavuot, haftalar anlamına gelen ibranice bir kelimedir. Pesah yani «hamursuz bayramından» itibaren yedinci haftanın son günü (yani ellinci gün) gelir. Hasat zamanı olduğundan «Biçme Bayramı» da denilir.

5 Baron Hirsch'in, Yahudileri Arjantin'de iskân etmek için kurduğu teşkilâtın adıdır.

6 Avrupa'da bilhassa belli başlı şehirlerde, yalnız Yahudilerin oturmalarına mahsus mahallelere verilen isimdir. Bu mahalleler yüksek bir duvarla çevrilir ancak belirli kapılardan şehre çıkabilirdi. Bunların en tanınmışı, İkinci Dünya Savaşı sırasında içindekilerle birlikte imha edilen Varşova ghettosudur.

7 Hazreti Musa (İbrani dilinde Moşe) İsrailoğulları'nı Mısır'dan Firavun'un tasallutundan kurtarıp Kızıldeniz yoluyla çıkardığı zaman, onlar çok uzun yıllar esarette kalmış olduklarından bir millet olma vasfını kaybetmişlerdi. Sadece karınlarını doyuran bir efendiye bağlı olmak onlara kâfi geliyor, ötesini düşünmüyorlardı. Sina Yarımadası ve Necef

çöllerinde kırk yıl müddetle dolaştıktan sonra Kuzeye çıkmışlar ve Arz-ı Mev'ûd'a (Filistin) girerek devlet kurmuşlardı. Bu kırk yıllık dolaşmayı, Hazreti Musa'nın, esareti tanımayan, bilmeyen ve yeni ölçüler içinde bir millet yaratma gayesiyle yaptığını kabul etmekte idiler. Dr. Herzl de 2000 seneye yakın zaman esir veya azınlık hayatı sürmüş ve hakir görülmüş Yahudileri eğitime tâbi tutarak, Hz. Musa gibi 40 yıl değil, fakat 20-30 senede bir millet haline getirmeyi ve Arz-ı Mev'ud'a öyle gitmeyi düşünmekteydi. «Zamanla doğuracağı sonuçları ne siz, ne de ben görebileceğiz» demesinin sebebi de budur.

8 «Çıkış» veya «Huruç» Tevrat'ın ikinci kitabıdır. Başlarında peygamber Hazreti Musa olduğu halde, İsrailoğulları'nın Mısır'dan çıkışlarını anlatır.

9 İsrailoğulları Mısır'dan Hz. Musa ile çıktıktan az sonra, onun bir ara yanlarından ayrılması üzerine, altından bir buzağı yapıp ona ibadete başlamışlardı. Hz. Musa uzun çabalardan sonradır ki ancak onları tekrar yola sokabilmişti.

10 Birincisi Venedikli, ikincisi Alman iki büyük Yahudi iş adamı ve bankerdirler.

11 Moritz Güdemann (1885-1918), Viyana'daki Yahudi cemaatinin baş rabbisi. Yazdığı kitaplar bütün doğu Avrupa Yahudi çocuklarına okutulmaktaydı.

12 Baş Rabbi Güdemann'ın arkadaşı, zengin bir Viyanalı Yahudidir. Başlangıçtan itibaren hareketin mürevviçlerinden ve Dr. Herzl'in yardımcılarındandır.

13 Türkçede «Haham» dediğimiz din görevlisi.

14 Max Nordau, Dr. Herzl'in yakın mesai arkadaşlarından olan Yahudi tabib, yazar ve bir Alman gazetesinin Paris muhabiridir. 1923 yılında bir Rus siyonisti tarafından vurularak öldürülmüştür. Katil, onu, Yahudilerin Uganda'da yerleşmelerine çalıştığı için vurduğunu mahkemesi görülürken ifade etmiştir.

15 Hovevey Siyon (Siyonu Sevenler) 1870 yılında David Gordon tarafından ortaya atılıp sonra bilhassa Rusya'da gelişen bir teşkilâttır. 1822 yılında organize bale gelmiştir. Bir gurup Yahudi genç Hovevey Siyon'un yardımı ile o yıllarda Filistin'e yerleştirilmiştir. Hareket tamamen millî bir Yahudi hareketidir. Önceleri politik siyonizm hareketine cephe almış ise de sonra Siyonist Teşkilâtı tarafından absorbe edilerek bünyesi içine alınmıştır.

16 Bu tahmin gerçekten doğru çıkmış ve devlet 1948 yılında kurulmuştur.

17 Leopold Landau, Berlin Tıp Fakültesi profesörlerindendir. Tanınmış bir Alman siyonistidir. Birçok faaliyette bulunmuştur.

18 Michael de Newlinsky, aristokrat bir Polonyalıdır. Petersburg (Leningrad) Üniversitesi'nde okumuş, Moskova'da çeşitli dergilerde yazı hayatına atılmıştır. Sonra Macar ve Avusturya tabiyetine geçmiş, Hariciyeye intisap ederek İstanbul'da Avusturya-Macaristan sefaretinde vazife almıştır. Daha başlangıçtan itibaren Sultan İkinci Abdülhamid'in şahsî dostluğunu kazanmış ve Dr. Herzl'in doğrudan doğruya İstanbul ve Yıldız'la temasa geçmesinde kolaylıklar sağlamıştır.

19 Filistin'de kurulmuş olan Yahudi devleti en geniş hududlarına Hz. Davud ve Süleyman devirlerinde ulaşmıştır. O devirdeki hududların ihyası anlamına bu slogan ortaya atılmaktadır.

20 Bu zatın Yahudi iken önce ortadoks sonra katolikliğe geçtiği ve İstanbul'da Almanca çeşitli gazeteler çıkardığı bilinmektedir. Önce «*Osmanische Post*» olan gazetenin adı sonraları değişmiştir. Gayesi şarka ait her türlü fakat bilhassa iktisadî konularda bilgi vermek olduğu söylenebilir. Ne zaman ve nerede öldüğü bilinmemektedir.

21 İzzet Bey tarihimizde «Arap İzzet Paşa» diye tanınan zattır. Şam'da doğmuş, saraya intisap etmiş ve Abdülhamid'in önce ikinci kâtipliğine getirilmiş, daha sonraları rütbesi vezirliğe yükseltilerek paşalığa nasbedilmiştir. Devlet işlerinde söz ve nüfuz sahibi, zengin bir Arabın oğlu olmasına rağmen para ve rüşvete düşkün bir kimse olarak bilinir. 1908 yılında meşrutiyet ilan edilince İstanbul'dan kaçmış, 1924 de ölmüştür.

22 Osmanlı Devleti'ne borç verilecek meblâğları tayin ve tespit eden komisyonun adıdır. Bunu günümüzde de aynı işle meşgul olan «Konsorsiyum»a benzetebiliriz.

23 Müteaddit defalar İngiltere Başvekilliği yapmış ünlü devlet adamıdır. Son Başvekilliği 1895-1902 yılları arasındadır.

24 Edmond Rothschild'in işaret ettiği koloniler bu milyarder ailenin finansmanı ile 1880 yılından itibaren yerli halktan satın alınan topraklara küçük guruplar halinde yerleştirilen Yahudilerdir. Önce «Bişon Letsiyon» diye tanınan ve bugün hayli büyük bir şehir olan yer ele alınmış, sonra yavaş yavaş diğer bölgelere yayılmışlardır. Safed, Nasıra ve Kudüs bunlardandır.

1897 yılından itibaren Beyrut'ta kilise tarafından çıkarılan «El-Maşrık» adlı Arapça mecmuanın 1897 ve 93 yılı kolleksiyonlarında, «Filistin'de

Yahudi Kolonileri» konusu işlenmekte ve istikbalde yaratacakları tehlike hususunda Sultan'ın dikkati çekilmektedir.

25 "Leşana habaa biyeruşalaym" cümlesi dış memleketlerdeki Yahudilerin çeşitli vesilelerle söyledikleri bir dua cümlesidir. "İnşallah bu kutlamayı bir dahaki sene Yeruşalaym'da yaparız, orada oluruz" anlamınadır.

26 Adı geçen Yusuf Ziya Paşa'dır. Bestekâr olarak da meşhur olan Ziya Paşa 1864 yılında Hariciye Nezareti'ne memur olarak intisap etmiş, 1869 yılında Berlin Sefareti ikinci kâtipliğine tayin edilerek diplomasi mesleğine girmiş, Viyana, Atina ve Petersburg (Leningrad)'da sefir veya müsteşar olarak bulunmuştur. Paris sefiri iken Devlet Şurası azalığına getirilmiştir. 1908 Meşrutiyeti'nden sonra Ticaret Nezareti'ne getirilmiş, bir ara Waşington Sefiri, sonra Ayan (Senato) Meclisi üyesi, Maarif Nazırı olmuştur. 1929 yılında ölmüştür.

27 Karatodori Paşa Rum asıllıdır. Fransa ve Almanya'da hukuk tahsil etmiş, devlet hizmetine girmiş, Roma sefaretinde, Berlin Kongresi murahhaslığında bulunmuştur. Uzun yıllar Girit valiliği yapmıştır. 1896 yılında Sultan Abdülhamid'in baş tercümanı bulunuyordu.

Ahmet Tevfik Paşa, son Osmanlı Sadrazamıdır. Birçok sefaretlerde, hariciye nazırlığında bulunmuştur, 1936 yılında ölmüştür.

28 Dünyadaki Yahudiler üç büyük guruba ayrılırlar: 1) Sfaradîm, 2) Eşkinazîm, 3) Mizrahîm. Birinciler, İspanya'dan sürülerek Osmanlı İmparatorluğu hududları içine II. Bayezid tarafından yerleştirilmiş olanlardır ki Türkiye, Bulgaristan ve Yunanistan ile bazı Balkan ülkelerinde bulunurlar. İkinciler Avrupa ve Amerika Yahudileridir. Üçüncüler, şark ve ortaşark ülkelerindeki Yahudilerin adıdır.

29 «Gelecek sene Yeruşalaymda» anlamına.

30 İngiliz Yahudilerinden, bankacı ve Güney Afrika'da mücevher madenleri işleticisi, şirketin kurucusu.

31 Viyana Yahudilerinden bir zengin.

32 Cavit Bey, 1895-1901 arasında Sadarette bulunmuş olan Halil Rifat Paşa'nın oğludur. Siyasî ilimler tahsilinden sonra devlet hizmetine girmiştir. İnsafsızlığı ve merhametsizliği ile ün yapmıştır. Galata Köprüsü üzerinde bir Arnavut tarafından katledilmiştir. Babasının onun acısına dayanamıyarak öldüğü söylenir.

33 Reşat Bey, Chateanneuf diye tanınan Fransız asıllı bir babanın oğludur. Sonradan müslüman olmuş, Fransa'da ziraat tahsil etmiş, 1893 den iti-

baren hariciyeye intisap ile 1908 de ölümüne kadar Hariciye Nezareti Başkâtipliğinde bulunmuştur.

34 Bir Macar devlet adamının oğludur. 1873 yıllarında İstanbul'a gelmiş, itfaiye teşkilâtını kurmuş ve başına geçmiş, sonra paşa ve müşirliğe yükselmiştir.

35 Damat Mahmud Nedim Paşa'dan ayrıdır. Uzun müddet hariciyede bulunmuş, çeşitli sefaretlerde çalışmış 1904 de vezir ve paşa olmuştur.

36 Sarıca Ragıp Paşa diye tanınan zattır. 1887 yılında Sultan'ın kâtipliğine getirilmiş, sonra rütbesi paşalığa yükseltilmiştir. 1908 Meşrutiyeti'nden sonra Ege Adaları'na sürülmüş, ölümüne kadar orada kalmıştır.

37 Gazeteciliği, popüler romancılığı ve bir dereceye kadar da devlet adamlığı ile tanınmıştır. 1876 yılından itibaren Abdülhamid'i tutmuş, onun fikirlerini savunmuş ve bazı devlet hizmetlerinde de bulunmuştur. 1908 Meşrutiyeti'nin ilânından sonra İstanbul Üniversitesi'nde Tarih dersleri vermeye başlamıştır. Çeşitli konularda pek çok eseri vardır.

38 Siyonist Teşkilâtı'nın resmî görüşlerini aksettiren haftalık mecmuadır. Gerçekten 4 Haziran 1897 yılında ilk sayısı çıkmış ve sonra da muntazaman devam etmiştir. *«Ha-Olam» (Dünya)* adlı İbranice nüshası 1949 yılına kadar devam etmiştir.

39 1918 yılından Saltanatın ilgasına kadar sadaret makamını işgal eden son Osmanlı Sadrazamı Ahmet Tevfik Paşa'dır.

40 Aleksander III ve Nikola II Devri Rusyası'nın kudretli ve nüfuzlu devlet adamlarındandır. Yahudi düşmanlığı ile tanınmıştır. «Yahudi meselesinin bir tek hal şekli vardır: Bunların üçte biri kovulmalı, üçte biri Hıristiyanlaştırılmalı ve kalanları da imha edilmelidir» fikrindeydi.

41 Aslen Polonya Yahudisidir. Maliye ve askerlik konusunda tenkidleriyle tanınmıştır. Kalvinist olmakla beraber Yahudi dinini de muhafaza etmiş bir kimsedir.

42 Listede her sınıftan şahıs bulunmaktadır. Meselâ (A) Başmabeynci, (B) ve (C) padişahın yakınları, (D) Harbiye Nazırı Memduh Paşa'nın hususi kâtibi, (E) Hariciye memuru, (F) Sultan'ın şifre memuru, (G) Ermeni asıllı hariciyeci, (H) Sarıca Ragıp Paşa, (İ) Sultan'ın ahır ve atlarına bakan hizmetkârı, (I) Halil Rifat Paşa v.s. dir.

43 Arminius Vambery, enteresan bir şahsiyettir. Macar Yahudisi iken şarkiyata meraklanmış, 1857 yılında İstanbul'a gelmiş ve Fuat Paşa'nın kâ-

tibi olmuştur, az sonra da ihtida ederek İslâmı din olarak seçmiştir. Reşid Efendi adı altında Ortaasya'da seyahatler yapmış, neşriyatta bulunmuştur. Budapeşte'ye dönüşte protestan ve üniversiteye profesör olmuştur. Türkiye'ye çeşitli sebeplerle birçok seyahatler yapmış, Abdülhamid'in şahsî dostluğunu kazanmış ve son yıllarda da Herzl hesabına çalışmaya başlamıştır. 1913 de ölmüştür.

44 Dr. Theodor Herzl'in hatıratında birçok isimler ve mefhumlar karşılığında şifreli kelimeler kullanılmıştır. N.c. 363 de bunlardan biridir ve görüldüğü gibi Sultan Abdülhamid'e delâlet etmektedir. Bu şifreyi her ihtimale karşı sık sık değiştirmekte ve muhaberatında öyle kullanmaktadır. Bunlardan Türkiye ile ilgili olanlarının bazıları şöyledir:

Albahary	İzzet Paşa
Amar	Sadrazam
Baldov	Sultan'ın temsilcisi
Albert	Faik Bey
Bazaar	Yıldız Sarayı
Beer	Abdülhamid (Cohn ve Levy de kullanmaktadır.)
Bergmann	İzzet Paşa
Buchhalter	Tahsin Bey (Krugler, Loewy, Pollak isimleri de)
Charles	Nuri Bey
Conheim	İstanbul
Eduard	Adil Bey
Factory	Yıldız Sarayı
Leiter	Türk Hükümeti
Moi	Nuri Bey
No 919	Ahmed Tevfik Paşa
No 73	Halil Paşa
Polgar	Hacı Ali Bey
Schegez	Berlin'deki Türk Sefiri
Schlessinger	İbrahim Paşa
12	Kıbrıs

45 Bir fenerle duvara aksettirilen ve birden bire büyüyen şekiller.

46 Miladî birinci yüzyılda bir Romalı kölenin hikâyesidir. Arslanlara atılan Androclus'a arslan bir şey yapmaz, arenada canını bağışlar, köle de sonra Afrika'da bir devlet kurup başına geçer.

47 Fransızca cereyan eden konuşmada Dr. Herzl'in "hırsızlık" diye çevirdiğimiz sözü yerine kullandığı kelime "Voler"dir ve iki mânaya gelmektedir: Hırsızlık ve Uçmak. Bu ikili anlamdan faydalanmaktadır.

48 Ahmed Rıza Bey Avrupa'ya giderek *"Meşveret"* gazetesini çıkaran Jön-Türklerdendir. Bu gazete ile hükümet ve Abdülhamid aleyhinde faaliyetlerde bulunmaktaydı. Orada siyasî bir komite kurmuş, sonra Makedonya'daki bir teşkilâtla birleşerek İttihad ve Terakki'yi kurmuştu. 1908'den sonra mebus, bilâhare Ayan Reisi olmuştu. 1930'da ölmüştür.

49 Yukarıda bir kere daha adından bahsedilen bu zâtın Deli Fuad Paşa diye tanınan paşa olması muhtemeldir. Sonraları Abdülhamid'e suikast tertibinden idama mahkûm olmuş, fakat cezası Şam'a sürgüne çevrilmiştir. Türk-Rus ve Yunan savaşlarında gösterdiği kahramanlıklar sebebiyle müşirliğe yükselmiştir. Meşrutiyetten sonra tekrar görev almış ve Balkan Savaşı'nda İstanbul'u müdafaa etmiştir. Ayan Meclisi üyeliğinde bulunmuştur. 1931'de ölmüştür.

50 "Kudüs İbrani Üniversitesi" projesi tabiidir ki Sultan Abdülhamid tarafından reddedilmiş, hatta nazarı itibara bile alınmamıştır. Ancak Filistin, Birinci Dünya Savaşı sonunda işgal edilip burada İngiliz Manda İdaresi kurulduğu zaman Dr. Herzl'in kurduğu teşkilât yeniden faaliyete geçmiş ve 1925 yılında bu üniversitenin "Skopus Dağı"nda kurulması tahakkuk etmiştir.

Kurulduğu günden beri İbrani dili ile tedrisata başlayan bu üniversite denilebilir ki bugünkü İsrail Devleti'nin temelini teşkil etmiştir. 2000 senedir kullanılmadığı için ölü diller arasına karışan İbranice canlandırılmış, en ilmî metodlarla geliştirilmiş ve bir ilim *dili hüviyeti* kazandırılmıştır. İsrail'in devlet idaresi ve hariciyesinde vazife alanların hemen hepsi bu üniversitenin yetiştirdiği elemanlardır.

51 "Yeni Arz-ı Atîk" anlamına gelen bu eser Dr. Herzl'indir ve müstakbel Yahudi Devleti üzerine yazılmıştır.

INDEKS

— A —

— B —

— C–Ç —

— D —

— E —

— F —

— G —

— H —

— I–İ —

— J —

— K —

— M —

— N —

— Ö —

— P —

— R —

— S —

— U-Ü —

— V —

— W —

— Y —

— Z —

Chaim Weizmann 1874 -1952

Hanukka Bayramı'nda yakılan 9 kollu şamdan.

Yahudilerin özel günlerinde hahamlar tarafından halka okunan
Tevrat rulosu

1950' li yıllar; İsrail'den bir görüntü.

Siyon Milisleri tatbikat yaparken.

Theodor Herzl ve Yahudi Kongresi üyeleri...

1947'de kurulan İsrail'in ilk başkanı David ben Gurion; İsrail'in bağımsızlığını ilan eden konuşmasını yaparken.

19. Yüzyıl sonları Filistin toprakları...

İsrail'in başbakanlarından Menahem Begin